Cybermobbing im Kindes- und Jugendalter

Klinische Kinderpsychologie
Band 15

Cybermobbing im Kindes- und Jugendalter

M. Sc. Ira-Katharina Peter, Prof. Dr. Franz Petermann

Herausgeber der Reihe:

Prof. Dr. Franz Petermann

Ira-Katharina Peter
Franz Petermann

Cybermobbing im Kindes- und Jugendalter

M. Sc. Ira-Katharina Peter, geb. 1991. 2010–2016 Studium der Psychologie in Bremen. Seit 2016 Promotion und Ausbildung zur Kinder- und Jugendlichenpsychotherapeutin. Seit 2017 Wissenschaftliche Mitarbeiterin am Lehrstuhl für Klinische Psychologie der Universität Bremen. Arbeitsschwerpunkte: Cybermobbing im Kindes- und Jugendalter und Medienkompetenz.

Prof. Dr. Franz Petermann, geb. 1953. Studium der Mathematik und Psychologie in Heidelberg. Seit 1991 Lehrstuhl für Klinische Psychologie an der Universität Bremen. Seit 1996 Direktor des Zentrums für Klinische Psychologie und Rehabilitation.

Bibliografische Information der Deutschen Nationalbibliothek
Die Deutsche Nationalbibliothek verzeichnet diese Publikation in der Deutschen Nationalbibliografie; detaillierte bibliografische Daten sind im Internet über http://dnb.dnb.de abrufbar.

Hogrefe Verlag GmbH & Co. KG
Merkelstraße 3
37085 Göttingen
Deutschland
Tel. +49 551 999 50 0
Fax +49 551 999 50 111
verlag@hogrefe.de
www.hogrefe.de

Satz: Matthias Lenke, Weimar
Druck: Media-Print Informationstechnologie GmbH, Paderborn
Printed in Germany
Auf säurefreiem Papier gedruckt

1. Auflage 2018

(E-Book-ISBN [PDF] 978-3-8409-2915-1; E-Book-ISBN [EPUB] 978-3-8444-2915-2)
ISBN 978-3-8017-2915-8
http://doi.org/10.1026/02915-000

Vorwort

Neue Medien, Social Media und die Digitalisierung unserer Kommunikation bieten ungeahnte Möglichkeiten. In der Praxis und auf den zweiten Blick entstehen neue Risiken und Gefahrenquellen für unser Zusammenleben.

Das vorliegende Buch zum Thema „Cybermobbing unter Schülerinnen und Schülern" bietet zunächst eine aktuelle Bestandsaufnahme, liefert Beispiele aus dem Alltag von Kindern und Jugendlichen und erläutert Formen der Prävention.

Neue Kommunikationsformen, vor allem wenn man damit in kürzester Zeit viele Menschen erreichen kann, verändern sicherlich auch die Sensibilität für die Lage des Empfängers. Befindlichkeiten des Gegenübers, eigene Gefühle des Mitleids mit dem möglichen Opfer werden in abstrakter, unpersönlicher Weise erlebt und sind in der Folge weniger stark handlungssteuernd. Beim Cybermobbing bleibt das Leid des Opfers anonym. Aus einer solchen Anonymität fällt es leicht, aggressiv zu sein. Sofern sozial-emotionale Erlebensqualitäten (wie Mitleid, Einfühlungsvermögen) beim Täter überhaupt vorhanden sind, besteht beim Cybermobbing kaum Anlass, sich mit solchen Emotionen zu beschäftigen. In der Regel erschweren solche positiven Emotionen die Bereitschaft, aggressives Verhalten anderen Personen gegenüber zu zeigen. Unser Buch versucht auch, Licht ins Dunkel der Motive für Cybermobbing zu bekommen. Die Motive sind vielfältig und reichen von Gedankenlosigkeit und Mitläufertum bis Bösartigkeit.

Cybermobbing tritt bereits im Grundschulalter auf. Allein diese Tatsache begründet die Forderung, entsprechende altersangemessene Präventionsmaßnahmen zu entwickeln. Solche Materialien stehen – in der Regel online – kostenfrei zur Verfügung. Unser Buch gibt im Anwendungsbereich Hinweise, die man bei der Auswahl und dem Einsatz solcher Materialien beachten sollte.

Wir hoffen sehr, dass wir mit unserem Buch einen „überlegten" Umgang mit neuen Medien fördern. Dem Hogrefe Verlag (Göttingen) danken wir für die Betreuung dieses Buches.

Bremen, im Juli 2018 *Ira-Katharina Peter* und *Franz Petermann*

Inhaltsverzeichnis

Kapitel 1
Was ist Cybermobbing?

Cybermobbing stellt eine Erweiterung des traditionellen Mobbings durch die Verwendung von Informations- und Kommunikationstechnologien (IKT) dar. Traditionelles Mobbing ist ein schon lange bekanntes, immer noch häufiges und relevantes Problem (Volk, Dane & Marini, 2014). Der schwedisch-norwegische Psychologe Dan Olweus gilt als Begründer der Erforschung von Gewalt und Mobbing an Schulen. Er definierte traditionelles Mobbing als eine wiederholte, aggressive Verhaltensweise, die darauf abzielt, Schaden zu verursachen und gegen jemanden gerichtet ist, der körperlich oder psychisch schwächer ist (Olweus, 1991, 1993). Die Übergriffe finden dabei im Alltag der Kinder und Jugendlichen statt. Hierbei wird zwischen *direktem* und *indirektem* Mobbing unterschieden. Bei der direkten Form handelt es sich um offene Angriffe gegen das Opfer, die entweder durch verbale Äußerungen (z. B. beschimpfen, beleidigen, hänseln) oder körperliche Übergriffe (z. B. treten, kratzen, schlagen) gekennzeichnet sein können. Beim indirekten Mobbing handelt es sich um eher schwerer erkennbare, versteckte Handlungen, wie beispielsweise Gerüchte verbreiten oder jemanden absichtlich von Aktivitäten oder Gruppen ausschließen (Olweus, 1993).

Vor allem Schulen müssen sich immer wieder mit dieser Thematik auseinandersetzen (Li, 2006). Traditionelles Mobbing unter Schülerinnen und Schülern ist nicht nur auf vereinzelte Klassenstufen zu begrenzen, sondern tritt von der Grundschule (Glew, Fan, Katon, Rivara & Kernic, 2005) über die Mittel- bis zur Oberstufe hin auf (vgl. Álvarez-García, García & Núñez, 2015; Smith & Gross, 2006). Jungen und Mädchen werden Opfer und/oder Täter von Mobbing (vgl. Kowalski, Morgan & Limber, 2012b; Li, 2006; Smith & Gross, 2006). Ein hervorzuhebendes Merkmal des traditionellen Mobbings ist, dass die Schülerinnen und Schüler sich meistens der Schikane ihrer Täter entziehen können, sobald der Schultag vorbei ist (Hinduja & Patchin, 2008).

Cybermobbing wird hingegen über das Internet unter der Verwendung von elektronischen Medien wie Smartphones, Tablets oder Computern ausgeübt (DePaolis & Williford, 2015; Englander, 2012a; Petermann & von Marées, 2013). Da die meisten Smartphones heutzutage auch internetfähig sind, scheint die Unterteillung zwischen Internet- und Smartphonegebrauch zu verschwimmen und nicht mehr notwendig zu sein. Beim Cybermobbing werden gemeine Nachrichten per E-Mail, Textnachricht oder über Instant Messenger verschickt, erniedrigende Fotos oder Videos auf Webseiten veröffentlicht oder auch ganze Hass-Internetseiten über das Opfer entworfen (Bündnis gegen Cybermobbing e.V., 2017; Petermann & von Marées, 2013). Neben diesen Möglichkeiten bieten Chatrooms genauso perfekte Plattformen für Cybermobbing, da es zwar gewisse Aufsichtspersonen in den öffentlichen Chatrooms gibt, aber sobald jemand in den Privatchat wechselt, keine Regulation mehr besteht und die Opfer ihren Tätern völlig ausgeliefert sind (DePaolis & Williford, 2015).

Durch diese neue mediale Komponente wird das traditionelle Mobbing um eine neue Facette erweitert, wodurch zwischen *verbalen*, *körperlichen*, *indirekten/relationalen* und *cyber* Formen unterschieden werden kann (vgl. Olweus & Limber, 2017). Bisherige Forschungen deuten darauf hin, dass traditionelles Mobbing und Cybermobbing oftmals gemeinsam auftreten. In der Längsschnittstudie von Cross, Lester und Barnes (2015) konnte gezeigt werden, dass von den 1.504 australischen Jugendlichen im Alter von 13 bis 15 Jahren 27% von Cyberviktimisierung betroffen waren. Diese Prävalenz ließ sich jedoch aufteilen in diejenigen, die gleichzeitig von Cybermobbing und traditionellem Mobbing betroffen waren, und diejenigen, die nur reine Cybermobbingopfer darstellten. Nach dieser Aufgliederung betrug die Prävalenz für die Opfer beider Mobbingformen 25%, wohingegen nur noch 2% ausschließlich von Cybermobbing betroffen waren (Cross et al., 2015).

Die traditionelle Form des Mobbings ist schon länger Forschungsgegenstand (für einen Überblick siehe Scheithauer, Hayer & Petermann, 2003; von Marées & Petermann, 2010a, b), weshalb in unserem Buch nur die neue Facette *Cybermobbing* behandelt wird. Des Weiteren wäre es korrekt, die Opfer des Cybermobbings immer als „Cyber-Opfer“ zu bezeichnen, jedoch wird für eine flüssigere Lesbarkeit auch im Online-Kontext mitunter die Bezeichnung *Opfer*, *Täter*, *Täter-Opfer* u.Ä. gewählt ohne den „Cyber-Zusatz“. Im Kontext des Internets ist natürlich immer diese Form gemeint. Ebenso wird an manchen Stellen auf die gleichzeitige Verwendung männlicher und weiblicher Sprachformen verzichtet, trotzdem gelten sämtliche Personenbezeichnungen gleichermaßen für beiderlei Geschlecht.

1.1 Definition von Cybermobbing

In der wissenschaftlichen Literatur findet man häufig Aussagen wie „zum jetzigen Zeitpunkt existiert keine allgemein akzeptierte Definition [von Cybermobbing]“ (Langos, 2012, S. 285, Übers. durch die Autoren) oder „aktuell wurden verschiedene Definitionen von Cybermobbing von Forschern vorgeschlagen, aber keine eindeutige Definition hat sich bisher durchgesetzt“ (Alipan, Skues, Theiler & Wise, 2015, S. 9, Übers. durch die Autoren). Diese Debatte dauert bis zum heutigen Zeitpunkt an und noch immer steht nicht genau fest, welche Kriterien in einer korrekten und umfassenden Definition von Cybermobbing berücksichtigt werden sollen (für aktuelle Diskussionen siehe Englander, Donnerstein, Kowalski, Lin & Parti, 2017; Olweus & Limber, 2017; Peter & Petermann, 2018). Dieser Tatbestand stellt ein Problem dar, da dadurch sowohl in der Forschung als auch im alltäglichen Gebrauch nicht eindeutig ist, was man genau unter dem Begriff „Cybermobbing" zu verstehen hat. Für Studien ist dies sehr problematisch, da dadurch unterschiedliche Konzepte erhoben werden und eine Vergleichbarkeit der Ergebnisse oftmals kaum möglich ist.

Tabelle 1 gibt einen Überblick über die drei am häufigsten benutzten Definitionen von Cybermobbing. Es fällt auf, dass sie sich in der Auswahl und Anzahl ihrer definierenden Merkmale unterscheiden. Das Merkmal des „Machtungleichgewichts"

Tabelle 1: Definitionen von Cybermobbing

Autor	Definition	Kriterien
Patchin & Hinduja (2006, S. 152)	Cybermobbing ist „absichtlicher und wiederholter Schaden, der durch das Medium des elektronischen Textes verursacht wird" (Übers. durch die Autoren).	• *Absicht* • *Elektronischer Text* • *Wiederholung* • Schaden
Smith et al. (2008, S. 376)	Cyberbullying ist „eine aggressive, absichtliche Handlung, die, unter Verwendung von elektronischen Kontaktformen, von einer Gruppe oder von einem Individuum wiederholt und über einen längeren Zeitraum gegen ein Opfer gerichtet ist, das sich nicht einfach selber wehren kann" (Übers. durch die Autoren).	• Aggressiv • *Absicht* • *Elektronische Kontaktformen* • Gruppe oder Individuum (Täter) • *Wiederholung* • Längerer Zeitraum • Ein (1) Opfer • Machtungleichgewicht
Tokunaga (2010, S. 278)	„Cybermobbing ist jedes Verhalten, das von Individuen oder Gruppen unter Verwendung von elektronischen oder digitalen Medien ausgeführt wird, um wiederholend feindselige oder aggressive Nachrichten zu übermitteln mit der Absicht, anderen zu schaden oder Unwohlsein zu verursachen" (Übers. durch die Autoren).	• Aggressiv • *Absicht* • *Elektronische oder digitale Medien* • Gruppe oder Individuum (Täter) • *Wiederholung* • Schaden

Anmerkung: Gemeinsame Merkmale sind kursiv hervorgehoben.

in der Definition von Smith und Kollegen (2008) ist beispielsweise in den anderen beiden Definitionen nicht wiederzufinden. Des Weiteren stimmen die drei ausgewählten Definitionen nur in den Kriterien (1) „Absicht", (2) „Wiederholung" und (3) „elektronische/digitale Form der Kontaktaufnahme" überein.

Aufgrund dieser und anderer Unterschiede in den in der Literatur benutzten Definitionen, haben wir eine aktuelle Konzeptanalyse durchgeführt, in der eine Vielzahl aktueller Definitionen aus den Jahren 2012 bis 2017 auf ihre wesentlichen Bestandteile hin untersucht und ausgewertet wurden. Aus den Ergebnissen dieser deskriptiven Analyse konnten wir die aktuell am häufigsten genutzten Merkmale identifizieren und in folgender Definition zusammentragen: „Cybermobbing ist das Nutzen von Informations- und Kommunikationstechnologien, um ein Opfer wiederholt und absichtlich zu schädigen, zu belästigen, zu verletzen und/oder zu beschämen" (Peter & Petermann, 2018, S. 358, Übers. durch die Autoren).

Vergleicht man diese Formulierung mit Definitionen, die in aktuellen Befragungen in Deutschland verwendet werden, fallen einige Unterschiede auf. Das Bündnis gegen Cybermobbing e.V. (2017) definiert Cybermobbing noch sehr ähnlich als das „absichtliche Beleidigen, Bedrohen, Bloßstellen oder Belästigen anderer mithilfe von Internet- und Mobiltelefondiensten über einen längeren Zeitraum hinweg" (S. 81). In der JIM-Studie des Medienpädagogischen Forschungsverbundes Südwest (2016) werden die Kinder und Jugendlichen gefragt, ob sie selbst „schon mal per Handy oder im Internet fertig gemacht wurde[n]" (S. 49) oder ob sie jemanden kennen, dem dies passiert ist. Diese Frage ist demnach wesentlich offener formuliert und erfasst damit ein größeres Spektrum an möglichen Online-Verhaltensweisen. Des Weiteren ist aus dem Bericht der JIM-Studie nicht ersichtlich, ob genauere Kriterien wie beispielsweise Wiederholung oder Absicht gefordert werden.

Insgesamt zeigt sich bisher noch ein sehr heterogenes Bild bezüglich der Definition von Cybermobbing. Es ist nicht klar, ob die Definitionsmerkmale des traditionellen Mobbings wie Machtungleichgewicht, Wiederholung oder Absicht (vgl. Olweus, 1991, 1993) problemlos in die digitale Welt des Cybermobbings übertragen werden können (Slonje, Smith & Frisén, 2013). Einige Autoren betonen weiterhin, dass die verschiedenen Rollen beim Cybermobbing (Täter, Opfer, Zuschauer) bei der Definition beachtet werden sollten. Alipan und Kollegen (2015) schlagen diesbezüglich eine dreiteilige Definition vor, die die verschiedenen Perspektiven vereint. Sie bezeichnen Cybermobbing als:

> ... das Nutzen von Informations- und Kommunikationstechnologien, das direkt oder indirekt auf eine oder mehrere Personen abzielt, wobei (1) aus Täterperspektive dem Opfer absichtlich geschadet werden soll. Hierbei kann eine Wiederholung dazu beitragen, die Schädigungsabsicht sowie Cybermobbing zu etablieren, wobei der Mobber kontinuierlich verletzendes Verhalten gegen dasselbe Opfer ausübt; (2) dieses Verhalten wird von dem Opfer als absichtlich und verletzend empfunden. Ein einmaliger Angriff kann dabei

> auch als Cybermobbing verstanden werden, da die negativen Auswirkungen für das Opfer genauso schlimm sein können wie bei mehrfachen Angriffen. Weiterhin (3) kann ein Zuschauer beobachten, dass ein Verhalten eine andere Person negativ beeinflusst oder dass dieses Verhalten auch einen Zuschauer negativ berühren könnte, wenn es gegen ihn oder sie gerichtet wäre. Ein Zuschauer kann auch ein Verhalten für sich genommen als absichtlich und aggressiv wahrnehmen (Alipan et al., 2015, S. 12, Übers. durch die Autoren).

Diese Definition ist sehr ausführlich und führt weitere Kriterien wie die *Wahrnehmung des Opfers* oder *direktes* und *indirektes* Cybermobbing auf. Diese Merkmale werden in den drei oben aufgeführten Definitionen (siehe Tab. 1) nicht genannt. Schultze-Krumbholz, Höher, Fiebig und Scheithauer (2014a) führten eine Fokusgruppenstudie mit 20 Kindern und Jugendlichen im Alter von 11 bis 16 Jahren durch und formulierten Folgendes zur Begriffsbestimmung:

> Cybermobbing ist ein aggressives Verhalten einer Person mit einer Schädigung oder einer Schädigungsabsicht gegenüber einem Opfer, das sich (aufgrund der Anonymität des Täters oder der Beweiskraft von Bildmaterial) nicht wehren kann. Das Verhalten findet einmalig über öffentliche Kommunikationskanäle oder wiederholt über private Kommunikationskanäle statt. Dabei ist öffentlichen Vorfällen und Vorfällen unter Freunden ein besonderer Schweregrad zuzuschreiben (Schultze-Krumbholz et al., 2014a, S. 375).

In dieser Definition lassen sich ebenfalls verschiedene Merkmale wie *aggressiv*, *Schaden*, *Machtungleichgewicht*, *Wiederholung*, *direkt* (hier: privat), *indirekt* (hier: öffentlich) und *Absicht* wiederfinden. Offensichtlich ist das Konzept „Cybermobbing“ sehr komplex und diverse Faktoren sind bei der Beurteilung einer Cybermobbinghandlung zu beachten. Aus diesem Grund haben wir ein Klassifikationsschema (Peter & Petermann, 2018) entwickelt, das die am häufigsten diskutierten Einflussfaktoren und Definitionsmerkmale von Cybermobbing zusammenfasst und deren teils wechselseitige Wirkung detailliert veranschaulicht. Dieses Klassifikationsschema wird in dem nachfolgenden Abschnitt näher betrachtet und die Zusammenhänge werden dargestellt.

Die Definitionsmerkmale, die in unserer Konzeptanalyse bestimmt wurden, sind in Abbildung 1 zusammengefasst, um so auf das komplexere Klassifikationsschema im nächsten Abschnitt vorzubereiten.

Überblick

Cybermobbing ist eine neue Facette des traditionellen Mobbings, das unter Verwendung von Informations- und Kommunikationstechnologien (z. B. Computer, Smartphone, Tablet etc.) ausgeübt wird. Es besteht bisher keine Einigkeit darüber, welche Definitionsmerkmale nötig sind. Bisherige Ergebnisse zeigen, dass folgende Merkmale bedeutsam sind:

(1) Absicht, (2) Wiederholung, (3) Schaden, (4) elektronische/digitale Form der Kontaktaufnahme und (5) ein Ziel/Opfer (Hutson, 2016; Peter & Petermann, 2018). Es gilt zu beachten, dass diese Merkmale noch von weiteren Faktoren beeinflusst werden, die bei einer konkreten Beurteilung eines Cybermobbingvorfalls beachtet werden müssen.

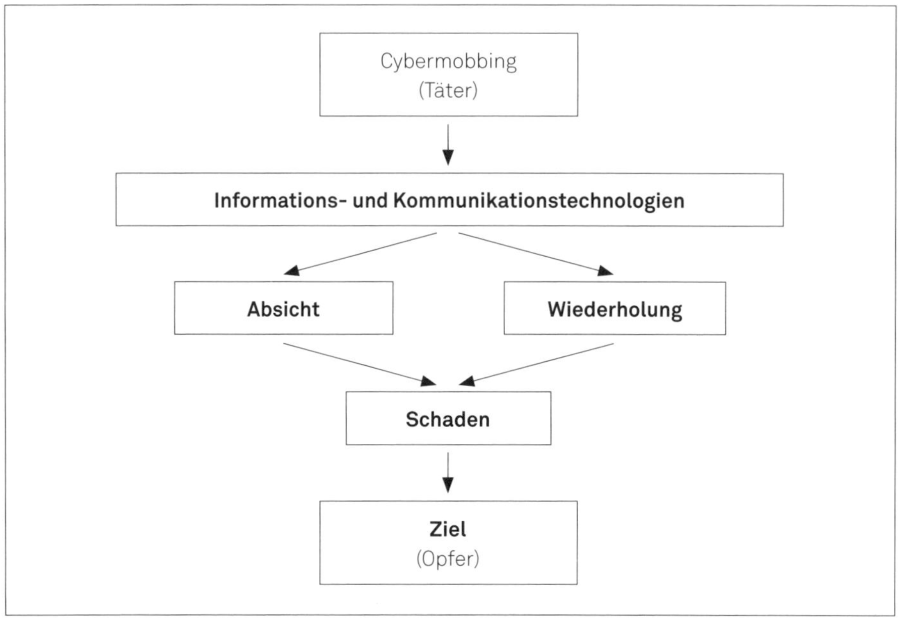

Abbildung 1: Veranschaulichung der Definitionsmerkmale von Cybermobbing (in Anlehnung an Peter & Petermann, 2018)

1.2 Cybermobbing als komplexes Zusammenspiel verschiedener Faktoren

Unser Definitionsvorschlag umfasst die in den aktuellen, internationalen Studien benutzten Merkmale von Cybermobbing. Bei unserem Definitionsvorschlag geben wir aber auch zu bedenken, dass es natürlich noch weitere Merkmale gibt, die die Entstehung, die Bewertung, den Schädigungsgrad und die Auswirkungen von Cybermobbing beeinflussen können. Die Definitionsmerkmale sowie die verschiedenen potenziellen Einflussfaktoren sind in unserem Klassifikationsschema (Peter & Petermann, 2018) in Abbildung 2 dargestellt.

Die technischen Möglichkeiten ändern sich heutzutage in rasanter Geschwindigkeit und immer neue Informations- und Kommunikationstechnologien wer-

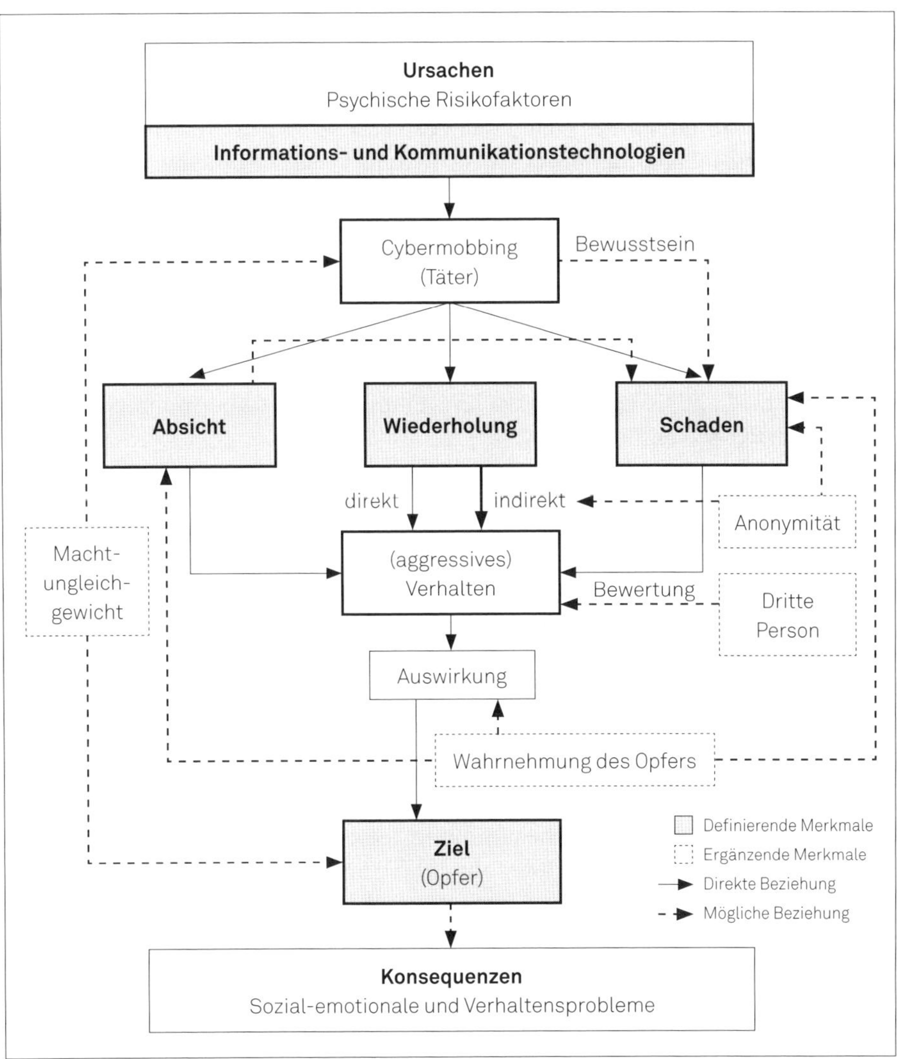

Abbildung 2: Klassifikationsschema der definierenden und ergänzenden Merkmale von Cybermobbing (Peter & Petermann, 2018, S. 359, Übers. durch die Autoren)

den entwickelt. Daher ist zu empfehlen, sich beim Thema „Cybermobbing“ nicht auf die eingesetzten Medien (z. B. Smartphone, Tablet, Computer), sondern auf die unterschiedlichen Arten und Weisen, wie über diese kommuniziert wird, zu konzentrieren (Slonje, Smith & Frisén, 2013; Smith, del Barrio & Tokunaga, 2013). Dies bezieht sich beispielsweise auf das Versenden von E-Mails, SMS, Textnachrichten in Instant Messengern (Bayraktar, Machackova, Dedkova, Cerna & Sevcikova, 2015; Khawar & Malik, 2016), das Veröffentlichen von Fotos, Videos oder Nachrichten in sozialen Netzwerken oder in Chaträumen sowie auf das Tätigen von belästigenden Anrufen (Bigelow, Edwards & Edwards, 2016). In unserem Klassifikationsschema (Peter & Petermann, 2018) werden diese beiden Komponenten (Medium und Kommunikationsform) unter dem Begriff der *Informations- und Kommunikationstechnologien* (IKT) zusammengefasst. Online-Kommunikation (und damit Cybermobbing) ist nicht ohne die Verwendung von digitalen Medien oder ohne eine Übertragung von elektronischen Signalen möglich, weshalb IKT als notwendige, jedoch nicht hinreichende Ursache für die Entstehung von Cybermobbing gelten können. Daher stehen sie auf der gleichen Ebene mit anderen Ursachen für die Entstehung von Cybermobbing (siehe Abb. 2). Zu diesen zählen (psychische) Risikofaktoren wie eine frühere Beteiligung an traditionellem Mobbing (Bauman, 2013; Smith, 2012), eine geringere elterliche Bindung (Bayraktar et al., 2015) oder positive Einstellungen zum Cybermobbing (Barlett, Prot, Anderson & Gentile, 2017b).

Unsere identifizierten Definitionsmerkmale von Cybermobbing waren: IKT, Wiederholung, Absicht, Schaden sowie ein Opfer als Ziel (Peter & Petermann, 2018). Sie sind in Abbildung 2 grau hinterlegt. Einige dieser Elemente sind miteinander verknüpft und beeinflussen sich gegenseitig. Das *absichtliche* Verhalten hat beispielsweise das Ziel zu *schaden*, zu schikanieren oder zu beschämen. Das Merkmal der Absichtlichkeit ist für sich genommen schwer zu bestimmen. Es scheint allerdings naheliegend, dass jemandem eine Absicht in seiner Handlung unterstellt werden kann, wenn er eine (offensichtlich verletzende) Nachricht immer wieder direkt an eine Person sendet, da dieses nur sehr unwahrscheinlich aus Versehen oder zufällig geschieht (Smith et al., 2013). Dies deutet darauf hin, dass das Merkmal der *Wiederholung* die Bestimmung der *Absicht* beeinflusst. Beim Cybermobbing will ein Täter einem Opfer absichtlich Schaden zufügen, das heißt er ist sich dessen *bewusst* und hat eine Ahnung, welche Konsequenzen seine Handlungen für das Opfer haben (vgl. Patchin & Hinduja, 2015).

Das ausgeübte Verhalten des Täters besteht aus den Komponenten *Absicht, Wiederholung* und *Schaden* und kann daher als *aggressive* Handlung eingestuft werden (siehe Abb. 2). Die Aggressivität wird vor allem deutlich, wenn man berücksichtigt, dass das Opfer geschädigt werden soll, indem es belästigt, schikaniert und/oder in Verlegenheit gebracht wird. Des Weiteren kann Cybermobbing in eine *direkte* (oder private) und eine *indirekte* (oder öffentliche) Form unterteilt werden. Bei direktem Cybermobbing übt ein Cyber-Täter das aggressive Verhalten immer wieder über einen längeren Zeitraum aus, indem er beispielsweise wiederholt beleidigende Textnachrichten verschickt (Langos, 2012). Bei der indirekten Form lädt ein Cyber-Täter ein Bild oder Video nur *einmalig* im Internet hoch, wodurch es zu einer wiederholten, indirekten Schädigung des Opfers kommt, da das beschämende Online-Material von einem Publikum unkontrollierbarer Größe gesehen und weiterverbreitet werden kann (z. B. Slonje, Smith & Frisén, 2017). Daher ist das Merkmal der Wiederholung beim direkten und indirekten Cybermobbing zu identifizieren. Für manche Kinder und Jugendliche scheint die indirekte Form des Cybermobbings schlimmer zu sein, da sie wesentlich öffentlicher und unkontrollierbarer stattfindet und somit auch Freunde des Opfers den Vorfall mitbekommen können (Schultze-Krumbholz et al., 2014a). Wenn der Cyber-Täter dann auch noch *anonym* ist, kann es sein, dass der Schaden des öffentlichen Cybermobbings noch verstärkt wird (Slonje et al., 2017; Sticca & Perren, 2013; Ybarra, Espelage & Mitchell, 2014). Die *Anonymität des Täters* scheint also die Wahrnehmung des Schadens sowie die Bewertung eines Cybermobbingvorfalls zu beeinflussen. Allerdings liegen hierbei widersprüchliche Ergebnisse vor, nach denen es einigen Jugendlichen leichter fällt, das Cybermobbing zu ignorieren, wenn sie den Täter nicht kennen, wohingegen andere sich dadurch eher hilflos, verunsichert und ausgeliefert fühlen (vgl. Corby et al., 2016).

Das (aggressive) Verhalten wirkt sich unabhängig davon, ob es direkt oder indirekt ausgeübt wird, negativ auf das Opfer aus. Diese negativen Auswirkungen *(Konsequenzen)* sind davon abhängig, wie das Opfer das Cybermobbing *wahrnimmt* (Alipan et al., 2015; O'Dea & Campbell, 2012; Ševčíková, Šmahel & Otavová, 2012; Vandebosch & Van Cleemput, 2008) und ob es sich überhaupt von den Handlungen des Cyber-Täters geschädigt fühlt (Hinduja & Patchin, 2015; Smith et al., 2013). Ein Opfer bewertet beispielsweise eine Cybermobbinghandlung erst dann als schädigend, wenn es hinter der Handlung eine *Absicht* und keinen Zufall vermutet.

Bei der Beurteilung der Absichtlichkeit des Verhaltens kann es hilfreich sein, eine unabhängige *dritte Person* einzubeziehen, die die Handlung objektiver einschätzen kann, als die betroffene Person selbst (Alipan et al., 2015; Langos, 2012; Vandebosch & Van Cleemput, 2008). Diese unabhängige Person kann beispielsweise ein Zuschauer sein, der mitbekommen hat, dass sich die Cybermobbinghandlung negativ auf das Opfer ausgewirkt (Alipan et al., 2015). Es ist denkbar, dass das Merkmal „Absicht" an Bedeutung verliert, sobald sich das Opfer geschädigt fühlt. Hiermit ist gemeint, dass ein Verhalten als Cybermobbing bewertet werden könnte, sobald ein Opfer von negativen Auswirkungen betroffen ist. Dabei ist es egal, ob der Täter die entsprechende Handlung absichtlich oder aus Versehen ausgeübt hat. Eine solche Sichtweise mag gerechtfertigt sein, da die Auswirkungen von Cybermobbing sehr schwer und zum Beispiel soziale Ängste die Folge sein können (Pabian & Vandebosch, 2016). In anderen Fällen wird von depressiven Symptomen (Fahy et al., 2016) sowie von Suizidgedanken oder -versuchen berichtet (Bottino, Bottino, Regina, Correia & Ribeiro, 2015). Nimmt ein Opfer eine Cybermobbinghandlung nicht als schädigend wahr, obwohl deutlich ist, dass der Täter die Handlung absichtlich ausgeführt hat, ist der Vorfall trotzdem als Cybermobbing zu bewerten. Das Merkmal „Absicht" ist demnach bei jedem Vorfall zu beleuchten, vor allem unter Berücksichtig der jeweiligen Perspektive (Opfer vs. Täter).

Ein weiteres Merkmal, das im Rahmen von Cybermobbing beachtet werden sollte, ist das *Machtungleichgewicht*, das zwischen dem Cyber-Täter und seinem Opfer bestehen kann (Palladino et al., 2017). Dieses Merkmal ist in einigen Definitionen von Cybermobbing ein fester Bestandteil (z. B. Smith et al., 2008). Die folgenden Faktoren können dazu führen, dass sich ein Opfer schwächer bzw. hilflos gegenüber einem Täter fühlt.

Der Täter

- hat wesentlich bessere Kenntnisse im Umgang mit IKT, sodass er diese in komplexerer Art und Weise nutzen kann, um sich z. B. immer wieder neue Accounts anzulegen oder Hass-Internetseiten über sein Opfer zu erstellen. Das Opfer kennt sich weniger mit den IKT aus und kann sich daher schlechter vor dem Cyber-Täter schützen und fühlt sich diesem ausgeliefert (z. B. Hinduja & Patchin, 2015).
- kann im Internet anonym agieren und sein Opfer belästigen, ohne dass dieses weiß, von wem die Cyberangriffe stammen. Das Cyber-Opfer fühlt sich deswegen den Angriffen ausgeliefert sowie verzweifelt und hilflos, weil es nicht weiß, wer es auf es abgesehen hat.
- ist jemand, der sehr beliebt und angesehen ist, während sein Opfer jemand mit weniger Ansehen ist. Die Beliebtheit beinhaltet hierbei auch, dass derjenige sehr viel Selbstsicherheit und Dominanz besitzt. Das Opfer besitzt weniger Beliebtheit und Ansehen und kann dadurch schlechter mit dem Cybermobbing umgehen oder sich wehren und fühlt sich deswegen hilflos (Pieschl, Porsch, Kahl & Klockenbusch, 2013).

Ein Opfer von solch aggressiven Online-Handlungen kann eine Reihe an negativen Auswirkungen erleben, welche in Kapitel 4 näher beschrieben werden. Unser Klassifikationsschema (Abb. 2) integriert alle Definitionsmerkmale sowie alle weiteren Faktoren, die die Entstehung, Wirkungsweise bzw. Bewertung von Cybermobbing beeinflussen können.

Hinweis

Cybermobbing ist ein komplexes Phänomen, das sich bei einer konkreten Einschätzung eines Vorfalls nicht nur auf seine definierenden Merkmale beschränken lässt. Vielmehr handelt es sich um ein Zusammenspiel verschiedener Faktoren, die sich wechselseitig beeinflussen. Des Weiteren scheint die Perspektive (Täter oder Opfer) eine Rolle dabei zu spielen, welche zusätzlichen Merkmale beachtet werden sollten.

Hierbei ist es beispielsweise aus Tätersicht entscheidend, ob sich das Kind oder der Jugendliche überhaupt *bewusst* ist, dass er seinem Online-Gegenüber durch seine Handlungen Schaden zufügt. Aus Opferperspektive gilt zu erheben, ob sich das Kind oder der Jugendliche überhaupt *geschädigt fühlt* und ob er das Verhalten als Cybermobbing wahrgenommen hat.

In vielen Definitionen von Cybermobbing ist das Merkmal „Machtungleichgewicht" ein essenzieller Bestandteil (z. B. Smith et al., 2008). Daher sollte geprüft werden, ob einer der Beteiligten ein solches Ungleichgewicht erlebt und wodurch dieses hervorgerufen wird. Diese Aspekte sind wichtig, wenn es darum geht einzuschätzen, welchen Schweregrad ein Vorfall hat und welche Intervention oder Hilfestellung sowohl für das Opfer, als auch für den Täter notwendig ist.

1.3 Welche Formen von Cybermobbing lassen sich unterscheiden?

Willard (2007) hat als erstes im Forschungsfeld eine Taxonomie aufgestellt, um Cybermobbing nicht nur anhand der unterschiedlichen Medien (z. B. Smartphone, Computer, Internet) zu klassifizieren, sondern auch anhand der verschiedenen Verhaltensweisen, durch die sich Cybermobbing äußern kann. Dieser Ansatz erscheint uns sehr sinnvoll, da sich Medien durch den raschen technologischen Fortschritt ändern und weiterentwickeln, wodurch aktuelle Arbeitsgeräte schnell veralten. Das beste Beispiel für diesen Wandel ist das traditionelle Handy, das in relativ kurzer Zeit durch das Smartphone, welches in der Regel internetfähig ist, abgelöst wurde. Daher gilt es die *Formen* bzw. die *Arten* des Cybermobbings zu differenzieren. Diese werden sich voraussichtlich nicht so schnell ändern und höchstens um neue Formen ergänzt werden (vgl. González-Cabrera, Calvete, León-Mejía, Pérez-Sancho & Peinado, 2017; Smith et al., 2013).

Die Taxonomie möglicher Cybermobbinghandlungen von Willard (2007) wird bis heute immer wieder zur Erläuterung von Cybermobbing aufgeführt (z. B. Festl, Vogelgesang, Scharkow & Quandt, 2017; Lohbeck & Petermann, 2018; Watts, Wagner, Velasquez & Behrens, 2017). Die Taxonomie bildet auch die Grundlage für die Entwicklung von Erhebungsmethoden (z. B. Baldry, Farrington & Sorrentino, 2016; Pieschl et al., 2013; Riebel, Jäger & Fischer, 2009).

Willard (2007) unterscheidet zwischen
- extremem Beleidigen *(Flaming)*,
- Schikane *(Harassment)*,
- Verleumdung *(Denigration)*,
- Identitätsdiebstahl *(Impersonation)*,
- Verrat und Vertrauensmissbrauch *(Outing & Trickery)* und
- Ausgrenzung *(Exclusion)*.

Diese Taxonomie ist hilfreich, um die verschiedenen Formen von Cybermobbing unterscheiden und voneinander abgrenzen zu können. Riebel und Jäger (2009) zeigen, dass sich in ihrer Stichprobe 97,1 % (N = 239) der Situationen, in denen Cybermobbing auftrat, den sechs Gruppen zuordnen ließen. Die Taxonomie von Willard (2007) sollte allerdings nicht als erschöpfend betrachtet werden, da sich stetig neue Formen des Cybermobbings entwickeln (von Marées & Petermann, 2012).

Kowalski und Kollegen (2012a) setzen an diesem Punkt an, indem sie die Taxonomie Willards aufgreifen und diese noch um die Aspekte *Sexting* und *Happy Slapping* ergänzen.

Wir haben in diesem Buch ebenfalls eine Erweiterung vorgenommen, um die Taxonomie an den aktuellen Stand der Literatur anzupassen. Die folgenden Kategorien wurden ergänzt:
- Schikane durch Dritte,
- Photoshopping,
- Verlinken *(Tagging)*,
- Auftreten unter falscher Identität und
- Happy Slapping.

Eine Übersicht über die verschiedenen Formen von Cybermobbing und wodurch diese gekennzeichnet sind bietet Abbildung 3.

Bei deutschen Schülerinnen und Schülern kommt das extreme Beleidigen am häufigsten vor (77%, n=201, Bündnis gegen Cybermobbing e.V., 2017), gefolgt von dem Verbreiten von Lügen und Gerüchten (Verleumden). Von den Betroffenen wird fast ein Viertel unter Druck gesetzt, erpresst oder bedroht (Schikane oder Cyberstalking), von bestimmten Online-Aktivitäten ausgeschlossen (Ausgrenzen) oder es werden private Bilder kopiert und ungefragt in anderen sozialen Medien veröffentlicht (Verrat und Vertrauensmissbrauch). Jungen und Mädchen sind von den verschiedenen Formen des Cybermobbings größtenteils gleichermaßen betroffen. Es zeigen sich nur Unterschiede bei den ersten beiden Formen (extremes Beleidigen und Gerüchte verbreiten), da hier deutlich mehr Mädchen als Jungen betroffen sind (Bündnis gegen Cybermobbing e.V., 2017).

In einer anderen Untersuchung an deutschen Jugendlichen (N=1.734), in der unter anderem verhaltensnahe Fragen benutzt wurden, berichteten die Teilnehmerinnen und Teilnehmer am häufigsten von Schikane (n=350, 59,0%) und Verleumden (n=244, 41,1%), während Identitätsklau (n=170, 28,7%), Verrat (n=81, 13,7%) und Ausgrenzen (n=63, 10,6%) seltener genannt wurden (Porsch & Pieschl, 2014).

Müller, Pfetsch und Ittel (2014) fanden am häufigsten das Versenden von gemeinen Nachrichten, den (sozialen) Ausschluss sowie das Verbreiten von Gerüchten. In einer Studie von Hinduja und Patchin (2017) an 1.204 US-amerikanischen Jugendlichen im Alter von 12 bis 17 Jahren zeigen sich ähnliche Ergebnisse. In ihrer Stichprobe waren 22% der Jugendlichen von Cybermobbing betroffen. Diese berichteten, dass sie am häufigsten von gemeinen oder verletzenden Kommentaren betroffen waren (18%). Die zweithäufigste Form des Cybermobbings stellte hier ebenfalls die Verbreitung von Gerüchten (Verleumden) dar (Hinduja & Patchin, 2017).

Diese Ergebnisse können ebenfalls in einer Studie von Olenik-Shemesh, Heiman und Eden (2017) gefunden werden, die sich mit dem Einfluss der Zuschauer bei

Form	Beschreibung
Extremes Beleidigen	• Hitzige Auseinandersetzung zwischen zwei oder mehr Personen (beschimpfen, beleidigen, drohen)
Schikane, Belästigen	• Wiederholtes Versenden von beleidigenden Nachrichten vom Täter an das Opfer über diverse Informations- und Kommunikationstechnologien
Spezialform: **Schikane durch Dritte**	• Täter aktiviert Dritte, die das Opfer daraufhin beleidigen
Verleumden, Gerüchte verbreiten	• Absichtliches Veröffentlichen/Versenden von Gerüchten/Lügen, mit dem Ziel dem Opfer zu schaden
Spezialform: **Photoshopping**	• Bilder werden durch Bildbearbeitung verunstaltet und mit dem Opfer in Verbindung gebracht
Spezialform: **Verlinken**	• Jemandes Web-Profil wird auf einen Webinhalt (z. B. Foto/Video) verlinkt
Verrat und Vertrauensmissbrauch	• Täter erhält vertrauliche Informationen vom Opfer, indem er eine Vertrauensbasis aufbaut, und verbreitet diese dann unerlaubt öffentlich
Direkter Identitätsdiebstahl	• Täter ist im Besitz des Passwortes des Opfers und gibt sich als dieses online aus, um ihm zu schaden
Auftreten unter falscher Identität	• Täter denkt sich ein Profil aus („Fake-Profil"), um z. B. näheren Kontakt zum Opfer zu bekommen
Ausschluss, Ausgrenzen	• Ausgrenzen von gemeinsamen Aktivitäten, wie z. B. Chats, Online-Gruppen oder -Spielen
Bedrohen, Cyberstalking	• Bedrohlichere Form der Schikane, bei der sich das Opfer ernsthaft physisch, psychisch oder sozial bedroht fühlt
Happy Slapping	• Das Filmen von z. B. körperlicher Gewalt gegen ein Opfer, um es dann öffentlich zu verbreiten

Abbildung 3: Formen von Cybermobbing (eigene Darstellung in Anlehnung an Willard, 2007 und Hinduja & Patchin, 2015)

einem Cybermobbingvorfall beschäftigten. Von den untersuchten 1.094 Kindern und Jugendlichen im Alter von neun bis 18 Jahren, gaben 497 Teilnehmerinnen und Teilnehmer an, schon einmal Zuschauer eines Cybermobbingvorfalls gewesen zu sein. Am häufigsten wurde beobachtet, wie jemand gemeine Nachrichten erhielt (n=351, 55,5 %) oder wie Gerüchte über jemanden verbreitet wurden (n=285, 44,9 %). Ungefähr ein Drittel (n=185, 29,9 %) beobachtete Cybermobbing durch das Versenden verletzender Bilder oder Videos und ungefähr ein Viertel (n=142, 22,5 %) wurde Zeuge, wie dazu aufgerufen wurde, andere Gleichaltrige (sozial) im Internet auszuschließen (Olenik-Shemesh et al., 2017).

Diese Ergebnisse verdeutlichen, dass die Taxonomie von Willard (2007) sowie entsprechende Erweiterungen durchaus Sinn machen, da sich die Cybermobbingerfahrungen der meisten Kinder und Jugendlichen in diese Kategorien einordnen lassen. Dadurch entsteht ein differenzierter Einblick, welche Formen des Cybermobbings am häufigsten auftreten. Des Weiteren kann im Einzelfall konkret analysiert werden, von welcher Cybermobbingform das Opfer betroffen ist, um dann entsprechende Handlungsstrategien zu entwickeln. Aus diesem Grund sind diese Informationen ebenso wichtig für Präventions- und Interventionsprogramme, da dadurch beispielsweise gezielte Übungen für die Opfer, als auch für die Täter und Zuschauer entwickelt und integriert werden können, die spezifische Elemente für die jeweilige Cybermobbingform enthalten. In den nachfolgenden Abschnitten werden diese ausführlicher beschrieben und einige Formen anhand von praxisnahen Beispielen verdeutlicht.

1.3.1 Extremes Beleidigen

Das extreme Beleidigen *(Flaming)* bezeichnet eine hitzige Auseinandersetzung zwischen zwei oder mehreren Personen. Hierbei werden vor allem vulgäre Äußerungen benutzt, um den anderen zu verletzen. Neben Beleidigungen und Beschimpfungen kann es sich auch um Drohungen handeln, die jedoch keinen direkten Handlungsbezug aufweisen müssen. Man findet diese Art des Cybermobbings vor allem in öffentlichen Domänen des Internets, wie beispielsweise in Diskussionsforen, in Chaträumen oder bei Online-Spielen (vgl. Willard, 2007). Bei dieser Form der öffentlichen Auseinandersetzung kann es sein, dass sich unbeteiligte Zuschauer in die Diskussion einmischen, für eine Seite Partei ergreifen und sich ebenfalls unangemessen äußern. Des Weiteren muss nicht zwangsläufig ein Machtungleichgewicht zwischen den beteiligten Personen bestehen. Es kann sein, dass derjenige, der nicht mit der Beleidigung rechnet, sich im ersten Moment schwächer fühlt, da er von dem Angriff überrascht wird und auch nicht weiß, wer alles beteiligt sein könnte (vgl. Kowalski, Limber & Agatston, 2012a). Dauert eine solche Auseinandersetzung länger an, so wird diese Form als *Flame War*, also als ein „Krieg der Beleidigungen“, bezeichnet (Willard, 2007).

Beispiel

Mark spielt seit längerer Zeit ein angesagtes Computer-Rollenspiel (Massen-Mehrspieler-Online-Rollenspiel). In dem Spiel existieren drei konkurrierende Reiche, die gegeneinander kämpfen. Mark ist Anführer einer größeren Gilde und einer der bekanntesten Spieler, da er sehr viel Zeit und Geld in das Spiel investiert. Um sein Ansehen innerhalb des Spieles zu festigen, legt er sich täglich mit anderen starken Spielern der anderen Reiche an. Bei dem Spiel gibt es nicht nur die Möglichkeit, gegeneinander zu kämpfen, sondern man kann privat und öffentlich miteinander „reden" (chatten). Mindestens einmal am Tag trifft Mark mit seiner Gilde auf eine Gilde eines anderen Reiches. Während sie einerseits miteinander kämpfen, beschimpfen und beleidigen sich die Spieler auch untereinander.

Mark hat einem bestimmten Mitspieler auch schon öfter gedroht, dass er bei ihm in echt vorbeikommt und ihn dann wirklich verprügelt. Im wirklichen Leben weiß er jedoch nicht einmal, wer der andere Mitspieler überhaupt ist. Die hitzigen Auseinandersetzungen führen bei Mark dazu, dass er (1) sich teilweise sehr über die Beleidigungen ärgert und (2) immer wieder von seinen eigenen Gildenmitgliedern für sein „Können" und seinen „Mut" bewundert und gelobt wird.

1.3.2 Schikane im Sinne von Belästigung

Unter Schikane *(Harassment)* versteht man, dass ein Opfer wiederholt und andauernd sehr viele beleidigende Nachrichten erhält. Die Nachrichten können dabei auf jedem Weg der elektronischen Kommunikation übermittelt werden, das heißt per E-Mail, Instant-Messenger-Nachricht, SMS, Chat oder Ähnlichem. Während es beim extremen Beleidigen um das gegenseitige Beleidigen geht, richtet sich die Schikane von einem Täter an ein Opfer, ohne dass das Opfer darauf eingeht. Es kann zwar vorkommen, dass ein Opfer auf Kommentare oder Nachrichten in beleidigender Form antwortet, jedoch ist sein eigentliches Ziel nur, dass die Schikane aufhört (Willard, 2007). Des Weiteren dauert diese Form des Cybermobbings wesentlich länger an, als das zuvor beschriebene gegenseitige Beleidigen.

1.3.3 Schikane durch Dritte

Bei der Schikane durch Dritte (auch *Schikane by proxy*) handelt es sich ebenfalls um das wiederholte und andauernde Beleidigen des Opfers über diverse Medien, jedoch nicht durch den Täter selbst, sondern durch von ihm aktivierte Dritte (Willard, 2007). Jugendliche weisen häufig ein breites Netz an Online-Kontakten auf, von denen sie unter Umständen gar nicht alle persönlich kennen. Ein Täter kann versuchen, diese anonymen Kontaktpersonen zu aktivieren und gegen das ausgewählte Opfer aufzuhetzen. Dies führt dazu, dass das Opfer gemeine Nachrichten von ihm unbekannten Personen erhält.

Beispiel

Anna ist schon länger in ihren Klassenkameraden Timo verliebt. Timo hat allerdings nur Augen für Annas Freundin Amelie. Die beiden flirten häufig miteinander auf dem Pausenhof. Dies macht Anna wütend auf Amelie, weil diese immer scheinheilig behauptet, dass sie nichts von Timo will. Ihren Ärger lässt Anna bei ihren „Freunden“ bei Facebook heraus. Sie hat einige Freunde, die sie über die vielen kleinen Mini-Spiele auf Facebook kennengelernt hat und mit denen sie nun schon seit einiger Zeit freundschaftlich chattet. Sie haben eine gemeinsame Gruppe und dort erzählt Anna von ihrer gemeinen, hinterhältigen Freundin Amelie, die ihr den Freund ausgespannt hat.

Anna schafft es, dass ihre Online-Freunde nichts von Amelie halten und sie als eine „Bitch“ bezeichnen, obwohl sie Amelie gar nicht kennen. Anna heizt ihre Freunde immer weiter an und bittet sie um ihre Unterstützung bei der Rache an Amelie. Ein paar Tage später kann sich Amelie gar nicht mehr vor herabwürdigenden Nachrichten retten. Sie ist traurig und verzweifelt, weil sie gar nicht weiß, wer diese Leute sind oder was sie ihnen getan hat.

1.3.4 Verleumdung, Gerüchte verbreiten

Eine weitere Form des Cybermobbings stellt das Verleumden bzw. das absichtliche Verbreiten von Gerüchten und Lügen über das Opfer dar. Der Täter hat hierbei vor allem das Ziel, dem Opfer zu schaden, indem durch die Gerüchte Freundschaften zerstört werden oder der Ruf des Opfers geschädigt wird. Es ist hervorzuheben, dass das Opfer hierbei nicht der direkte Empfänger der Nachrichten ist. Die Gerüchte werden online verbreitet, sodass ein möglichst großes Publikum erreicht wird. Dies beinhaltet dann vor allem die Freunde und Klassenkameraden des Opfers, wodurch dieses indirekt geschädigt wird, indem es vor allen anderen bloßgestellt wird (vgl. Kowalski et al., 2012a; Willard, 2007). Die Gerüchte können über diverse Arten verbreitet werden:

- E-Mails, die an mehrere Empfänger gerichtet sind,
- Nachrichten an andere oder in Gruppen auf sozialen Netzwerken (z. B. Facebook) oder in Instant Messengern (z. B. WhatsApp),
- das Erstellen von Webseiten mit unwahren Inhalten.

Durch diese Methodik verbreiten sich die Gerüchte wie ein ansteckender Virus und mit entsprechend schneller Geschwindigkeit, wodurch es für das Opfer noch schwerer wird sich dagegen zu wehren.

1.3.5 Photoshopping

Eine sehr beliebte Methode des Cybermobbings ist das Photoshopping, bei dem es sich um eine Verunstaltung von Bildmaterialien handelt. Die Bezeichnung „Photoshopping" geht auf das bekannte Bildbearbeitungsprogramm Adobe® Photoshop® zurück. Die Verunstaltung der Bilder kann beim Cybermobbing mit jedem Programm durchgeführt werden, das zur Bildbearbeitung geeignet ist. Hierbei kann es sich um Computerprogramme, frei verfügbare Online-Programme oder Anwendungen auf Smartphones oder Tablets handeln. Die Cyber-Täter nutzen diese, um Fotos des Opfers zu verunstalten oder mit beleidigenden Sprüchen zu versehen. Je nach technischer Kompetenz des Täters im Umgang mit diesen Programmen können auch Fotomontagen erstellt werden, auf denen beispielsweise der Kopf des Opfers auf den Körper eines Tieres retuschiert wird. Diese bearbeiteten Bilder werden dann meist öffentlich, durch die Veröffentlichung in sozialen Netzwerken oder innerhalb von Gruppen der jeweiligen Instant Messenger, verbreitet, um dem Opfer zu schaden und es vor anderen zu blamieren. In vielen Fällen wird das Opfer auf diesen bearbeiteten Bildern *verlinkt* (siehe Abschn. 1.3.6: *Verlinken*), damit es direkt mit dem Foto verknüpft wird, den erhofften Beleidigungen ausgesetzt ist und diese auch mitbekommt.

1.3.6 Verlinken

Eine Spezialform stellt das Verlinken *(Tagging)* dar. Es handelt sich um die Möglichkeit, andere Personen mit bestimmten Online-Inhalten wie beispielsweise Fotos, Videos, Links und ähnlichem zu verknüpfen. Diese Funktion dient normalerweise dazu, ein Bild zu veröffentlichen, auf dem eine Person beispielsweise mit zwei Freunden zu sehen ist. Diese beiden Personen (oder besser deren Online-Profile) können dann zu dem Foto hinzugefügt bzw. verlinkt werden, sodass jeder weiß, wer auf dem Bild zu sehen ist. Des Weiteren ist das Bild dann auch auf den Profilseiten der beiden Freunde zu sehen. Diese Verknüpfung kann je nach gewählter Online-Plattform mit oder ohne Zustimmung der verlinkten Personen erfolgen. Dies ist weiterhin davon abhängig, ob die Person die Verlinkungsmöglichkeiten über die jeweiligen Sicherheitseinstellungen reglementiert hat.

Bei der sozialen Internetplattform Facebook ist es beispielsweise nicht möglich, Personen auf Bilder zu verlinken, mit denen man nicht „befreundet" ist, das heißt die sich nicht in der eigenen Freundesliste befinden. Des Weiteren besteht die Möglichkeit, über die Sicherheitseinstellungen festzulegen, dass verlinkte Inhalte zuerst überprüft und freigegeben werden müssen, bevor sie auf der eigenen Profilseite angezeigt werden. Im Kontrast dazu steht der Online-Dienst Instagram, bei dem jeder jeden auf Bildern verlinken kann. Diese Verknüpfung muss dann manuell von der verlinkten Person entfernt oder auf dem eigenen Profil „versteckt“ werden, damit nicht jede beliebige Person darauf Zugriff hat (nähere Informationen hierzu finden sich in Abschn. 5.4 ff.).

Beispiel

Eines Abends kam Lisa nach Hause, warf sich auf ihr Bett und wollte ihre neusten „Likes“ auf Instagram betrachten. Als sie jedoch die App öffnete, erlebte sie ihr blaues Wunder. Jemand hatte sie auf einem Bild mit einem Elefanten verlinkt und das Bild hatte die Unterschrift: „Im Gegensatz zu Lisa ist dieser Elefant noch schlank!“ Des Weiteren waren die Hashtags „#echtfett“, „#superhässlichesmädchen“ und „#gehmalsterben“ darunter gesetzt worden. Lisa kannte den Nutzer nicht und sie war entsetzt, dass das Bild schon von 102 Personen geliked worden war. Außerdem fanden sich unter dem Bild viele gemeine Kommentare von anderen Nutzern, aber auch von Schülern aus ihrer Parallelklasse, die auch darauf abzielten, sie zu beleidigen und als fett darzustellen. Lisa verspürte Gefühle von Hilflosigkeit, Angst sowie Trauer und fing an zu weinen.

1.3.7 Verrat und Vertrauensmissbrauch

Bei dieser Form des Cybermobbings werden zwei Vorgehensweisen des Täters vereint. Zuerst spielt der Täter seinem Opfer vor, dass zwischen ihnen eine vertrauliche Beziehung herrscht und sie sich gegenseitig Geheimnisse anvertrauen können. Er hat dabei jedoch meistens von Anfang an das Ziel, dem Opfer vertrauliche Informationen zu entlocken, um diese danach weiter zu verbreiten und somit dem Opfer zu schaden. Nachdem der Täter dem Opfer persönliche oder geheime Informationen, Bilder oder Videos entlockt hat, veröffentlicht bzw. verbreitet er diese im Internet.

Diese Form des Cybermobbings kann man vor allem oft bei gescheiterten Paarbeziehungen finden. Hierbei ist es oft so, dass Geheimnisse des Ex-Partners oder einst geschickte anzügliche Fotos öffentlich zur Schau gestellt oder direkt an Freunde weitergeleitet werden, um dem Ex-Partner möglichst weh zu tun oder ihn vor anderen zu beschämen. Das Weiterleiten von eigentlich vertraulichen Informationen oder Materialien kann dabei eine Form der Rache sein oder der eigenen Bewältigung von unangenehmen, negativen Gefühlen (z. B. Wut oder Trauer) dienen.

1.3.8 Direkter Identitätsdiebstahl

Beim direkten Identitätsdiebstahl nimmt der Täter die Identität seines Opfers an. Dies setzt voraus, dass er zuvor an dessen Account-Informationen, das bedeutet dessen Benutzerkennung und Passwort, gelangt ist. Er meldet sich dann auf der entsprechenden Online-Plattform oder bei einem Instant Messenger unter dem Namen des Opfers an und veröffentlicht Bilder, schreibt Nachrichten oder kommentiert Medieninhalte in dessen Namen. Das Ziel ist hierbei, dass den Freundschaften des Opfers geschadet oder es durch gemeine Kommentare (veröffentlicht durch den Täter) von anderen beleidigt wird. Durch den direkten Identitätsdiebstahl kann der Täter demnach jede Form des Cybermobbings provozieren. Des Weiteren verletzt er die Privatsphäre des Opfers in erhöhtem Maße, wodurch dieses sich vermutlich stärker verunsichert und noch mehr bedroht fühlt, als wenn der Täter sich nur einen neuen Account unter dem Namen des Opfers erstellt hätte (siehe *Auftreten unter falscher Identität*).

Eine Frage, die sich oftmals stellt, ist, wie es die Täter schaffen, in den Besitz von Passwörtern zu gelangen. Hierbei kann es verschiedene Möglichkeiten geben:
(1) Der Täter besitzt ausgeprägte Computer- und IT-Kenntnisse. Dadurch ist er in der Lage, die Benutzerkonten des Opfers zu hacken und dadurch an dessen Benutzerinformationen und Passwörter zu gelangen.
(2) Der Täter spioniert dem Opfer hinterher und beobachtet es. Eine beispielhafte Situation in einer Schulklasse wäre, dass das Opfer sich auf sein Smartphone konzentriert und sich bei einem Online-Dienst mit seinem Benutzernamen und Passwort anmeldet, ohne zu merken, dass der Täter sich in direkter Nähe befindet und beide Anmeldedaten mitbekommt und sich merken kann.
(3) Zwischen dem Täter und dem Opfer besteht eine Beziehung, die eine Weitergabe von Passwörtern oder ähnliche Informationen als Vertrauensbeweis beinhaltet. Diese Form der Beziehung findet man vor allem bei besten Freundinnen, die sich gegenseitig „alles erzählen“ und somit auch Passwörter oftmals bereitwillig teilen. Ein Problem kann entstehen, wenn ein Streit zwischen den Mädchen entsteht und die vertraulichen Informationen (z. B. für einen Identitätsdiebstahl) missbraucht werden.

1.3.9 Auftreten unter falscher Identität

Das Auftreten unter falscher Identität ist von dem Identitätsdiebstahl abzugrenzen, da der Täter keinen Zugang zu den persönlichen Benutzerinformationen (Benutzername und/oder Passwort) des Opfers besitzt. Es handelt sich hierbei um ein Verhalten, bei dem sich der Täter eine andere Online-Identität und einen neuen Online-Account anlegt. Diese kann komplett frei erfunden sein und muss in keiner Verbindung zu irgendjemandem stehen. Es ist auch möglich, dass der Täter ein *Fake-Profil* (gefälschtes Profil) gestaltet und sich als das Opfer selbst oder als eine mit ihm befreundete Person ausgibt. Für den Fall, dass er sich als das Opfer selbst ausgibt, besteht das Ziel meistens, wie beim Identitätsdiebstahl (siehe oben), darin, dem Ruf und den sozialen Beziehungen des Opfers zu schaden. Wenn sich der Täter als ein Freund des Opfers oder als eine komplett unbekannte Person ausgibt, versucht er meistens hierdurch näheren Kontakt zum Opfer aufzubauen, um ihm dann vertrauliche Informationen zu entlocken und diese danach für bestimmte Cybermobbinghandlungen (z. B. Weiterleiten der Informationen an Freunde des Opfers oder öffentliches Verbreiten auf sozialen Netzwerken) zu missbrauchen.

1.3.10 Ausschluss, Ausgrenzung

Beim Ausschluss wird das Opfer von bestimmten gemeinsamen Online-Aktivitäten ausgegrenzt. Es wird beispielsweise von Chatgruppen in Instant Messengern ausgeschlossen, darf kein Mitglied von bestimmten Gruppen auf sozialen Netzwerken sein und wird in Online-Spielen ignoriert und nicht in die dortigen Gruppenaktivitäten integriert.

Durch dieses Ausgrenzen von gemeinsamen Aktivitäten gerät das Opfer in eine Außenseiterposition, die extreme emotionale Auswirkungen haben kann.

Beispiel

Ole ist 14 Jahre und geht in die 9. Klasse einer Oberschule. Er hat einige Probleme mit den Jungs in seiner Klasse, weil er ihrer Meinung nach „nicht cool genug“ und „zu lieb“ oder „ein Weichei“ ist. In der Klasse muss er sich oft solche Beschimpfungen von seinen Mitschülern anhören. Ole liebt es, Zeit an seinem Smartphone und mit den vielen Apps zu verbringen. Weiterhin spielt er gerne ein Online-Spiel, in dem auch viele seiner Klassenkameraden sind. Vor einigen Wochen wurde in seiner Klasse eine WhatsApp-Gruppe gebildet, in der alle seine Klassenkameraden sind. Der Gruppenadministrator ist einer der Jungs, die ihn nicht mehr mögen, und deshalb wird er als einziger aus der Klasse nicht in die Gruppe aufgenommen. Ständig lachen all seine Klassenkameraden über Sachen, die in der Gruppe geschrieben oder veröffentlicht wurden. Er selbst kann dann nie mitlachen, weil er nicht weiß, worum es geht. Teilweise fragt er sich auch, ob in der Gruppe über ihn gelästert wird und sie sich über ihn lustig machen.

In seinem Online-Spiel gibt es eine starke Gilde, die in dem ganzen Spiel gut angesehen ist. Er würde auch gerne dieser Gilde angehören, aber auch dort sind viele seiner Klassenkameraden und sie lassen ihn nicht mitmachen.

Wenn sie ihn im Spiel treffen, kommt es manchmal auch vor, dass sie ihn öffentlich im Spiel beleidigen, sodass alle anderen Spieler es mitlesen können. Ole macht das alles sehr traurig und er weiß nicht, wie er sich dagegen wehren soll. Alles macht ihm immer weniger Spaß und er zieht sich mehr und mehr zurück. Außerdem geht er auch nicht mehr gerne zur Schule. Teilweise hat er morgens schon nach dem Aufstehen Bauchschmerzen, weil er sich schon wieder Gedanken darum macht, was die anderen wohl über ihn lästern.

1.3.11 Bedrohen, Cyberstalking

Cyberstalking ist schwierig von Schikane/Belästigung abzugrenzen, da auch hier die Informations- und Kommunikationstechnologien genutzt werden, um Angst zu induzieren oder jemanden zu belästigen. Es ist jedoch eine schwerwiegendere Art der Schikane, da das Opfer sich ernsthaft Sorgen um seine reale körperliche oder psychische Gesundheit macht. Diese Form des Cybermobbings kann entweder direkt oder indirekt ausgeübt werden und das Opfer erhält ernsthafte Drohungen vom Cyber-Täter. Dieser versucht damit aktiv, dem Opfer zu schaden und es zu verängstigen. Oftmals findet sich ein solches Verhalten nach der Beendigung von sexuellen (Online-)Beziehungen. Hierbei werden dann meist sehr persönliche Inhalte als Waffe eingesetzt und ohne vorherige Zustimmung anderen Personen zugänglich gemacht.

1.3.12 Happy Slapping

Eine speziellere Form des Cybermobbings ist das *Happy Slapping* (Chan et al., 2012), das als *belustigendes Schlagen* übersetzt werden kann. Dieses neue und immer häufiger auftretende Phänomen beschreibt eine Situation, in der ein Opfer von einer oder mehreren Personen körperlich angegriffen wird. Dieser Angriff wird dabei gefilmt und danach über verschiedene digitale Medien verbreitet und im Internet veröffentlicht (Chan et al., 2012). Obwohl Happy Slapping als eine Form der Jugendkriminalität angesehen werden muss, wird es oft aufgrund der benutzten Medien, der öffentlichen Verbreitung im Internet sowie hinsichtlich der sich überschneidenden, motivationalen Faktoren als eine Form des Cybermobbings angesehen (vgl. Chan et al., 2012; Smith et al., 2008). Zu diesen Faktoren zählt beispielsweise, dass (1) die Täter sich oftmals nicht bewusst sind, welche schwerwiegenden Konsequenzen ihr Handeln für das Opfer haben kann, und sie es nur aus Spaß und/oder Langweile machen oder (2) sie durch ihr Verhalten ihr Ansehen bei ihren Freunden erhöhen wollen.

Hinweis

Cybermobbing kann in vielen verschiedenen Formen auftreten. Diese reichen von dem bloßen Versenden von gemeinen Textnachrichten, über das Verbreiten von Gerüchten bis hin zum Vortäuschen einer falschen Identität. Zurzeit unterscheiden sich auch hier die Forscher noch darin, welche Handlungen sie als Cybermobbing bezeichnen. Willard (2007) war die erste, die eine Taxonomie aufstellte, um die vielen verschiedenen Möglichkeiten zu benennen und vom gewählten Medium unabhängig zu machen. Diese Variante wurde seitdem in vielen Studien übernommen und teilweise erweitert. Unklar ist bisher, ob beispielsweise das Happy Slapping als Cybermobbing gilt oder aus rechtlicher Sicht eher eine eigenständige Straftat darstellt. Dasselbe gilt für das sogenannte *Sexting*, welches oftmals eher der sexuellen Belästigung und nicht dem Cybermobbing zugeordnet wird.

Es existieren leider kaum Studien, die untersuchen, ob die unterschiedlichen Formen von Cybermobbing in allen Altersgruppen gleichmäßig auftreten oder ob einige Formen zum Beispiel erst bei Jugendlichen und nicht bei jüngeren Kindern zu finden sind. Eine Studie von Davis und Koepke (2016) liefert erste Hinweise darauf, dass eine solche Fragestellung durchaus relevant ist. In ihrer britischen Stichprobe aus 2.079 Kindern und Jugendlichen im Alter von 11 bis 19 Jahren zeigte sich, dass die 17-jährigen signifikant häufiger von aggressiven Textnachrichten betroffen waren als die 13-jährigen. Beide Altersgruppen unterschieden sich jedoch nicht hinsichtlich gemeiner Kommentare, die online über sie veröffentlicht wurden (Davis & Koepke, 2016). Dieser Befund weist darauf hin, dass nicht jede Cybermobbingform in jeder Altersklasse gleich stark ausgeprägt ist. Zukünftige Studien sollten diesen Aspekt weiter erforschen, um Präventions- und Interventionsprogramme für verschiedene Klassenstufen effektiver zu gestalten.

1.3.13 Exkurs: Selbstverletzendes Cybermobbing

Selbstverletzendes Verhalten tritt bei Jugendlichen ab 12 Jahren auf (Petermann & Nitkowski, 2015) und stellt ein relativ gut erforschtes Phänomen dar. Die Gründe für selbstverletzendes Verhalten können vielfältig sein. Häufig wird es als Strategie genutzt, um negative Gefühle oder andere subjektiv wahrgenommene Mängel, Fehler oder Unsicherheiten zu bewältigen. Während selbstverletzendes Verhalten im Alltag zum Beispiel durch Ritzen, Schneiden oder Verbrennungen erfolgt, stellt selbstverletzendes Cybermobbing (engl. *self-cyberbullying*) eine neue und weitestgehend unerforschte Variante dar (Patchin & Hinduja, 2017).

Erstmals wurde sie von den Betreibern einer Website (Formspring) entdeckt, die einige Cybermobbingvorfälle näher untersuchten und feststellten, dass die Opfer viele der verletzenden Kommentare selbst veröffentlich hatten (Englander, 2012b).

Unter selbstverletzendem Cybermobbing versteht man, dass ein Jugendlicher eine neue Person bzw. ein neues Online-Profil erschafft, von dem er sich dann „anonym" selber cybermobbt. Patchin und Hinduja (2017) nennen dieses Verhalten digitale Selbstverletzung (engl. *digital self-harm*) und sie definieren es als das „anonyme online Veröffentlichen, Versenden oder anderweitige Teilen von verletzenden Inhalten von sich selbst" (S. 2, Übers. durch die Autoren). Nach Englander (2012b) teilen die Jugendlichen das Cybermobbing dann häufig Freunden oder Eltern mit, um Mitgefühl und Aufmerksamkeit zu erlangen. Jugendliche, die ein solches Verhalten zeigen, haben oftmals Alkohol- und Drogenprobleme sowie Probleme innerhalb der Familie. Sie sind vielfach Täter und Opfer von Mobbing und werden oft zum Versenden von anzüglichen Fotos (siehe Abschn. 1.3.14 *Sexting*) genötigt (Englander, 2012c).

Der Fall von Hannah Smith aus England zeigt die extremen Folgen von Cybermobbing auf. Die 14-jährige Hannah Smith beging Suizid am 2. August 2013 infolge von über Monate dauernden Cybermobbingattacken auf der Internetplattform Ask.fm. Die darauffolgenden Nachforschungen der Website-Betreiber deuteten laut eigener Aussage immer mehr daraufhin, dass 98 % der bösartigen Nachrichten, die an Hannah gesendet wurden, von der IP-Adresse ihres eigenen Computers stammten (Cyberbullying Research Centre, 2013). Hannahs Vater hält diese Ergebnisse für scheinheilige Behauptungen, die nur den Ruf der Website schützen und seine Tochter diskreditieren sollen. Es kann daher nicht mit Sicherheit gesagt werden, ob es sich bei Hannah Smith tatsächlich um selbstverletzendes Cybermobbing handelte.

Die Thematik an sich ist jedoch kein neues Phänomen. Danah Boyd, eine US-amerikanische Medienwissenschaftlerin und Sozialforscherin, die unter Anderem leitende Wissenschaftlerin bei Microsoft Research ist, beschreibt *digitale Selbstverletzung* als Verhalten, bei dem Jugendliche „sich selbst belästigen, indem sie sich selbst ‚anonym' gemeine Fragen stellen und diese dann öffentlich beantworten" (danah boyd, 2010, Übers. durch die Autoren). Das bedeutet, dass die Jugendlichen sich selbst in einem öffentlichen Forum angreifen und es so aussehen lassen, als ob jemand anderes sie cybermobben würde. Boyd (danah boyd, 2010) vermutet hinter diesem Verhalten drei verschiedene Absichten. *Erstens* scheint es ein Hilfe-Appell zu sein, der dazu dient, dass sich andere (Eltern oder Freunde) um „das Opfer" kümmern und ihm Aufmerksamkeit und Zeit schenken. *Zweitens* vermutet Boyd, dass die Jugendlichen „cool" und wichtig wirken wollen. Dahinter steckt der Gedanke, dass nur jemand, der unter den Gleichaltrigen als wichtig und populär angesehen wird, es auch „verdient" hat, online beneidet und gehasst zu werden. *Drittens* vermutet die Wissenschaftlerin, dass digitale Selbstverletzung auch in Verbindung mit „fishing-for-compliments" steht. Wenn Jugendliche online attackiert werden, neigen ihre Freunde dazu, sich für das Opfer einzusetzen, ihm entsprechend beizustehen und ihm Komplimente zu machen. Die Gefahr hinter selbstverletzendem Cybermobbing besteht darin, dass sich die Problematik negativ entwickeln kann, wenn die gewünschte Reaktion ausbleibt oder andere sich aktiv am Cybermobbing beteiligen und es noch weiter anheizen (danah boyd, 2010).

Englander (2012a) konnte bestätigen, dass Jugendliche digitale Selbstverletzung vor allem einsetzen, um die Aufmerksamkeit eines Gleichaltrigen auf sich zu ziehen. Mädchen hatten dabei außerdem eher die Absicht, die Aufmerksamkeit eines Erwachsenen oder generell die Sorge anderer zu wecken, während Jungen es außerdem nutzten, um einen Streit anzufangen.

Patchin und Hinduja (2017) untersuchten *digitale Selbstverletzung* bei 5.593 US-amerikanischen Jugendlichen im Alter von 12 bis 17 Jahren. In ihrer Stichprobe berichteten 6,2 % der Befragten davon, im Internet anonym etwas Gemeines über sich selbst veröffentlich zu haben. 35,5 % dieser Jugendlichen übten dieses Verhalten „ein paar Mal" aus und 13,2 % sogar „viele Male". Es zeigte sich weiterhin, dass vor allem Jungen von digitaler Selbstverletzung berichteten, es jedoch keine Altersunterschiede gab. Jugendliche, die Erfahrungen (1) mit traditionellem Mobbing oder Cybermobbing, (2) Drogenkonsum, (3) Devianz, (4) depressiven Symptomen oder (5) traditionellem selbstverletzenden Verhalten hatten, zeigten auch signifikant häufiger digitale Selbstverletzung im Gegensatz zu Befragten, die diese Erfahrungen nicht hatten. Patchin und Hinduja (2017) konnten verschiedene Motive für dieses Verhalten identifizieren und die Vermutungen von Danah Boyd (2010) bestätigen. Die häufigsten Gründe für die digitale Selbstverletzung waren

- Selbsthass,
- die Suche nach Aufmerksamkeit,
- depressive Symptome,
- lustig sein oder
- die Provozierung einer Reaktion von anderen (Patchin & Hinduja, 2017).

Vor allem der Wunsch nach *irgendeiner* Reaktion von anderen scheint bei den Jugendlichen ein ausschlaggebender Grund zu sein. Hierbei geht es beispielsweise darum, von anderen bemitleidet zu werden, festzustellen, ob sich jemand um einen sorgt oder um in schwierigen Situationen Hilfe zu bekommen (Patchin & Hinduja, 2017). Es ist allerdings nicht klar, ob das online selbstverletzende Verhalten eine Ursache oder eine Konsequenz dieser Faktoren war. Um dies bestimmen zu können, bräuchte man größere Längsschnittstudien.

Englander (2012c) konnte in ihrer Studie ergänzend zeigen, dass Jugendliche, die zum Versenden von Nacktbildern gezwungen werden, eher selbstverletzendes Cybermobbing zeigen. Man könnte vermuten, dass digitale Selbstverletzung das Risiko für die traditionelle, körperliche Form des selbstverletzenden Verhaltens sowie das Suizidrisiko verringert, jedoch wirft der Fall von Hannah Smith diesbezüglich einige Zweifel auf (Cyberbullying Research Centre, 2013; Patchin & Hinduja, 2017).

1.3.14 Exkurs: Sexting

Das Wort *Sexting* ist entstanden aus einer Kombination der beiden Wörter „Sex“ und „Texting“. Es beschreibt das Versenden von erotischen oder anzüglichen Fotos oder Videos der eigenen Person mittels elektronischer Medien. Erotisches Material stellen beispielsweise Aufnahmen in Badehose, in Bikini oder in Unterwäsche, Nacktbilder bestimmter Körperregionen oder „Oben-ohne-Aufnahmen“ dar. Diese Bilder werden oft freiwillig, als Teil einer spielerischen, erotischen Kommunikation innerhalb von intimen Beziehungen versendet (Borg-Laufs, 2015).

Englander (2012c) befragte zwischen 2011 und 2012 eine Gruppe von 18-jährigen Collegestudenten und -studentinnen ($N=617$) in den USA zu ihren Aktivitäten in ihren letzten vier Jahren in der Schule. Ihre Ergebnisse zeigen, dass 30 % der Befragten selbst unangemessene Bilder von sich während dieser Schulzeit verschickt haben. Des Weiteren berichteten 45 % der Befragten, solche Bilder auf ihren Handys empfangen zu haben. Ältere Jugendliche scheinen insgesamt öfter in Sexting involviert zu sein als jüngere. Es ist jedoch zu betonen, dass Sexting nicht zwangsläufig zu größeren Schwierigkeiten führt (Englander, 2012c; Klicksafe, 2018).

Nach Englander (2012c) werden vor allem Mädchen häufig zum Sexting genötigt. Findet das Sexting freiwillig statt, so finden sich keine Geschlechtsunterschiede. Es zeigt sich hierbei, dass vor allem negative Auswirkungen entstehen können, wenn die Jugendlichen zum Sexting genötigt werden. Dies geschieht vor allem in Situationen, in denen oftmals ein neuer Partner oder eine neue Partnerin nach einem Bild fragt. Dadurch werden die Jugendlichen unter Druck gesetzt, da sie ihrem Partner oder ihrer Partnerin gefallen wollen und vermutlich auch Angst vor einer Zurückweisung haben. Dieser Druck zum Sexting wird nicht immer negativ bewertet, da auch viele Jugendliche selbst das Sexting begrüßen (Englander, 2012c). Sexting unter Fremden stellt im Gegensatz zu Sexting unter sich bekannten Interaktionspartnern eher eine Seltenheit dar. In der Studie von Englander (2012c) gaben 96 % der Befragten an, dass sie die Person auf dem Bild kannten.

Das Risiko, Nacktbilder zu erhalten, erhöht sich, wenn man selber auch welche verschickt. Oftmals sind Jugendliche, die Sexting nutzen, auch im realen Leben sexuell aktiv. Jugendliche, die zum Sexting gezwungen werden, zeigen signifikant mehr frühere Erfahrungen mit exzessiver Angst und früheren Gewalterfahrungen in Partnerschaften. Sie berichten ebenfalls eher davon, dass ihre Bilder an Personen gelangt sind, die die Fotos nicht sehen sollten. 13 % der Jugendlichen hatten Probleme in der Schule mit anderen Kindern, die die Nacktbilder zu sehen bekamen (Englander, 2012c).

Sexting kann zu Schwierigkeiten unter den Gleichaltrigen führen, vor allem wenn die Bilder nicht freiwillig versendet wurden (siehe Abb. 4). Oftmals entziehen sich die Auswirkungen der elterlichen Kontrolle und bleiben somit unerkannt

(Englander, 2012c). Besonders besorgniserregend ist die Tatsache, dass Kinder und Jugendliche dazu neigen, Nacktfotos oder Ähnliches von sich zu machen und zu versenden, sobald sie von anderen dazu aufgefordert werden. Dies gilt für Mädchen (ca. 50 %) mehr als für Jungen (ca. 30 %) (Englander, 2012c). Der größte Teil der Jugendlichen wird dabei von Bekannten oder Freunden genötigt, diese Bilder zu verschicken, während nur ein geringer Prozentsatz (6 %) davon berichtet, von Fremden zum Versand der Bilder gedrängt zu werden.

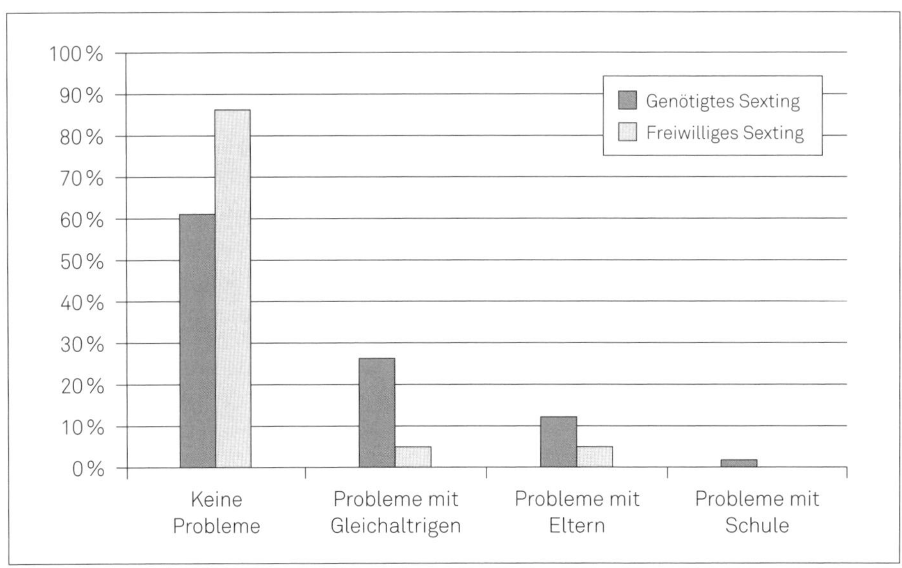

Abbildung 4: Probleme durch genötigtes und freiwilliges „Sexting“ (Versenden von Nacktbildern). Antworten auf die Frage „Hat das Bild bei dir Probleme verursacht?“ (eigene Darstellung modifiziert nach Englander, 2012c, S. 10)

1.4 Wie häufig und wann tritt Cybermobbing auf?

Die Auftrittshäufigkeit von Cybermobbing verdeutlicht den Handlungsbedarf und zeigt auf, welche Gruppen besonders gefährdet sind. In den Medien werden mittlerweile die Gefahren im Internet und die Risiken, die mit der Nutzung von Informations- und Kommunikationstechnologien verbunden sind, des Öfteren thematisiert, wohingegen das traditionelle Mobbing eher keine Erwähnung findet. Dies fördert den gesellschaftlichen Fokus auf digitale Medien und die Bedeutung ihrer verantwortungsvollen Nutzung. Daher stellt sich die Frage, ob Cybermobbing in der heutigen Zeit häufiger auftritt, als die bisherige traditionelle Form. In einer Metaanalyse, in die 80 Studien einbezogen wurden, berichten Modecki, Minchin, Harbaugh, Guerra und Runions (2014), dass nur in durchschnittlich 15 % der Fälle von Cybermobbing ausgegangen werden kann, während durchschnittlich 35 %

der Kinder und Jugendlichen von traditionellem Mobbing betroffen sind. Dies bezieht sich auf die Täter und auf die Opfer (Modecki et al., 2014; Sticca, Ruggieri, Alsaker & Perren, 2013). Diese Ergebnisse können von Kowalski, Morgan und Limber (2012b) bestätigt werden. Sie fanden für traditionelles Mobbing ebenfalls eine doppelt so hohe Prävalenz (34,8 %) wie für Cybermobbing (14,1 %) bei einer Stichprobengröße von 4.531 Teilnehmerinnen und Teilnehmern. Das bedeutet, das Gefühl der vermuteten „Übermacht" von Cybermobbing kann hier nicht bestätigt werden, da die traditionelle Form noch immer doppelt so häufig auftritt. Allerdings muss man betonen, dass Cybermobbing durchaus sehr negative Auswirkungen hat (Kap. 4). So ist es Kindern und Jugendlichen kaum möglich, sich den aggressiven Online-Handlungen zu entziehen, da sie fast den ganzen Tag über die verschiedenen Medien erreichbar sind.

Unterschiede in der Auftrittshäufigkeit scheinen vor allem an unterschiedlichen Definitionen und Messmethoden zu liegen (Modecki et al., 2014; von Marées & Petermann, 2012). Es zeigen sich beispielsweise geringere Prävalenzraten, wenn die Studien den direkten Begriff „Mobbing" gebrauchten und höhere Raten, wenn nur davon gesprochen wurde, jemandem zu schaden. Dies zeigte sich vor allem für die Auftrittshäufigkeit von Cybermobbing (Kowalski et al., 2012a). Weitere Schwankungen in den Angaben zur Prävalenz beruhen auf der Auswahl unterschiedlicher Altersgruppen, dem Geschlecht der Teilnehmer und verschiedenen Untersuchungsgruppen (Eltern, Lehrkräfte, Schüler) innerhalb der Studien (von Marées & Petermann, 2012). Es zeigen sich ebenfalls Unterschiede im erfassten Zeitraum (z. B. innerhalb der letzten 2 Wochen, 3 Monate, 6 Monate, jemals), über den Erfahrungen mit Cybermobbing berichtet werden sollen (Selkie, Fales & Moreno, 2016; Tokunaga, 2010). Es muss ebenso bedacht werden, dass viele Studien nur auf den Selbstberichten der Kinder und Jugendlichen beruhen und es dadurch zu Verzerrungen, vor allem in der Form von sozial erwünschten Angaben, kommen kann (Vivolo-Kantor, Martell, Holland & Westby, 2014). Die Auswirkungen dieser Unstimmigkeiten werden deutlich, wenn man die Ergebnisse des Review-Artikels von Selkie und Kollegen (2016) betrachtet, der alle Studien, die vor 2015 publiziert und in Amerika durchgeführt wurden, einbezieht. Die gefundenen Prävalenzzahlen für die verschiedenen Cybermobbingrollen schwanken erheblich: 1 % bis 41 % waren als Cyber-Täter, 3 % bis 72 % als Cyber-Opfer und 2,3 % bis 16,7 % sowohl als Täter als auch als Opfer (als Cyber-Täter-Opfer) involviert.

Insgesamt lässt sich also zusammenfassen, dass Cybermobbing zwar meistens seltener als traditionelles Mobbing auftritt (für eine Metaanalyse siehe Modecki et al., 2014), aber immer noch ein ernstzunehmender Teil der Kinder und Jugendlichen von Cybermobbing und Cyberviktimisierung betroffen ist (Bonanno & Hymel, 2013; Sticca et al., 2013; Tokunaga, 2010; Waasdorp & Bradshaw, 2015). Außerdem handelt es sich beim Cybermobbing um ein internationales Problem, bei dem sich beispielsweise Prävalenzen von 34 % ($N = 4.000$) in Korea (Lee & Shin, 2017) sowie 42,2 % ($N = 2.480$) in England (Fahy et al., 2016) finden lassen.

Prävalenzen des Cybermobbings in Deutschland

In Tabelle 2 sind einige Studien aufgelistet, die die Prävalenz von Cybermobbing in Deutschland erfasst haben. Es fällt auf, dass sich die Häufigkeiten auch hier unterscheiden und sich dies vermutlich ebenfalls auf Unterschiede in der Studienanlage zurückführen lässt. Aus diesen aufgeführten Studien ergäbe sich eine durchschnittliche Prävalenz von 8,18 % für Cyber-Opfer, 8,84 % für Cyber-Täter und 3,87 % für Cyber-Täter-Opfer. Dies stellt eine substanzielle Anzahl an betroffenen Kindern und Jugendlichen dar und verdeutlicht den nötigen Handlungsbedarf zur Prävention von Cybermobbing.

Tabelle 2: Prävalenzen von Cybermobbing in Deutschland

Studie	Stichproben-größe	Alter in Jahren	Prävalenz	
Bündnis gegen Cybermobbing e.V. (2017)	1.586	7 bis 22	Opfer	12,7 %
			Täter	13,4 %
			Täter-Opfer	k.A.
Müller et al. (2014)	934	10 bis 17	Opfer	7,0 %
			Täter	8,0 %
			Täter-Opfer	6,0 %
Porsch & Pieschl (2014)	1.734	14 bis 20	Opfer	6,0 %
			Täter	7,5 %
			Täter-Opfer	1,2 %
Schultze-Krumbholz, Jäkel, Schultze & Scheithauer (2012a)	412	k.A. *M*: 13.35	Opfer	7,0 %
			Täter	5,3 %
			Täter-Opfer	4,4 %
Wölfer et al. (2014)	295	11 bis 17	Opfer	k.A.
			Täter	10,0 %
			Täter-Opfer	k.A.

Anmerkung: *M* = Mittelwert/Durchschnitt, k.A. = keine Angaben

Die Längsschnittstudie des Bündnisses gegen Cybermobbing e.V. (2017) kann positiv verzeichnen, dass ihre Folgestudie von 2013 insgesamt eher Rückgänge von Cybermobbingvorfällen in Deutschland aufzeigt. Es sind weniger Schülerinnen und Schüler von Cybermobbing betroffen (2013: 16,6 %, 2017: 12,7 %) und auch die Anzahl der Cyber-Täter ist um 5,4 % zurückgegangen (2013: 19,0 %, 2017: 13,4 %).

Bei der Beurteilung der Prävalenzen sollte jedoch immer die Art der Erfassung der Täter- oder Opferschaft beleuchtet werden. Porsch und Pieschl (2014) legten in einer ihrer Studien einen Schwerpunkt auf diese Problematik und untersuchten, inwieweit sich die Prävalenzen unterschieden, in Abhängigkeit davon, ob die Jugendlichen sich selbst direkt als Täter oder Opfer bezeichnen mussten, oder ob sie anhand ihrer Antworten auf verhaltensnahe Fragen einer entsprechenden Kategorie zugeordnet wurden. Bei der letztgenannten Variante orientierten sich die Fragen an der Taxonomie von Willard (2007), wobei nicht alle Definitionsmerkmale von Cybermobbing (hier: Wiederholung) benötigt wurden, um als „betroffen" eingeordnet zu werden. Porsch und Pieschl (2014) verweisen allerdings selbst darauf, dass es sich dann nicht mehr um das enger umgrenzte Konzept des Cybermobbings handelt, sondern vielmehr um das Erleben negativer Vorfälle im Internet. Weiterhin wurden die Jugendlichen in der Studie erst dann als Cyber-Opfer eingestuft, wenn sie sich selbst als ein solches bezeichneten, nachdem sie eine Definition von Cybermobbing genannt bekommen hatten. Während sich für die selbsteingestuften Cyber-Opfer eine Prävalenz von 6,0 % ergab, stieg diese auf 34,2 % an, sobald die Antworten auf die verhaltensnahen Fragen mit einbezogen wurden. Ein ähnliches Bild zeigte sich auch bei den Cyber-Tätern, da auch hier die Prävalenz von 7,5 % auf 21,1 % anstieg (Porsch & Pieschl, 2014). Die geringere Prävalenz der selbsteingestuften Cyber-Opfer schien vor allem dadurch erklärt zu werden, dass diese Jugendlichen das Kriterium der Wiederholung in ihre eigenen Überlegungen einbezogen hatten, während es sich bei den Antworten auf die verhaltensnahen Fragen auch um einmalige negative Vorfälle im Internet gehandelt haben könnte. Dies verdeutlicht, wie wichtig es ist, die Definitionsmerkmale von Cybermobbing (vgl. Abschn. 1.1ff.) zu beachten, da es ansonsten beispielsweise zu einer Verzerrung der Prävalenzen sowie zu einer Messung unterschiedlicher Konzepte (Cybermobbing vs. negative Vorfälle im Internet) kommt.

Ab welchem Alter kann Cybermobbing auftreten?

Cybermobbing wird bei den meisten Menschen mit einem Verhalten assoziiert, das erst ab der Pubertät oder im Jugendalter auftritt. Der Gedanke, dass bereits Sechs- bis Zehnjährige andere Kinder im Internet mobben könnten, scheint für viele Eltern und Lehrkräfte eher fremd oder gar verstörend. Aussagen wie „Das sind doch noch kleine Kinder." oder „Die können ja selbst kaum erst lesen und schreiben." findet man häufig in diesem Kontext. Auf die letztgenannte Aussage wird in der Infobox 1 *„Cybermobbing leicht gemacht"* eingegangen. Aktuelle Ergebnisse verdeutlichen, dass bereits 2 % bis 3 % der Jungen und Mädchen im Alter von 6 bis 13 Jahren gleichermaßen Erfahrungen mit unangenehmen Bekanntschaften im Internet machen (MpFS, 2017). In dieser Altersgruppe scheint der Anteil der betroffenen Kinder, die Probleme im Internet haben, mit dem Altersverlauf anzusteigen.

Es existieren schon relativ viele Studien zum Thema „Cybermobbing" bei Jugendlichen, aber es ist wenig über die Erfahrungen von Grundschülern mit diesem Thema bekannt (DePaolis & Williford, 2015). Die meisten Studien beziehen sich auf Kinder und Jugendliche von der fünften bis zur zehnten Jahrgangsstufe (siehe Tab. 2 oder vgl. Antoniadou & Kokkinos, 2015; Azaredo, Rinaldi, Leite de Moraes, Levy & Menezes, 2015), obwohl bereits Grundschüler in den Kontakt mit Cybermobbing kommen und sich die Anzahl der Betroffenen stetig erhöht (Englander, 2012a; MpFS, 2016, 2017). Immer mehr jüngere Kinder besitzen ein Handy oder Smartphone, welches als Risikofaktor für das Auftreten von Cybermobbing und Cyberviktimisierung gesehen werden kann (Englander, 2012a). Vor allem Plattformen wie Facebook sorgen bei den Kindern der dritten bis fünften Klasse für immer mehr Probleme. Gerade bei Mädchen stieg die Nutzung von Facebook bereits von 2010 bis 2012 von 19 % auf 49 % an (Englander, 2012a). Aktuelle Trends zeigen zwar, dass Facebook bei den jüngeren Nutzern an Popularität verliert, dafür steigt die Nutzung anderer Online-Dienste wie Instagram oder Snapchat stetig an.

Infobox 1: Cybermobbing leicht gemacht

Muss man lesen und schreiben können, um andere im Internet zu mobben?

Natürlich ist ein gewisses Alter notwendig, um die digitalen Medien (z. B. Smartphone, Computer) und sozialen Online-Dienste (z. B. WhatsApp, Facebook) überhaupt nutzen zu können, da ein gewisses Verständnis bezüglich der Handhabung vorhanden sein muss. Es ist jedoch verblüffend, wie früh Kinder heute mit diesen Dingen umgehen können. Bereits in einigen Kindertagesstätten und Grundschulen werden Tablets in den Alltag der Kinder aktiv eingebunden.

Cybermobbing bietet viele verschiedene Möglichkeiten, über die es ausgeübt werden kann (siehe Abschnitt 1.3). Es existieren unzählige, kostenlose, einfach zu bedienende Bildbearbeitungsprogramme, die die Kinder dafür nutzen können. Eine weitere Möglichkeit stellt das Versenden von Sprachnachrichten dar, weil auch hier keine Lese- oder Schreibfähigkeiten benötigt werden. Diese Funktion ist in mittlerweile fast allen Instant Messengern verfügbar und ebenfalls kinderleicht zu bedienen.

Der Messenger Snapchat bietet weiterhin die integrierte Funktion der Stimm- und Bildverzerrung, wodurch die Stimme des Cyber-Täters nicht zwangsläufig vom Opfer erkannt werden kann. Dadurch bietet selbst diese Form des Cybermobbings dem Täter ein relativ hohes Maß an Anonymität. Es ist einem jüngeren Kind auch möglich, andere von Online-Gruppen auszuschließen, indem es sie beispielsweise bei bestimmten Online-Spielen nicht mitmachen lässt oder sie in dortige Gruppen nicht aufnimmt.

Diese Beispiele verdeutlichen, dass es durchaus möglich ist, dass bereits sehr junge Kinder (ab ca. 6 Jahren) Täter und Opfer von Cybermobbing werden können, auch wenn sie noch über keine ausgeprägten Lese- und Schreibkompetenzen verfügen. Dies wird vor allem durch die einfache Handhabung der verschiedenen Apps und Programme gefördert.

In ihrer Studie zur Prävalenz und Form von Cyberviktimisierung im Grundschulalter ($N = 660$) konnten DePaolis und Williford (2015) bestätigen, dass Cyberviktimisierung schon in der Grundschule auftritt. Es waren 17,7 % der Stichprobe von Cybermobbing betroffen und über 11 % berichteten sogar von einer wöchentlichen Schädigung.

Aus der Metaanalyse von Tokunaga (2010) geht ebenfalls hervor, dass Cyberviktimisierung in allen Altersstufen – von der Grundschule bis zur Oberstufe – auftritt. Des Weiteren zeigt sich eine kurvilineare Beziehung zwischen dem Alter der Betroffenen und der Häufigkeit der Cyberviktimisierung (Tokunaga, 2010). In niedrigeren Klassenstufen (5. Klasse) werden niedrigere Auftrittswahrscheinlichkeiten für Cyberviktimisierung gefunden (z. B. DePaolis & Williford, 2015), während es einen Anstieg bis zur siebten und achten Klasse gibt, der danach wieder abnimmt. Demnach haben Jugendliche zwischen 12 und 14 Jahren das größte Risiko, Opfer von Cybermobbing zu werden (Tokunaga, 2010).

Gualdo, Hunter, Durkin, Arnaiz und Maquilón (2015) konnten bestätigen, dass Cybermobbing im Entwicklungsverlauf wieder abnimmt. Sie fanden allerdings keine bedeutsamen Unterschiede zwischen den 12- bis 14-jährigen (49 %) und den 15- bis 17-jährigen Jugendlichen (46,2 %). Widersprüchliche Erkenntnisse finden sich bei Waasdorp und Bradshaw (2015), die von relativ konstanten Prävalenzen für Cyberviktimisierung von der neunten bis zur zwölften Klasse berichten. Auch Cross und Kollegen (2015) konnten in ihrer Längsschnittstudie über drei Jahre an 1.504 australischen Jugendlichen im Alter von 13 bis 15 Jahren zeigen, dass die Anzahl derjenigen, die von Cyberviktimisierung betroffen waren, über die Zeit hinweg stabil blieb, während die Prävalenz des traditionellen Mobbings abnahm. Diesen Befund erklären sie damit, dass Teenager während der Pubertät möglicherweise ihren Fokus auf mediale Kommunikation verstärken und somit traditionelle Mobbingformen irrelevanter werden. Bei der Interpretation der Ergebnisse ist jedoch zu beachten, dass nur eine bestimmte Altersgruppe betrachtet wurde, die sich hauptsächlich in der Mittelstufe finden lässt. Da weder sehr junge Kinder, noch ältere Jugendliche mit einbezogen wurden, ist es nicht verwunderlich, dass hier keine Altersunterschiede gefunden werden konnten (vgl. Tokunaga, 2010).

In Anbetracht der verschiedenen Erscheinungsformen von Cybermobbing konnten DePaolis und Williford (2015) zeigen, dass bei den Grundschülern die Cyberviktimisierung hauptsächlich in Online-Spielen stattfand, während Cybermobbing per E-Mail, über Instant Messenger oder in Chaträumen die seltensten Methoden darstellten. Sie untersuchten außerdem die Unterschiede zwischen den verschiedenen Klassenstufen und vermuteten, dass Fünftklässler häufiger von Erfahrungen mit Cybermobbing berichten würden, als die Dritt- und Viertklässler. Die Ergebnisse spiegeln diese Vermutung wider, allerdings erreichen die Unterschiede zwischen den einzelnen Klassenstufen keine statistische Signifikanz (DePaolis & Williford, 2015).

Hieraus kann man schließen, dass es durchaus sinnvoll ist schon bei Schülerinnen und Schülern unter zehn Jahren, also in der Grundschule, die Erfahrungen der Kinder mit Cybermobbing und Cyberviktimisierung zu erforschen. Diese Erkenntnisse sind vor allem für die Entwicklung früh einsetzender Präventions- und Interventionsprogramme von außerordentlicher Bedeutsamkeit. Auch Tokunaga (2010) weist darauf hin, dass Präventionsprogramme vor dem siebten Schuljahr oder noch früher ansetzen sollten, da Erfahrungen mit Cyberviktimisierung ihren Gipfel im siebten und achten Schuljahr zu haben scheinen.

Hinweis

Wie häufig Cybermobbing auftritt, ist schwer mit konkreten Zahlen zu belegen, da sich die Studien methodisch sehr stark unterscheiden. Diese Unterschiede beziehen sich zum Beispiel auf die gewählte Definition, den Zeitraum, über den die Cybermobbingerfahrungen erfragt werden, sowie darin, ob nur eine einzige direkte oder mehrere verhaltensnahe Fragen gestellt werden. Dadurch sind die Ergebnisse der Studien kaum miteinander vergleichbar und die Prävalenzen schwanken zwischen 2 % bis 72 %. Es ist jedoch erkennbar, dass Cybermobbing meistens nur halb so häufig auftritt, wie die traditionelle Form des Mobbings. Tatsächlich ist zu vermuten, dass im Vergleich relativ wenig Kinder und Jugendliche von schweren Cybermobbingfällen betroffen sind. Allerdings ist auch diese geringere Anzahl an Betroffenen nicht zu unterschätzen – vor allem im Hinblick auf die folgenschweren Auswirkungen, die Cybermobbing haben kann (siehe Kap. 4).

Prävention und Intervention sollten schon in der Grundschule stattfinden, da sich auch bei jungen Kindern schon Erfahrungen mit Cybermobbing identifizieren lassen. In Anbetracht dessen, dass Cybermobbing vor allem im Teenageralter (6. bis 8. Klasse) auftritt, sollten also entsprechendes Wissen und umfassende Kompetenzen schon vorher vermittelt werden, damit es erst gar nicht zu diesem Anstieg kommt oder die Betroffenen über ein ausreichendes Handlungsrepertoire und entsprechende Bewältigungskompetenzen verfügen.

1.5 Sind eher Mädchen oder Jungen beim Cybermobbing beteiligt?

Es finden sich in der aktuellen Literatur sehr widersprüchliche Ergebnisse über Geschlechtsunterschiede beim Cybermobbing. Im Gegensatz zum traditionellen Mobbing, bei dem es klare Geschlechtsunterschiede gibt (vgl. Álvarez-García et al., 2015), ließen sich in einigen Studien keine Geschlechtsunterschiede beim Cybermobbing finden (Gualdo et al., 2015; Sticca et al., 2013; Tokunaga, 2010). Dies bezieht sich sowohl auf die Cyber-Täter als auch auf die Cyber-Opfer (vgl. Hinduja & Patchin, 2008; Pfetsch, Müller & Ittel, 2014). DePaolis und Williford (2015) fanden ebenfalls bei Grundschülern keinen Unterschied zwischen Mädchen und Jungen bezüglich der Cyberviktimisierung. Allerdings konnten Fanti, Demetriou und Hawa (2012) eine höhere Beteiligung von Jungen als von Mädchen feststellen. Auch Festl und Quandt (2014) berichten in ihrer Studie, dass männliche Teilnehmer eher Cyber-Täter-Opfer oder reine Cyber-Opfer waren, während sich keine Geschlechtsunterschiede in der Gruppe der reinen Cyber-Täter zeigten. In einer späteren Veröffentlichung zur selben Studie berichten Festl, Scharkow und Quandt (2015) jedoch von mehr weiblichen Tätern. Mishna, Khoury-Kassabri, Gadalla und Daciuk (2012) fanden mehr weibliche Teilnehmer in der Gruppe der Cyber-Täter-Opfer. Diese Geschlechtsunterschiede ließen sich allerdings nicht bei den Cyber-Opfern aufzeigen. Als eine mögliche Erklärung, warum Mädchen öfter Cyber-Täter oder Cyber-Täter-Opfer werden, nutzen die Autoren die Erkenntnisse aus bisherigen Studien zum traditionellen Mobbing, nach denen Mädchen eher zu indirekter Aggression neigen (Cantone et al., 2015; Smith et al., 2008).

Durch die Anonymität und Distanz im Internet (Festl et al., 2015) könnte man Cybermobbing eher als eine indirekte Aggressionsform ansehen, da es keinen körperlichen Kontakt zwischen dem Täter und dem Opfer gibt (Mishna et al., 2012). In einer finnischen Stichprobe (N=737) bestehend aus 12-jährigen Jugendlichen konnten Uusitalo-Malmivaara und Lehto (2016) jedoch bedeutsam mehr Mädchen (21,8 %) als Jungen (14,4 %) in der Gruppe der Cyber-Opfer (n=133) finden. Die Autoren geben hierbei zu bedenken, dass Mädchen möglicherweise eher dazu neigen, schroffe Kommentare als Cyberbullying einzustufen und nicht als „Witz unter Freunden“, wodurch es zu mehr weiblichen als männlichen Cyber-Opfern kommt. In einer Studie an 2.079 britischen Kindern und Jugendlichen zwischen 11 bis 19 Jahren berichteten ebenfalls signifikant mehr Mädchen davon, dass gemeine Dinge online über sie verbreitetet wurden (47,1 % vs. 30,2 %) sowie dass sie häufiger aggressive Botschaften per E-Mail, Textnachricht oder über Instant Messenger (31,7 % vs. 22,7 %) erhalten hatten (Davis & Koepke, 2016).

Hinweis

Die ausgewählten Ergebnisse verdeutlichen, dass die bisherigen Studien ein sehr gemischtes Bild zu möglichen Geschlechtsunterschieden innerhalb der verschiedenen Cybermobbingrollen aufweisen und die Befunde hier eher inkonsistent sind. Offensichtlich sind die Geschlechtsunterschiede beim Cybermobbing weniger eindeutig, als beim traditionellen Mobbing.

1.6 Verschiedene Rollen beim Cybermobbing

Beim Cybermobbing kann zwischen verschiedenen Rollen unterschieden werden:

- (Cyber-)Tätern,
- (Cyber-)Opfern,
- (Cyber-)Täter-Opfern sowie
- (Cyber-)Zuschauern.

Unter *Cyber-Tätern* werden diejenigen verstanden, die das Cybermobbing ausüben, aber nicht gleichzeitig ein Cyber-Opfer sind. Gleichermaßen sind *Cyber-Opfer* diejenigen, die vom Cybermobbing betroffen sind, aber nicht gleichzeitig als Cyber-Täter fungieren. Cybermobbing und Cyberviktimisierung scheinen jedoch häufig gemeinsam aufzutreten, sodass eine Unterscheidung zwischen „reinen" Cyber-Tätern und „reinen" Cyber-Opfern oftmals schwerfällt (Bündnis gegen Cybermobbing e.V., 2017; Law, Shapka, Hymel, Olson & Waterhouse, 2012; Porsch & Pieschl, 2014). Personen, die beide Rollen erfüllen, müssen daher einer neuen Kategorie *„Cyber-Täter-Opfer"* zugeordnet werden. Einige Kinder und Jugendliche neigen dazu, gleichzeitig Täter und Opfer von Cybermobbing zu sein. Dies kann dadurch erklärt werden, dass ein Cyber-Opfer, über das etwas Gemeines im Internet veröffentlicht wurde, möglicherweise dazu neigt, sofort aggressiv darauf zu reagieren und dementsprechend selbst zum Cyber-Täter wird. Der eigentliche Aggressor wird daraufhin selbst zum Opfer. Dies ist ein eindeutiger Unterschied zum traditionellen Mobbing, bei dem das Opfer meistens aufgrund eines Machtungleichgewichts nicht die Möglichkeit hat, sich direkt zu wehren (Law et al., 2012). Beim Cybermobbing spielt ein eventuell vorliegendes körperliches Machtungleichgewicht jedoch keine Rolle, wodurch es Cyber-Opfern wesentlich einfacher fällt, direkt auf das Cybermobbing zu reagieren oder sich zu rächen.

In der Studie des Bündnisses gegen Cybermobbing e.V. (2017) an deutschen Schülerinnen und Schülern war mindestens jeder fünfte Cyber-Täter (20,4 %, n=212) auch selbst Opfer von Cybermobbing. Festl und Quandt (2014) untersuchten Schülerinnen und Schüler der siebten bis zehnten Jahrgangstufe, die durchschnittlich 13,9 Jahre alt waren. Sie berichten, dass in ihrer Stichprobe (N=5.656) 21,8 % der

Teilnehmer als Cyber-Täter und 22,5 % als Cyber-Opfer eingestuft wurden. Ein Drittel der gesamten Stichprobe (n=1.889, 33,4 %) war im vergangenen Jahr in Cybermobbing involviert. Es wurden drei Gruppen gebildet, die aus reinen Cyber-Tätern, reinen Cyber-Opfern und Cyber-Täter-Opfern bestanden. Jede Gruppe umfasste ungefähr 600 Personen. Höhere Prävalenzraten zeigen sich bei Mishna und Kollegen (2012), die Schülerinnen und Schüler zwischen der sechsten und elften Jahrgansstufe untersuchten. In ihrer Stichprobe von 2.186 Kindern und Jugendlichen zeigten sich für die letzten drei Monate 50 % der Teilnehmerinnen und Teilnehmer als involviert im Cybermobbing. Ein Viertel (23,8 %) waren Cyber-Opfer, 8 % Cyber-Täter und weitere 25,7 % gehörten der Gruppe der Cyber-Täter-Opfer an.

Es ist, wie bereits erwähnt, nicht verwunderlich, dass die Gruppe der Cyber-Täter-Opfer oftmals relativ stark vertreten ist, da es, durch die Anonymität des Internets und des fehlenden direkten Bezugs zum Opfer, leichter erscheint sich zu rächen, als beim traditionellen Mobbing (Mishna et al., 2012).

Zuschauer

Beim Cybermobbing gibt es neben den Tätern, den Opfern und den Täter-Opfern auch noch diejenigen, die das Cybermobbing nicht selbst initiieren, sondern es mitverfolgen und beobachten. Diese Personen nennt man *Zuschauer*. Sie beteiligen sich meist nicht aktiv an dem Geschehen, aber bieten dem Cyber-Täter einen Raum für sein Handeln, indem sie beispielsweise dessen Beiträge „liken", weiterverbreiten oder es auch einfach nur beobachten. Sie greifen oftmals nicht ein und helfen daher dem Cyber-Opfer eher selten (vgl. Bündnis gegen Cybermobbing e.V., 2014a).

Es ist daher von großer Bedeutung herauszufinden, von welchen Faktoren es abhängig ist, dass ein Zuschauer bei einem Cybermobbingvorfall eingreift und dem Opfer zur Seite steht. Die soziale Unterstützung, die ein Opfer dadurch erfahren würde, könnte dafür sorgen, dass das Cybermobbing aufhört und die negativen Auswirkungen für das Opfer abgeschwächt werden, da es sich beispielsweise nicht alleine und der Situation ausgeliefert fühlen würde. Des Weiteren könnten solche Erkenntnisse in Präventionsprogrammen genutzt werden, um potenzielle Mitläufer von einem den Täter unterstützenden Verhalten abzuhalten und ihr prosoziales Verhalten gegenüber dem Opfer zu fördern, denn jeder Zuschauer ist gleichzeitig ein potenzieller Verteidiger (siehe Abb. 5). Aktuelle wissenschaftliche Befunde zeigen, dass sich die Zuschauer in vier Kategorien einordnen lassen: (1) Assistenten, (2) Verstärker, (3) Außenseiter und (4) Verteidiger. Jeder Gruppe kommt dabei eine andere Funktion zu (Song & Oh, 2018). Diese sind in Abbildung 5 näher beschrieben.

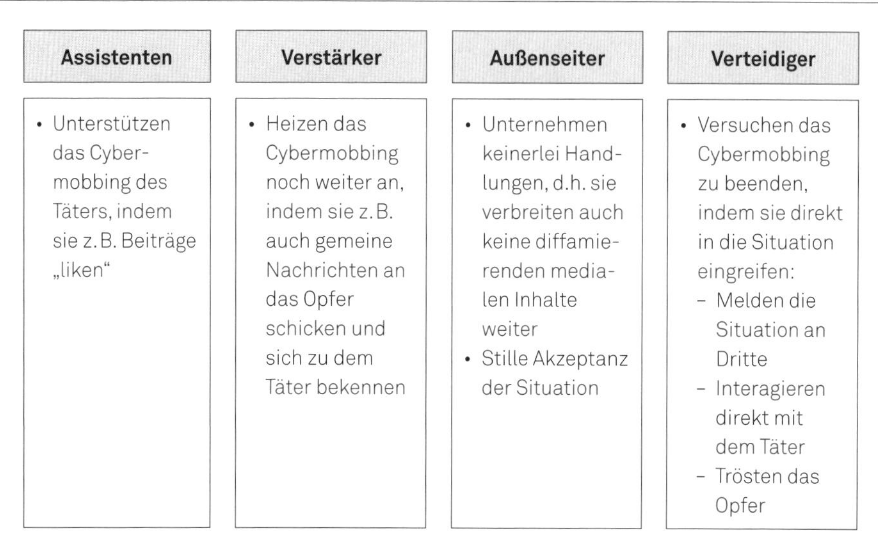

Abbildung 5: Unterschiedliche Funktionen von Zuschauern (eigene Darstellung in Anlehnung an Song & Oh, 2018)

In einer Studie von Song und Oh (2018) an 1.058 Jugendlichen im Alter von 14 bis 19 Jahren, waren 331 Teilnehmer und Teilnehmerinnen schon einmal Zuschauer/-in bei einem Cybermobbingvorfall. Es zeigte sich, dass sich der größte Teil der Jugendlichen der Kategorie der *Außenseiter* (n=201, 60,7 %) zuordnen ließ, gefolgt von den *Verteidigern* (n=101, 30,5 %), den *Verstärkern* (n=18, 5,4 %) und den *Assistenten* (n=11, 3,3 %). Es konnten dabei keine Geschlechts- oder Klassenunterschiede festgestellt werden. Song und Oh (2018) konnten Faktoren identifizieren, die die Wahrscheinlichkeit erhöhen, dass Zuschauer dem Opfer bei einem Cybermobbingvorfall helfen.

Zu diesen zählten:
- eine höhere Empathie,
- eine subjektiv wahrgenommene Kontrollierbarkeit der Situation,
- eine höhere moralische Verpflichtung,
- geringere aggressive Tendenzen sowie
- das Fehlen einer engeren bzw. eine eher negative Beziehung zu einem Mobber.

Interessant war vor allem, dass Jugendliche ihr Hilfeverhalten in Abhängigkeit zur Präsenz von anderen Zuschauern änderten: Wenn noch andere Personen beim Cybermobbing zusahen, zeigten die Jugendlichen weniger Hilfeverhalten für das Opfer (Song & Oh, 2018). Dieses veränderte Verhalten durch die Anwesenheit anderer Personen, ist auch bekannt als der sogenannte *Zuschauer-Effekt* (engl. *bystander effect*). Dieser besagt, dass Individuen eher keine Hilfe anbieten, sobald andere Personen anwesend sind (Latanè & Darley, 1970), in diesem Fall zum Beispiel Personen, die einen Mobbingvorfall beobachten. Eine Begründung hierfür kann sein, dass sich durch die Anwesenheit mehrerer Personen auch die Verantwortung zu helfen beziehungsweise in die Situation einzugreifen verteilt. Dies führt dazu, dass Zuschauer sich ihrer eigenen Verantwortung entziehen mit der Begründung, dass sicherlich jemand anderes dem Opfer helfen wird (vgl. Olenik-Shemesh et al., 2017).

Der hohe Anteil an Außenseitern kann unterschiedlich interpretiert werden. *Einerseits* unterstützen Kinder und Jugendliche, die eine Situation hinnehmen und nicht in dieser interagieren, den Täter nicht und verstärken auch nicht das Cybermobbing, indem sie irgendwelche schädigenden medialen Inhalte weiterleiten. *Andererseits* kann die Situation sich auch durch dieses Nicht-Handeln verschlimmern, wenn sie unterschätzt wurde und das Opfer sehr unter dem Cybermobbing leidet (Song & Oh, 2018).

Einen weiteren wichtigen Einflussfaktor scheint die eigene Bewertung der Ernsthaftigkeit des Cybermobbingvorfalls zu sein. Jugendliche greifen eher ein, wenn sie selbst das Gefühl haben, dass es sich um ernsthaftes Cybermobbing handelt, das zu negativen Konsequenzen führen kann (Obermaier, Fawzi & Koch, 2016). Wenn jedoch viele Zuschauer eine Situation beobachten und niemand eingreift, wird diese Situation oft als „nicht ernst genug, um einzugreifen" bewertet (vgl. Olenik-Shemesh et al., 2017; Song & Oh, 2018). Das Kriterium der Wiederholung scheint bei der Einschätzung eines Cybermobbingvorfalls für die Zuschauer einen wichtigen Aspekt darzustellen: Ist ein Opfer *wiederholt* Cybermobbingattacken ausgesetzt, wird die Situation auch von den Zuschauern als schlimmer bewertet. Dies wiederum beeinflusst, ob und wie sie in eine solche Situation eingreifen (DeSmet et al., 2014). Es ist daher umso wichtiger, dass Maßnahmen zur Prävention von Cybermobbing diesen Aspekt beachten und den Kindern und Jugendlichen helfen, Cybermobbing richtig zu erkennen sowie kompetent zu handeln.

Neben all diesen Komponenten ist es natürlich ebenfalls von Bedeutung, ob es sich bei dem Opfer um einen Freund des Zuschauers oder eher um einen (unbekannten) Außenseiter handelt. Die Motivation einem Freund beizustehen, ihn zu verteidigen sowie gegebenenfalls eigene negative Konsequenzen (z.B. selbst cybergemobbt zu werden) in Kauf zu nehmen, ist natürlich höher, als wenn eine fremde Person Hilfe benötigt. Des Weiteren spielt es eine Rolle, wer der Täter ist oder welches soziale Ansehen dieser hat. Wenn der Täter jemand ist, der unter den Gleichaltrigen besonders angesehen und „cool" ist, fällt es einigen Kindern und Jugendlichen schwerer, sich gegen diese Person zu stellen, indem sie Position für das Opfer beziehen. Die eigenen Konsequenzen könnten in diesem Fall wesentlich höher ausfallen, da ein solch angesehener Täter meistens von vielen anderen Gleichaltrigen unterstützt oder zumindest toleriert wird, da er oftmals darüber entscheidet (entweder direkt oder indirekt), wer sich in der In-Group und wer sich in der Out-Group befindet.

Zusammenfassung

Cybermobbing stellt eine neue Facette des traditionellen Mobbings dar. Hierbei werden Informations- und Kommunikationstechnologien genutzt, um ein Opfer wiederholt und absichtlich zu schädigen, zu belästigen, zu verletzen und/oder zu beschämen. Es ist noch nicht geklärt, welche Merkmale in eine allgemeingültige Definition integriert werden sollten. Dadurch ergeben sich diverse Probleme bei der Vergleichbarkeit verschiedener Studien sowie enorme Schwankungen in den Angaben zur Auftrittshäufigkeit von Cybermobbing. Das Ziel zukünftiger Forschungen sollte es demnach sein, sich auf eine allgemeingültige Definition zu verständigen, die empirische Befunde und die subjektive Sicht der Betroffenen berücksichtigt.

Bei der Bewertung eines Cybermobbingvorfalls und dessen Schweregrad müssen neben den Definitionsmerkmalen noch weitere Kriterien, wie beispielsweise die Wahrnehmung des Opfers oder die Anonymität des Täters, beachtet werden. Diese unterscheiden sich weiterhin je nach Beteiligtenstatus (Täter oder Opfer).

Die Komplexität des Phänomens „Cybermobbing" wird deutlich, wenn man seine vielen verschiedenen Formen betrachtet. Diese reichen vom extremen Beleidigen mittels Textnachrichten, über das Verbreiten von Gerüchten in sozialen Netzwerken bis hin zum Identitätsdiebstahl. Aufgrund des rasanten technischen Fortschritts erscheint es am sinnvollsten, eine Taxonomie zu nutzen, die Cybermobbing über die verschiedenen Möglichkeiten der Ausübung beschreibt und nicht anhand des eingesetzten Mediums.

Wissenschaftliche Studien können belegen, dass Cybermobbing nur ungefähr halb so oft auftritt wie die traditionelle Form. Dabei zeigt sich eine bedeutsame Überlappung beider Phänomene, sodass Kinder und Jugendliche häufig gleichzeitig Täter und/oder Opfer von traditionellem Mobbing und Cybermobbing sind.

Jungen und Mädchen scheinen gleichermaßen von Cybermobbing betroffen zu sein, da sich keine eindeutigen Geschlechtsunterschiede identifizieren lassen. Des Weiteren zeigt sich ein komplexer Verlauf des Cybermobbings vom Kindes- bis zum jungen Erwachsenenalter: Im Kindesalter (ab ca. 6 Jahren) können bereits erste Erfahrungen mit Cybermobbing auftreten, bevor es zu einem Anstieg im Teenageralter (12. bis 14. Lebensjahr) kommt. Danach zeigt sich das Cybermobbing entweder stabil ausgeprägt oder es nimmt wieder ab.

Die Kinder und Jugendlichen können verschiedene Rollen beim Cybermobbing einnehmen: Täter, Opfer, Täter-Opfer und Zuschauer. Vor allem Zuschauer haben einen entscheidenden Einfluss auf die Aufrechterhaltung oder Beendigung des Cybermobbings, da sie als Assistenten oder Verstärker sowie als Außenseiter oder Verteidiger fungieren können.

Des Weiteren finden sich beim Cybermobbing häufiger Täter-Opfer, als beim traditionellen Mobbing. Dies mag darauf zurückzuführen sein, dass in der virtuellen Welt mögliche Unterschiede in der Körperkraft zwischen Täter und Opfer keine Rolle spielen. Dadurch ist es für Opfer von Cybermobbing einfacher, sich an ihrem Täter zu rächen und damit selbst zum Cyber-Täter zu werden.

Kapitel 2

Digitale Medien

Die Brisanz und Aktualität der Themen „Medienkompetenz“ und „Cybermobbing“ wird deutlich, wenn man die aktuellen Ergebnisse des Medienpädagogischen Forschungsverbundes Südwest (MpFS) betrachtet. Dieser erhebt in regelmäßigen Abständen sowohl den Medienumgang von 6- bis 13-Jährigen (KIM-Studie), als auch den der 12- bis 19-Jährigen (JIM-Studie) in Deutschland. In beiden Alterskohorten besitzen Kinder und Jugendliche immer häufiger ein eigenes Handy oder Smartphone. Während bei den 6- bis 13-Jährigen „nur“ jeder Zweite (51 %, n=632) ein eigenes Mobiltelefon besitzt, verfügt in der Altersgruppe der 12- bis 19-Jährigen nahezu jeder Jugendliche (95 %, n=1.200) über ein eigenes Smartphone oder konventionelles Handy. Die Zunahme der Smartphone-Besitzer über die vergangenen fünf Jahre ist in Abbildung 6 dargestellt. Hervorzuheben ist, dass es nahezu

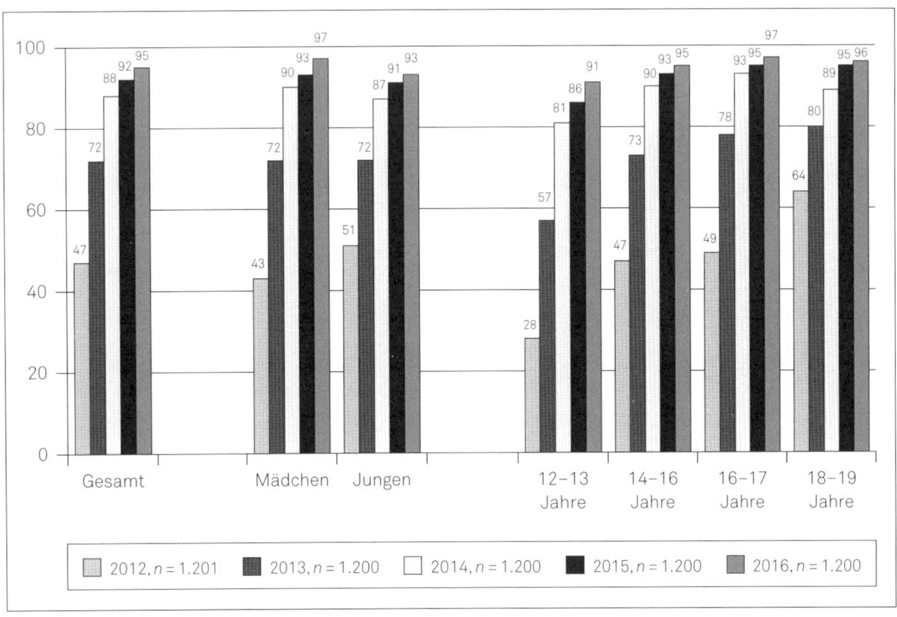

Abbildung 6: Smartphone-Besitzer 2012 bis 2016 (JIM-Studie 2012 – JIM-Studie 2016; aus MpFS, 2016, S. 23, Angaben in Prozent)

keine Unterschiede zwischen Mädchen und Jungen gibt (MpFS, 2016, 2017). Damit hat fast jeder Jugendliche ab 12 Jahren die Möglichkeit, das Internet von Zuhause aus zu nutzen, entweder über das eigene Smartphone/Handy oder über Laptops, Computer oder Tablets (vgl. MpFS, 2016). Die Hauptinteressen der Kinder und Jugendlichen sind zwar immer noch Themen wie Fernsehen, Freunde treffen, Sport treiben oder Unternehmungen mit der Familie, allerdings geben 42% der Kinder an, täglich ein Handy oder Smartphone zu benutzen (MpFS, 2017). Bei Jugendlichen zwischen 12 und 19 Jahren sind es bereits 92% (MpFS, 2016).

Während bei Jugendlichen im Jahr 2006 die tägliche Onlinenutzung noch bei 99 Minuten pro Tag lag, hat sich dies zehn Jahre später mehr als verdoppelt und liegt bei einer täglichen Nutzungsdauer von 200 Minuten. Bei Kindern beträgt diese in etwa 40 Minuten pro Tag (MpFS, 2017). Eine aktuelle Studie des Bündnisses gegen Cybermobbing e.V. (2017) unterstützt diese Befunde, da auch sie zeigen konnte, dass der durchschnittliche Internetkonsum bei Schülerinnen und Schülern zwischen 9 und 20 Jahren bei drei Stunden pro Tag lag (Abb. 7).

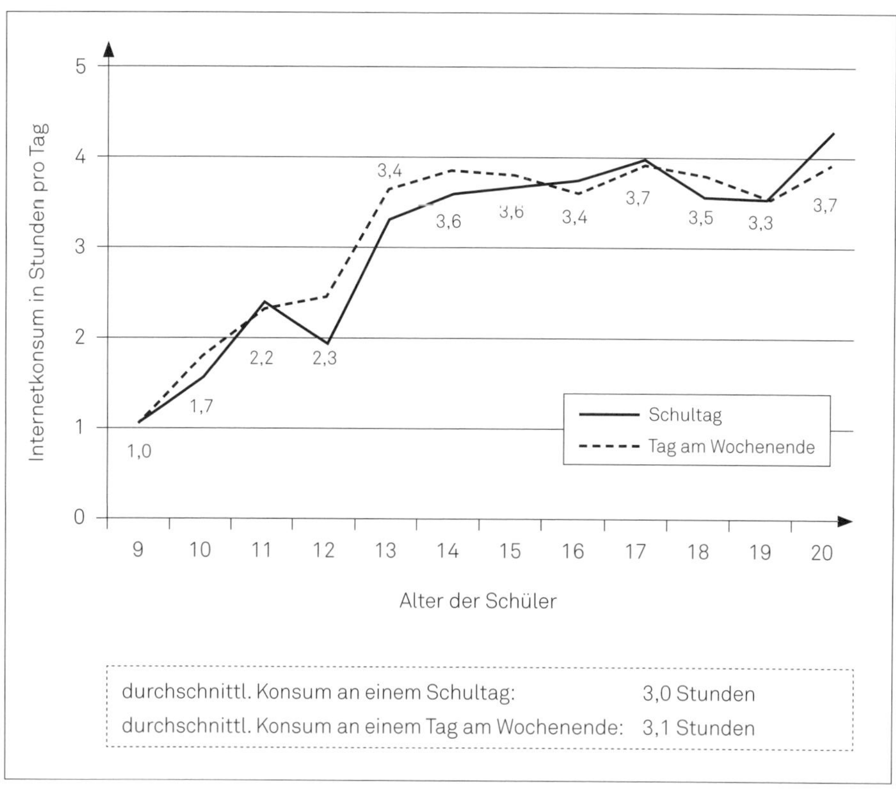

Abbildung 7: Durchschnittlicher Internetkonsum nach Alter der Schüler (mod. übernommen aus Bündnis gegen Cybermobbing e.V., 2017, S. 69)

In einer Studie von Knop, Hefner, Schmitt und Vorderer (2015) wurde unter anderem qualitativ in Einzelinterviews und Gruppendiskussionen untersucht, welche Risiken mit einer erhöhten Handy- bzw. Internetnutzung verbunden sind. Dabei wurden einige Formen von Cybermobbing (vgl. Abschn. 1.3) sowie andere soziale Auswirkungen deutlich. Viele Kinder und Jugendliche gaben dabei an, dass sie das Handy unachtsam nutzen, unüberlegt Daten von sich preisgeben oder sich vermehrt von Hausaufgaben ablenken lassen. Dabei stimmen die Ergebnisse mit anderen Befunden überein, die besagen, dass die Anzahl der erlebten Risiken mit zunehmendem Alter der Kinder ansteigt. Hervorzuheben ist, dass vor allem diejenigen, die Online-Angebote über das Handy/Smartphone nutzten, ein erhöhte Wahrscheinlichkeit für alle Risiken aufwiesen (Knop et al., 2015). Weitere Ergebnisse sind in Abbildung 8 dargestellt.

Soziale Medien und Netzwerke sind demnach für fast alle Kinder und Jugendliche ein wichtiger Bestandteil ihres alltäglichen Lebens und nicht mehr wegzudenken. Es gehört für die meisten Kinder und Jugendlichen mittlerweile zum Alltag, sich selbst, die eigenen Interessen, aktuelle Emotionen sowie (soziale) Beziehungen mit anderen zu teilen und ihnen dadurch mehr Ausdruck zu verleihen (Wagner, 2017). Die qualitativen Interviews von Knop und Kollegen (2015) verdeutlichen, dass nicht alle Jugendlichen den Einfluss der digitalen Medien und besonders des Smartphones ausschließlich als positiv wahrnehmen. Sie berichten selbst, dass sie sich schlechter konzentrieren könnten und sich dies vor allem negativ auf die Schule sowie auf das Erledigen von Hausaufgaben auswirke (Knop et al., 2015). Es scheint, als hätte das Smartphone eine Priorität erreicht, die alle anderen Dinge und Aktivitäten in den Hintergrund rücken lässt und eine Art „Nutzungsdruck“ auf die Kinder und Jugendlichen ausübt.

Die sozialen Netzwerke werden von Kindern und Jugendlichen entweder für funktionale oder emotionale, aber auch für soziale Zwecke genutzt. Der größte Teil der Jugendlichen nutzt sie, um sich zu verabreden oder zur Kommunikation mit anderen (Eichenberg & Müller, 2017; MpFS, 2016). Dabei hat nicht jeder Nutzungsgrund einen solch funktionalen Sinn, da viele Kinder und Jugendliche Mitglied der sozialen Netzwerke sind, „weil es alle machen“ (Bündnis gegen Cybermobbing e.V., 2017, S. 77) und dadurch ein sozialer Druck entsteht. Einem kleineren Anteil der Jugendlichen sind die Personen des sozialen Netzwerkes wichtig oder sie nutzen es, um neue Freunde zu finden (emotionale Gründe). Das virtuelle Leben ist ein wesentlicher Teil ihres realen Lebens geworden. Daher ist es fraglich, ob man realistischerweise zukünftig eine Trennung der beiden „Erlebenswelten“ vornehmen oder ob man sie als eine integrative Einheit betrachten sollte. Für einige Personen bieten soziale Netzwerke eine Ausflucht aus einem unzufriedenen Leben. Generell scheint es so, dass die Ausbildung der eigenen Persönlichkeit und Identität sowie eines Selbstwertgefühls bei einigen Jugendlichen stark von den sozialen Medien beeinflusst wird (Bündnis gegen Cybermobbing e.V., 2017; Eichenberg & Müller, 2017; Shapiro & Margolin, 2014; von Salisch, 2014).

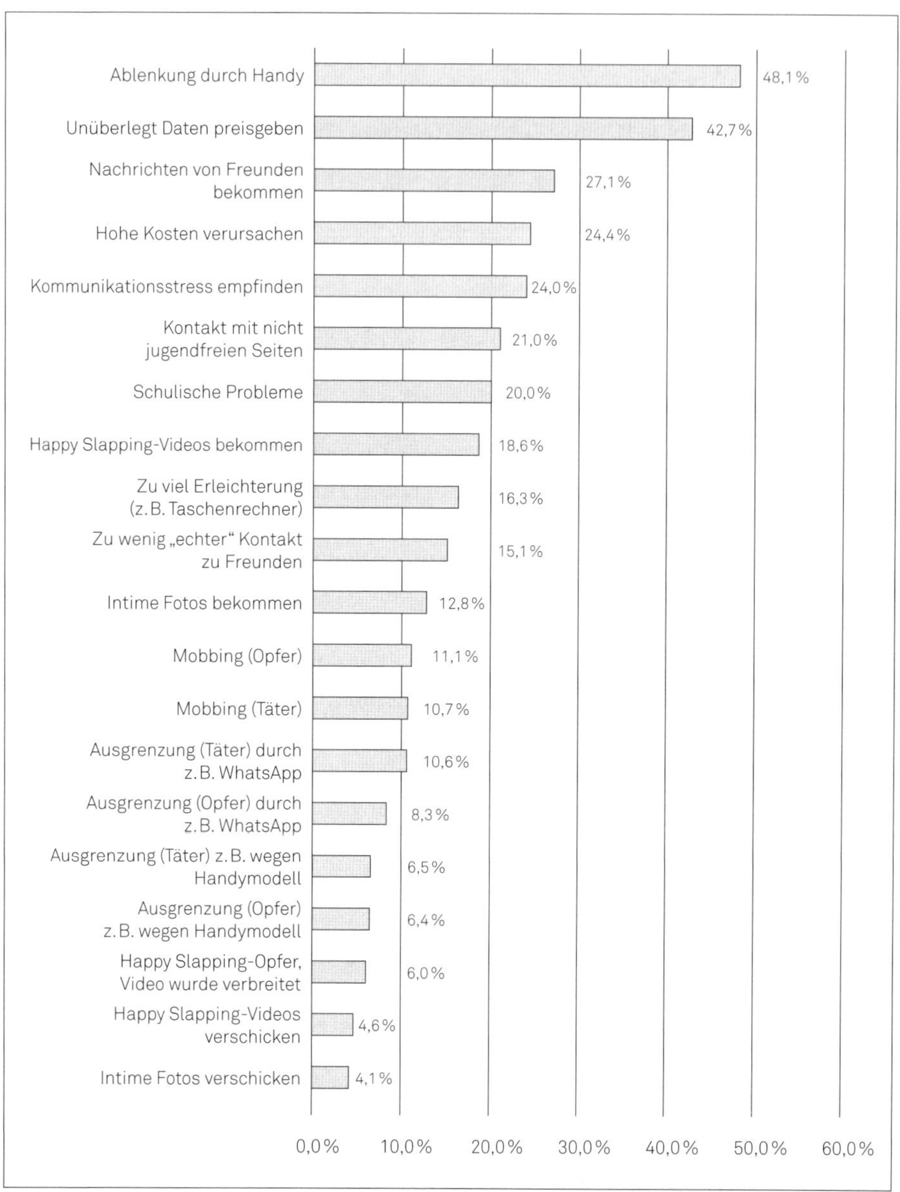

Anmerkung: *n = 321–500 Kinder: teils nur Befragung der Kinder mit internetfähigem Handy sowie zu einigen Inhalten nur die Gruppe der 11- bis 14-Jährigen.

Abbildung 8: Erlebte Risiken der Kinder (eigene Darstellung modifiziert nach Knop et al., 2015, S. 149)

Die Jugendlichen können sich in den sozialen Medien austesten, herausfinden wie sie bei anderen ankommen oder sich komplett neu erfinden und sich so darstellen, wie sie gerne sein würden (vgl. Shapiro & Margolin, 2014; Wagner, 2017).

Dies ist vor allem der Fall, wenn ihnen Anerkennung im realen Leben fehlt und dies in der Online-Welt kompensiert wird. Das Bündnis gegen Cybermobbing e.V. (2017) weist darauf hin, dass ein nicht unwesentlicher Teil der Jugendlichen angibt, dass er ohne seine Freunde im Internet komplett alleine wäre. Sie vermerken auch positive Aspekte der sozialen Netzwerke und berichten von einigen Jugendlichen, die durch diese Netzwerke ein gesteigertes subjektives Wohlbefinden und Selbstbewusstsein besitzen. Wagner (2017) weist darauf hin, dass Jugendliche durch die sozialen Netzwerke Freiräume gewinnen, die ihren Wunsch nach Autonomie erfüllen und ihnen das Gefühl der Selbstbestimmung geben. In den sozialen Medien bewegen sich Kinder und Jugendliche oftmals außerhalb der Kontrolle und ohne Beobachtung ihrer Eltern, wodurch sie sich einen eigenen Raum schaffen, indem sie sich schon frühzeitig eigenverantwortlich bewegen und verhalten können.

Hinweis

Die Worte „Digitalisierung" und „digital natives" hört man mittlerweile an vielen Stellen. Tatsächlich zeigt sich, dass fast alle Jugendlichen sowie immer jüngere Kinder über ein Smartphone und meistens dadurch gleichzeitig einen Zugang zum Internet besitzen. Das Smartphone ist für Kinder spätestens ab dem Teenageralter nicht mehr wegzudenken und ein ständiger Begleiter. Es ist ein handliches Multifunktions-Tool, das vielen anderen Gegenständen den Rang abgelaufen hat. Auf die Frage „Weißt Du wie spät es ist?" wird nicht mehr auf die traditionelle Armbanduhr geschaut, sondern es wird das Smartphone aus der Tasche geholt. Weitere Funktionen sind die Kommunikation mit anderen (telefonieren oder chatten), fotografieren, Termine planen, Unterhaltung, Musik hören, Videos machen, Dokumente verwalten und vieles mehr. Personen, die mit diesem Alleskönner *nicht* aufgewachsen sind („digital immigrants"), können die Faszination der Kinder und Jugendlichen oftmals nicht nachvollziehen. Ob sie sich nicht auch von einem solchen Gerät hätten fesseln lassen, wenn es diese zu ihrer Zeit gegeben hätte, sei an dieser Stelle in Frage gestellt.

2.1 Wofür und wie nutzen Kinder und Jugendliche digitale Medien?

Kinder und Jugendliche nutzen dabei das Handy/Smartphone größtenteils zur Kommunikation oder Unterhaltung. Beide Altersgruppen nutzen vor allem WhatsApp und Facebook, während die Jugendlichen auch noch Snapchat und Instagram als wichtige soziale Apps benennen. All diesen Online-Diensten ist Folgendes gemeinsam: Sie bieten die Möglichkeit der *aktiven Teilnahme*, der *passiven Teilnahme* oder einer sowohl aktiv als auch passiven Teilnahme *(integrative Teilnahme)*.

Abbildung 9 veranschaulicht die verschiedenen Teilhabemöglichkeiten und gibt Beispiele, auf welchen Plattformen welche Form am häufigsten zu finden ist (vgl. MpFS, 2016). Es ist zu betonen, dass dies keine endgültige Zuordnung zu den verschiedenen Online-Diensten ist und sich die Nutzung individuell nach den Interessen unterscheidet.

Für die Bezugspersonen der Kinder und Jugendlichen ist es wichtig zu wissen, *wie* ihr Kind in der digitalen Welt unterwegs ist. Danach bestimmt sich, wie wachsam sie den Online-Aktivitäten ihres Kindes gegenüber sein müssen, worauf sie besonders achten und welche Gefahren und Risiken im Internet sie detailliert besprechen sollten. Vor allem Kinder und Jugendliche, die sowohl aktiv Bilder von sich veröffentlichen, Beiträge kommentieren und Videos machen als auch passiv das allgemeine Online-Geschehen intensiv verfolgen, sollten umfangreich über die verschiedenen Risiken des Internets aufgeklärt werden. Eine nähere Beschrei-

Abbildung 9: Formen der Teilnahme an sozialen Medien und Besonderheiten bei der Aufklärung von Kindern und Jugendlichen (eigene Darstellung in Anlehnung an MpFS, 2016)

bung über die verschiedenen Aufklärungsmöglichkeiten von Kindern und Jugendlichen findet sich in Kapitel 5.

Neben den Aspekten der Kommunikation und Unterhaltung spielt für einige Kinder und Jugendliche auch das Schließen neuer (Online-)Freundschaften eine Rolle. Dabei stellt sich die Frage, was Kinder zu dieser Kontaktaufnahme motiviert. Um dies näher zu explorieren, befragten Navarro, Larrañaga und Yubero (2016) 1.058 Kinder im Alter von 10 bis 12 Jahren zu ihren Motiven, warum sie das Internet nutzen. Eins der Ziele der Studie war es herauszufinden, ob sich Opfer von Cybermobbing hinsichtlich dieser Motive von Unbeteiligten unterscheiden.

Die Ergebnisse konnten dies bestätigen, da sich sowohl Kinder, die häufig von Cybermobbing betroffen waren, als auch gelegentliche Cyber-Opfer signifikant von den Unbeteiligten bezüglich der angegebenen Gründe für die Internetnutzung unterschieden. Beide Cyber-Opfer-Gruppen gaben häufiger an, dass sie das Internet nutzen um,

- aus der realen Welt zu flüchten und dadurch ihre Probleme und Sorgen zu vergessen,
- durch die Anonymität im Internet mehr von sich selbst zu enthüllen,
- neue Freundschaften zu schließen oder
- soziale Schwierigkeiten in der realen Welt zu kompensieren (Festl, 2016; Navarro et al., 2016).

Vor allem die Gruppe der stark betroffenen Cyber-Opfer gab das Motiv der sozialen Kompensation an. Dies steht im Einklang mit der These, dass besonders einsame und sozial-ängstliche Kinder und Jugendliche das Internet nutzen, um ihre sozialen Probleme in der realen Welt zu kompensieren, indem sie versuchen, im Internet neue Freundschaften zu schließen und dadurch sozialen Anschluss zu finden (Navarro et al., 2016). Die Ergebnisse von Navarro und Kollegen (2016) deuten darauf hin, dass diese Kontaktaufnahme nicht immer positiv verlaufen muss, sondern auch die Gefahr besteht, dass gerade diese Kinder und Jugendlichen daraufhin zu Opfern von Cybermobbing werden. Hierbei muss beachtet werden, dass es sich um eine Studie mit einem Querschnittsdesign handelt, wodurch keine kausalen Aussagen darüber getroffen werden können, ob die Motive für die Internetnutzung zu Cybermobbing führen, oder ob die Motive aus vorausgehendem Cybermobbing oder Cyberviktimisierung entstanden sind. Diese Fragestellung sollte in zukünftigen längsschnittlichen oder qualitativen Untersuchungen bedacht werden.

Hinweis

Das Internet bietet Kindern und Jugendlichen eine Welt, in der sie unabhängig von ihren Eltern oder anderen Bezugspersonen agieren und sich ausprobieren können. Sie können selbst entscheiden, was sie von sich preisgeben oder mit wem sie in

Kontakt treten. Dies kommt verständlicherweise dem Streben nach Autonomie und Selbstbestimmung der Kinder und Jugendlichen während der Pubertät sehr entgegen. Trotzdem ist es für die Bezugspersonen wichtig zu wissen, ob sich ihr Kind eher *passiv*, *aktiv* oder *integrativ* im Internet verhält, da sich aus der Art der Nutzung unterschiedliche Probleme ergeben können, über die ebenfalls differenziert aufgeklärt werden muss. Dabei ist es hilfreich zu wissen, welche Motive sich hinter der Internetnutzung des Kindes oder des Jugendlichen verbergen. Es hat sich gezeigt, dass häufiger Erfahrungen mit Cybermobbing berichtet werden, wenn das Internet zur Kompensation von Schwierigkeiten oder als Vermeidung von realen Problemen genutzt wird.

2.2 Welche Internetangebote nutzen Kinder und Jugendliche?

Es ist wichtig zu wissen, welche sozialen Medien Kinder und Jugendliche für ihre Kommunikation nutzen. Diese werden sich zwar voraussichtlich in den kommenden Jahren ändern oder erweitern, aber der Blick auf die aktuellen sozialen Medien erweitert das allgemeine Verständnis darüber, wie und warum Cybermobbing überhaupt auftreten und wie man sich im Voraus dagegen schützen kann. Es ist durchaus sinnvoll, sich mit den Online-Diensten intensiver zu beschäftigen, da die verschiedenen Anwendungen meistens nach einem sehr ähnlichen Prinzip aufgebaut sind. Hat man dieses in seinen Grundzügen verstanden, erleichtert es einem die Bedienung sowie das Verständnis von neuen Apps oder Online-Diensten und deren Möglichkeiten, die eigene Privatsphäre zu schützen. Des Weiteren sollten vor allem Eltern wissen, welche Möglichkeiten eine entsprechende App oder ein entsprechendes soziales Netzwerk bietet, um sich selber über die möglichen Gefahren bewusst zu sein und dadurch ihr eigenes Kind bestmöglich beraten und/oder schützen zu können (siehe Kap. 5 und 6).

Cybermobbingangriffe finden bei deutschen Schülerinnen und Schülern hauptsächlich über Instant Messenger wie WhatsApp oder soziale Netzwerke wie Facebook statt. Ferner werden auch noch Chatrooms, E-Mails oder Internetforen für die Cyberattacken genutzt. Waasdorp und Bradshaw (2015) konnten zeigen, dass soziale Netzwerke (z.B. Facebook) die häufigste Plattform bieten, auf der gemeine Nachrichten veröffentlicht werden. Am zweithäufigsten wurden in ihrer Untersuchung gemeine Nachrichten über Text- oder Instantmessenger berichtet, gefolgt von Online-Spielen und E-Mails an mehr als eine andere Person. Sourander und Partner (2010) nennen als häufigste Orte, an denen Cybermobbing stattfindet, Instant Messenger am Computer und Diskussionsgruppen im Internet. Bei den beiden meistgenutzten sozialen Medien lässt sich seit Kurzem ein

Wandel erkennen, da noch vor wenigen Jahren die sozialen Netzwerke vor den Instant Messengern an erster Stelle für Cybermobbingübergriffe standen (Bündnis gegen Cybermobbing e.V., 2017). Die aktuelle KIM-Studie und JIM-Studie des Medienpädagogischen Forschungsverbunds Südwest (2016, 2017), stellen die folgenden fünf Social Media Plattformen mit dem Schwerpunkt „Kommunikation" als die bedeutsamsten für Kinder und Jugendliche zwischen 6 und 19 Jahren heraus:

- WhatsApp (Instant Messenger),
- Instagram (Mischung aus Mikroblog und audiovisueller Plattform),
- Facebook (soziales Netzwerk),
- Snapchat (Instant Messenger) und
- Twitter (Mikrobloggingdienst).

Der nachfolgende Abschnitt soll einen kurzen Einblick in die meistgenutzten sozialen Medien geben. Dabei wird kurz erläutert, wie beliebt der entsprechende Dienst ist, was ihn für Kinder und Jugendliche so attraktiv macht und welche Funktionen er bietet.

2.2.1 Facebook

Facebook ist das größte soziale Netzwerk. Es gehört dem US-amerikanischen Unternehmen Facebook Inc. und wurde 2004 gegründet. Im September 2017 konnte Facebook weltweit zwei Milliarden monatlich aktive Nutzer verzeichnen, von denen 1,37 Milliarden die Online-Plattform sogar täglich besuchten. 31 Millionen der Nutzerinnen und Nutzer stammten dabei aus Deutschland (Facebook, 2017, 2018). Facebook wird von Männern und Frauen in Deutschland gleichermaßen genutzt. Vor allem die Altersgruppe der 25- bis 34-Jährigen scheint das Angebot wahrzunehmen, wobei auch die 18- bis 24-Jährigen es verhältnismäßig oft nutzen (Abb. 10). Es scheint also, als ob Facebook eher die jungen Erwachsenen anspricht und nicht Kinder und Jugendliche, die eher die Kommunikation über Instant Messenger bevorzugen. Trotzdem lagen im Januar 2018 die Zahlen der monatlich aktiven Nutzer von Facebook (knapp über 2 Milliarden) noch vergleichsweise weit über denen des Instant Messengers WhatsApp (1,3 Milliarden) oder auch Instagram (ca. 800 Millionen; We Are Social, n.d.[b]).

Facebook bietet seinen Nutzerinnen und Nutzern die Möglichkeit zur Selbstdarstellung, indem eigene Profile erstellt werden können, auf denen sich eine Person näher beschreibt, ihre Interessen mitteilt, beliebige Fotos und Videos von sich selber oder anderen Dingen teilt oder, über die kaum überschaubare Anzahl an themenspezifischen Facebook-Gruppen, mit neuen Leuten in Kontakt tritt. Diese Profile können über „Freundschaftsanfragen" miteinander vernetzt werden, sodass man gegenseitig in Auszügen am „Leben" des anderen teilhaben kann. Die Nutzerinnen und Nutzer können in der Browser-Version über eine Nachrichtenfunktion miteinander kommunizieren sowie per Handy, Smartphone, Tablet und Ähnlichem über einen eigenen Facebook-Instant Messenger. Dieser hat in den vergangenen drei Jahren fast eine Milliarde Nutzerinnen und Nutzer hinzugewonnen. Während es zu Beginn im April 2014 noch rund 200 Millionen waren, konnte der Messenger im September 2017 schon 1,3 Milliarden monatlich aktive User verzeichnen (TechCrunch., n.d.[a]). Die geteilten Beiträge können öffentlich zugänglich gemacht werden, sodass Freunde, Bekannte sowie auch Unbekannte diese *kommentieren*, weiterleiten *(teilen)* sowie über einen Gefällt-Mir-Button *liken* können.

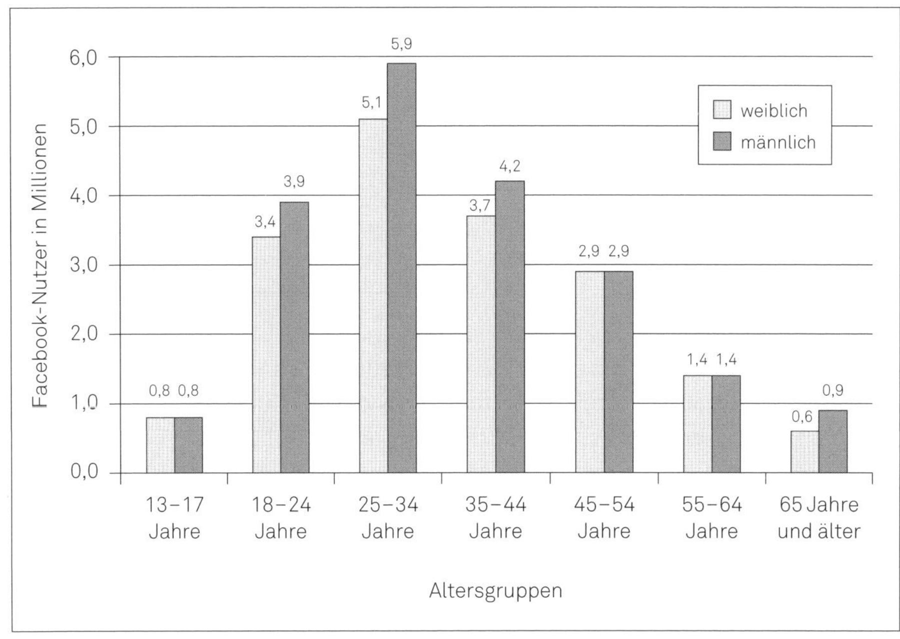

Abbildung 10: Anzahl der Facebook-Nutzer nach Altersgruppen und Geschlecht in Deutschland im Januar 2018 (in Millionen; eigene Darstellung modifiziert nach We Are Social, n.d.[a])

Diese Funktionen bieten auch die Grundlage für die beiden am häufigsten genannten Gründe der Facebook-Nutzung: Das Bedürfnis (1) dazuzugehören und (2) sich selbst darzustellen (Nadkarni & Hofmann, 2012). Es geht auch darum, eine soziale Online-Präsenz zu zeigen, um in Verbindung mit seinen Freunden zu treten, sich mit diesen auszutauschen und mit ihnen zu kommunizieren. Durch dieses Online-Miteinander kann auch ein gewisses Wir-Gefühl entstehen (Cheung, Chiu & Lee, 2011). Des Weiteren können auch Informationen weitergeleitet werden oder es kann ein (Wissens-)Austausch in spezifischen Facebook-

Gruppen stattfinden. Hierbei sei der durchaus positive Aspekt zu betonen, dass Facebook auch die Möglichkeit eines gemeinsamen und unterstützenden Lernens bietet.

Facebook-Nutzer gehen bei der Registrierung ihres Kontos einige Verpflichtungen gegenüber der Facebook Inc. ein, die den meisten Personen nicht bekannt sind, da die allgemeinen Geschäftsbedingungen (AGB) nur selten gelesen werden. Wir wollen einen kleinen Einblick in diese Verpflichtungen geben und haben die folgenden zehn Punkte herausgesucht, die in den AGBs auf der Facebook-Internetseite zu finden sind (siehe https://de-de.facebook.com/legal/terms).

Ein Nutzer willigt bei der Registrierung ein, dass er
(1) immer nur *wahre* persönliche Informationen auf Facebook veröffentlicht und nur mit Erlaubnis ein Profil für jemand anderen erstellt.
(2) nur *einen einzigen* persönlichen Account erstellt.
(3) mindestens *13 Jahre alt* ist, da die Verwendung Kindern unter 13 Jahren ohne elterliche Zustimmung untersagt ist.
(4) ohne Erlaubnis *kein neues Profil* erstellt, sollte er von Facebook gesperrt werden.
(5) für eigene *kommerzielle Zwecke* in erster Linie nicht seine persönliche Seite (Chronik) nutzt, sondern eine „Facebook-Seite“.
(6) Facebook nicht nutzen wird, sollte er ein *verurteilter Sexualstraftäter* sein.
(7) seine Kontaktinformationen *immer korrekt angibt* und *aktualisiert*.
(8) sein *Passwort nicht weitergibt*, keinen anderen Personen Zugriff auf seinen Account gewährt sowie dafür Sorge trägt, dass die Sicherheit seines Kontos stets gewährleistet wird.
(9) damit einverstanden ist, dass Facebook seinen *Nutzernamen o.Ä. entfernen oder widerrufen darf*, wenn sie es für notwendig erachten.
(10) sein *Konto an niemanden überträgt*, solange er nicht die schriftliche Genehmigung von Facebook hat.

Diese zehn Punkte geben einen kurzen Einblick, wie komplex die Geschäftsrichtlinien von Facebook sind und wie wichtig es ist, dass man sich über die Rechte, vor allem jene, die man abtritt, informieren sollte. Der besonders für Eltern interessanteste Punkt ist, dass Facebook eine Nutzung für Kinder unter 13 Jahren untersagt, da sie selber der Überzeugung sind, dass eine solche Online-Plattform keine ideale Umgebung für Kinder darstellt bzw. kaum überschaubare Möglichkeiten und Gefahren aufweist. Um einen Schritt in die Richtung von Jugendschutz zu gehen, können Minderjährige Facebook nur eingeschränkt nutzen. Das Ziel dabei ist es, Kinder und Jugendliche vor der Kontaktaufnahme durch fremde Erwachsene zu schützen, indem sie z. B. Inhalte nur mit bestimmten Personengruppen (Freunde, Klassenkameraden) teilen können. Facebook bietet mittlerweile ein eigenes Sicherheitsportal an (siehe https://www.facebook.com/safety), auf dem Jugendliche, Eltern und Pädagogen leicht verständliche Erklärungen zu Themen wie dem Umgang mit (Cyber-)Mobbing sowie zu den möglichen Sicherheitseinstellungen zum Schutz der Privatsphäre erhalten können.

Ein offensichtlicher Kritikpunkt an den obengenannten Kriterien ist vor allem, dass es kaum möglich ist, die verschiedenen Daten und Angaben aller zwei Milliarden Nutzerinnen und Nutzer zu überprüfen. Es besteht daher keinerlei Kontrolle, ob jemand wirklich nur *wahre* persönliche Informationen von sich veröffentlicht oder sein Passwort mit jemandem teilt. Diese Verpflichtungen bieten trotzdem Anhaltspunkte, an denen sich orientiert werden kann, sobald ein Missbrauch geschieht. Sollte man feststellen, dass jemand eine falsche Identität vortäuscht, ein Account „gehackt" wurde oder ein Kind unter 13 Jahren das soziale Netzwerk nutzt, kann dies dem Support von Facebook gemeldet werden, der daraufhin entsprechende Konsequenzen einleiten sollte (z.B. die Überprüfung und darauffolgende Löschung oder Sperrung des gemeldeten Accounts).

Eines der größten Risiken, das mit der Nutzung von Facebook einhergeht, ist die Weitergabe und Weiterverwendung von auf Facebook veröffentlichten persönlichen Daten. So werden diese beispielsweise für die Erstellung personalisierter Werbeangebote genutzt sowie in einem bestimmten Maß Drittanbietern zur Verfügung gestellt. Des Weiteren kann es auch zu spezifischen Problemen kommen, da die meisten Personen sich und ihre Erlebnisse auf Facebook in einer besonders positiven Art und Weise darstellen. Dadurch kann ein gewisser sozialer Leistungsdruck entstehen, da man permanent damit konfrontiert ist, wie vermeintlich spannend, ereignisreich und toll das Leben anderer ist. Chou und Edge (2012) konnten diese Wirkungsweise in ihrer Studie nachweisen, in der Teilnehmerinnen und Teilnehmer, die Facebook länger und häufiger nutzten, eher dazu neigten, andere Personen als glücklicher einzuschätzen sowie deren Leben als besser als das eigene zu bewerten. Das bedeutet, dass Facebook dazu führen kann, dass sich die eigene Wahrnehmung von anderen Personen ändert, je nachdem, wie diese sich online darstellen. Außerdem werden diese Personen als *immer* glücklich wahrgenommen, da den situationellen Faktoren kaum Aufmerksamkeit geschenkt wird. Dieser Effekt wurde seltener bis gar nicht bei denjenigen gefunden, die angaben, häufiger Offline-Interaktionen mit ihren Freunden zu haben und dadurch sowohl über mehr positive als auch negative Einblicke in deren Leben zu verfügen (Chou & Edge, 2012). Dieser Befund verdeutlicht, wie wichtig es ist, die realen Offline-Beziehungen nicht zu vernachlässigen, da es dadurch nicht zu einer solchen Wahrnehmungsverzerrung kommt.

2.2.2 WhatsApp

WhatsApp ist ein Instant Messenger, der 2009 gegründet und 2014 von der Facebook Inc. übernommen wurde. Der Name „WhatsApp" soll an die englische Frage „What's up?" (Was ist los?) erinnern und den kommunikativen Aspekt betonen. WhatsApp wird aktuell von über 1,5 Milliarden Menschen (TechCrunch., n.d.[b]) in weltweit über 180 Ländern benutzt (WhatsApp Inc., 2018). In Deutschland ist WhatsApp die wichtigste App, die die Jugendlichen auf ihren Handys oder Smartphones installiert haben (MpFS, 2016). Der Messenger wird zum Versenden von Kurznachrichten (per Text- oder Sprachnachricht), Fotos, Videos, Dokumenten und Standorten genutzt. Des Weiteren ist es möglich, internetbasierte Sprach- und Videoanrufe zu tätigen oder einen Status per Text, Bild oder Video mit anderen für 24 Stunden zu teilen. Die zuletzt genannte Funktion dient der Erstellung einer eigenen *Story*, die es den Nutzern ermöglicht, eine Art persönliches Tagebuch zu führen und dieses mit anderen zu teilen. Die in dieser Story veröffentlichten Texte, Bilder oder Videos werden nach 24 Stunden wieder entfernt. Man kann sowohl nur mit einzelnen Personen kommunizieren als auch eine Gruppe gründen, um dort mit mehreren Personen gleichzeitig in Kontakt zu treten. Hierbei ist es möglich zu sehen, wann jemand online ist oder zuletzt online war sowie, ob er eine Nachricht bereits erhalten und gelesen hat. Dies wird dem Sender über zwei blaue Häkchen angezeigt. Über die Funktion des *Broadcasts* können Nachrichten auch an eine Vielzahl von Kontakten gleichzeitig gesendet werden, ohne dass die Empfänger voneinander Kenntnis erlangen.

Interessante, möglicherweise unschöne und nicht unbedingt bekannte Fakten sind beispielsweise, dass WhatsApp

- seinen Messenger für Kinder unter 16 Jahren nicht für geeignet hält und die Verantwortung bei einer trotzdem stattfindenden Nutzung in die Hand der Eltern übergibt,
- vollen Zugriff auf das Telefonbuch des Handys/Smartphones besitzt und alle eingespeicherten Kontaktinformationen an Server in den USA und auch an Facebook übermittelt,
- die freiwillig geteilten Medien der Nutzer zu kommerziellen Zwecken verwenden darf,
- Nachrichten bis zu 30 Tagen auf den Servern speichern darf,
- die Nutzungsweise und Aktivität sowie Geräteerkennung, Mobilfunknetz, IP-Nummer, Online-Status und Zuletzt-Online-Status, Standorte, die gesendet oder empfangen werden, erfasst,
- über die In-App-Funktion „Meinen Account löschen" gelöscht werden muss. Wenn WhatsApp lediglich von dem Gerät (z.B. Smartphone) gelöscht wird, kann es sein, dass WhatsApp die gesammelten Informationen noch länger speichert.
- alle gesammelten Informationen an jedes mit ihm verbundene Unternehmen und Nachfolgeunternehmen oder an jeden neuen Eigentümer übertragen darf.

2.2.3 Instagram

Instagram ist ein weiterer kostenloser Online-Dienst, den es seit 2010 gibt und der zur Facebook-Unternehmensgruppe gehört. Er ist eine Mischung aus einem Mikroblog und einer audiovisuellen Plattform. Unter Mikroblog versteht man eine Form des *Bloggens*, bei dem sehr kurze (meist weniger als 200 Zeichen) Textnachrichten veröffentlich werden. Die Nutzerinnen und Nutzer von Instagram können sich ein eigenes Profil anlegen, auf dem sie beliebig viele Fotos oder Videos veröffentlichen können. Des Weiteren besteht die Möglichkeit, seinen eigenen Freunden oder auch berühmten/beliebten Personen zu „folgen", das bedeutet, dass man immer sehen kann, wann jemand ein neues Bild veröffentlicht. Diese Bilder können dann über einen Herz-Button geliked, direkt an andere Personen gesendet oder kommentiert werden. Des Weiteren besteht für denjenigen, der das Bild oder Video teilt, die Möglichkeit ihm einen Titel oder eine Beschreibung zu geben und diese noch mit *Hashtags* (siehe Begriffserläuterung Abschn. 6.4) zu versehen, um „das Motto" des Bildes/Videos hervorzuheben sowie um es einem möglichst passenden und großen Publikum zugänglich zu machen. Die Reichweite der veröffentlichten Inhalte lässt sich zudem erweitern, indem die Funktion des „Teilens" benutzt wird, damit die Beiträge auch in anderen sozialen Netzwerken wie Facebook, Twitter oder Tumblr zu sehen sind. Tumblr ist eine Blogging-Plattform, auf der Nutzer entweder eigene, aber auch fremde Inhalte, wie zum Beispiel Texte, Bilder, Videos, Links und Audiodateien, veröffentlichen können (Wikipedia, 2017). Instagram bietet weiterhin eine integrierte Kamerafunktion, mit der die Fotos und Videos aufgenommen werden können. Über eine Gesichtserkennung können Bilder mit Masken geschmückt werden und auch die Aufnahme von Videos bietet verschiedene Sonderfunktionen.

Instagram hat mittlerweile mehr als 800 Millionen Nutzerinnen und Nutzer (Instagram, n.d.[a]). Statistiken aus dem August 2017 zeigen, dass 15 Millionen davon aus Deutschland stammen (Instagram, n.d.[b]). Stimmt man den allgemeinen Geschäftsbedingungen von Instagram zu, dann akzeptiert man, dass Instagram Informationen über

- den eigenen Nutzernamen,
- Passwörter,
- die eigene E-Mail-Adresse,
- Profilinformationen (Vor- und Nachname, Foto, Telefonnummer) und
- Nutzerinhalte (Fotos, Kommentare und anderes Material) sammelt.

Die gesammelten Daten dürfen dann zu einem bestimmten Umfang an Dritt-(Werbe)Partner weitergegeben und in jedem Land, in dem Instagram einen Firmensitz hat, gespeichert und verarbeitet werden. Geteilte Online-Inhalte werden gespeichert bis der Account gelöscht (nicht deaktiviert) wird. Dabei verweist Instagram auf sogenannte „Einzelfallbestimmungen". Es muss beachtet werden, dass nur Inhalte gelöscht werden, die jemand selber veröffentlicht hat. Informationen, die andere über einen geteilt haben, bleiben weiterhin bestehen (Instagram Inc., 2018b).

Ein weiteres Detail, das vor allem jungen Nutzern meist unbekannt ist, stellt die Tatsache dar, dass auch der Online-Dienst Instagram seine Inhalte erst an Kinder und Jugendliche ab 13 Jahren richtet. Der Instagram-Datenschutzrichtlinie von 2017 zufolge richtet sich „der Dienst und seine Inhalte (...) nicht an Kinder unter

13 Jahren. Sollten wir [Instagram] feststellen, dass wir ohne elterliche Zustimmung personenbezogene Informationen von einem Kind unter 13 Jahren gesammelt haben, werden wir diese Informationen schnellstmöglich löschen“ (Instagram Inc., 2018a). Demnach werden die Daten von Kindern weder gespeichert, noch will Instagram, dass Kinder seinen Dienst nutzen. Die Voraussetzung für diese wohlgemeinten Vorsätze ist jedoch, dass die Betreiber überhaupt mitgeteilt bekommen, wenn ein Kind unter 13 Jahren Daten veröffentlicht. Bei 15 Millionen Nutzern in Deutschland ist es schwer vorstellbar, dass es hier zu einer vollständigen Alterskontrolle kommen kann. Nach der Überarbeitung der Datenschutzrichtlinie sowie der Nutzungsbedingungen im April 2018, lässt sich der zitierte Abschnitt nicht mehr finden, sondern nur noch der Hinweis, dass ein Mindestalter von 13 Jahren gefordert wird. Dies ist durch die neue Datenschutz-Grundverordnung (DSGVO) bedingt, die seit dem 18. Mai 2018 die Verarbeitung personenbezogener Daten durch Unternehmen, Vereine oder Behörden in der gesamten EU einheitlich regelt (ausführlichere Informationen z. B. auf klicksafe.de).

2.2.4 Snapchat

Snapchat ist ein weiterer Instant Messenger, der 2011 gegründet wurde und der bisher die Angebote eines Aufkaufs durch die Facebook Inc. ausgeschlagen hat. Über Snapchat können Fotos sowie Videos verschickt und in Einzel- oder Gruppenchats kommuniziert werden. Im Jahr 2017 wurde die App täglich von rund 187 Millionen Menschen weltweit und von 5 Millionen in Deutschland genutzt (Snap Inc., n. d.). In Deutschland nutzen vor allem Jugendliche und junge Erwachsene zwischen 14 und 29 Jahren Snapchat (SevenOne Media, n. d.[a]). Die Ergebnisse der FORSA-Umfrage 2016 zeigen, dass die App bei den Befragten im Alter von 14 bis 29 Jahren (2016, n = 1.509) am bekanntesten war und ebenfalls von dieser Altersgruppe am häufigsten genutzt wurde (SevenOne Media, n. d.[b]).

Snapchat ist besonders attraktiv, da es den Nutzern sicherer erscheint als andere Messenger-Dienste, da Bilder, die an andere gesendet werden, nur für einen bestimmten Zeitraum zu sehen sind und sich dann „selber löschen“. Über die Einstellungen konnte ursprünglich bestimmt werden, ob das Bild zwischen einer und zehn Sekunden angezeigt werden soll. Durch ein Update kam die Funktion hinzu, dass sich das Bild dauerhaft anzeigen lässt. Das selbstständige Löschen der Bilder scheint die Sicherheit nur künstlich zu erhöhen, da es mit nur wenig IT-Kenntnissen möglich ist, die Bilder aus dem internen Speicher wiederherzustellen oder auch einfach einen Screenshot zu machen, während das Bild angezeigt wird (Klicksafe, 2018). Diese letzte Möglichkeit kann zwar nicht unterbunden werden, jedoch zeichnet die App mittlerweile auf, wenn jemand einen Screenshot von einem Bild oder einem Chat macht und teilt dies den Nutzern mit (Abb. 11). Cybermobbing kann dadurch allerdings nicht verhindert werden.

Auch in diesem Instant Messenger ist es möglich sich eine eigene Story zu erstellen, auf der veröffentlichte Inhalte für nur eine bestimmte Zeit sichtbar sind und von anderen Nutzern angesehen werden können. Im Gegensatz zu anderen Messengern bietet Snapchat jedoch keine eigenständigen Profile für die Nutzer. Es ist weiterhin möglich, nach Freunden, Themen oder Unternehmen zu suchen und sich deren Storys anzuschauen und teilweise zu weiteren Artikeln zu dem Thema weitergeleitet zu werden.

Abbildung 11: Screenshot eines persönlichen Chatverlaufs in dem Instant Messenger Snapchat

Die integrierte Kamerafunktion der App bietet die Möglichkeit der Gesichtserkennung, durch die Gesichter mit Masken verziert werden können. Einige dieser Masken beinhalten außerdem einen Stimmenverzerrer, der bei der Aufnahme von Videos genutzt werden kann. Die neuste Erfindung in diesem Zusammenhang ist eine neue Art von Kamera, die *Spectacles* genannt wird. Es handelt sich dabei um die kleinste Funk-Videokamera der Welt, die in eine Sonnenbrille integriert ist, sich über WLAN oder Bluetooth direkt mit der App verbinden lässt und die Aufnahmen überträgt (Snap Inc., 2017).

Viele Kinder und Jugendliche nutzen die App, um aktuelle Momente mit ihren Freunden kurzfristig zu teilen oder um anderen mitzuteilen, dass man an sie denkt. Es geht dabei nicht darum, längerfristig Inhalte in der Online-Welt zu verbreiten, sondern eher darum, in einzelnen Momenten Spaß zu haben und jemanden zum Lächeln oder Nachdenken zu bringen. Für dieses kurzfristige, leichtlebige Teilen von persönlichen Momenten bietet Snapchat eine ideale Plattform, die versucht, sich durch ihre individuellen Funktionen von anderen Messengern wie Instagram, WhatsApp oder Facebook abzugrenzen.

Wie bei den anderen Social Media Diensten willigt der Nutzer durch die Bestätigung der allgemeinen Geschäftsbedingungen ein, dass Snapchat einige Daten sammeln bzw. auf diese zugreifen darf. Zu diesen gehören beispielsweise

- der Nutzername, das Passwort, die E-Mail-Adresse, die Telefonnummer, das Geburtsdatum, Vor- und Nachnamen und Profilbilder,
- Daten über die Nutzungsweise und -dauer,
- die Art und die Dauer der Kommunikation mit den Freunden (Namen, Uhrzeit, Datum),
- allgemeine Gerätedaten,
- Informationen über die eigenen Telefonbuchkontakte,
- Bilder aus der Kamera oder Galerie des Handys sowie
- Standortdaten (Snap Inc., 2018).

Einige Daten dürfen auch an Dritte weitergegeben oder öffentlich gemacht werden. Zu diesen zählen beispielsweise der Name, der Nutzername, der *Snapcode* und Profilbilder. Ein Snapcode ist ein mobiler Barcode in 2D, der ähnlich funktioniert wie ein QR-Code. Der Unterschied besteht darin, dass ein Snapcode aus einem Symbol besteht und nicht aus einem quadratischen Muster aus schwarzen Punkten. Er kann von anderen Nutzern über die Kamera eingescannt werden, damit diese direkt auf die eigene Website verlinkt werden. Snapchat wurde vor allem dafür kritisiert, dass sie sich das unwiderrufliche Recht gesichert haben, die auf den Servern des Unternehmens gespeicherten Bilder zu bearbeiten, zu verwenden sowie zu veröffentlichen (vgl. Wikipedia, 2018a).

Hinweis

Kinder und Jugendliche nutzen vor allem die Online-Dienste (1) WhatsApp, (2) Facebook, (3) Snapchat, (4) Twitter und (5) Instagram, um sich mit anderen zu vernetzen, zu kommunizieren, sich selbst mitzuteilen oder darzustellen. Dabei stellt das Versenden oder Veröffentlichen von privaten und/oder anzüglichen Bildern in allen sozialen Medien einen besonders problematischen Aspekt dar, da diese nicht mehr nachträglich vom Anbieter gelöscht werden können, sobald sie von anderen heruntergeladen wurden und somit in fremden Besitz gelangt sind (Klicksafe, 2018). Dieses riskante Online-Verhalten, das viele Kinder und Jugendliche zeigen, erhöht die Gefahr für Cybermobbing drastisch.

Trotzdem steigt die Zahl der Nutzerinnen und Nutzer der verschiedenen Online-Dienste mit jedem Jahr weiter an. Gleichzeitig entwickeln sich die verschiedenen Plattformen weiter und erweitern ihre Nutzungsmöglichkeiten, um immer mehr Kinder und Jugendliche in ihren Bann zu ziehen. Auf Kosten dieses großen Kommunikations- und Unterhaltungsangebotes gehen oftmals die eigenen Bemühungen, sich mit den notwenigen Sicherheitsaspekten, wie beispielsweise den allgemeinen Geschäftsbedingungen, auseinanderzusetzen. Viele Nutzerinnen und Nutzer sind sich nicht bewusst, in welchem Ausmaß ein Online-Dienst die eigenen privaten Daten nutzen und weiterverwenden darf. Des Weiteren sind oftmals die Altersempfehlungen für die verschiedenen Dienste weder den Kindern und Jugendlichen, noch deren Eltern oder anderen Bezugspersonen bekannt. Die Facebook Inc. beschreibt selber in ihren AGBs, dass ihre Produkte nicht für Kinder unter 13 Jahren geeignet sind und eine Nutzung nur mit Zustimmung der Eltern geschehen sollte. Seit dem 18. Mai 2018 muss ebenso die neue DSGVO beachtet werden. Diese besagt, dass für Kinder und Jugendliche unter 16 Jahren immer die Erziehungsberechtigten bei Online-Angeboten ihre Einwilligung geben müssen.

An dieser Stelle sollte durchaus reflektiert werden, *warum* ein Konzern sich selbst solche Beschränkungen auferlegt. Eine mögliche Schlussfolgerung wäre, dass auch an einer Konzernspitze durchaus intelligente Menschen sitzen, die sich der potenziellen Gefahren sozialer Medien für jüngere Kinder bewusst sind und diese durch Altersvorgaben schützen wollen.

Diese Annahme wird dadurch gestützt, dass vor allem Facebook durchaus gute und nützliche Angebote auf ihrer Internetseite zur Prävention und Intervention bei Cybermobbing oder selbstverletzendem Verhalten anbietet (siehe https://www.facebook.com/safety).

Eltern sollten sich daher frühzeitig mit den gängigen digitalen und sozialen Medien auseinandersetzen, um über die verschiedenen Funktionen und Möglichkeiten Bescheid zu wissen. Dadurch können sie ihr Kind vor möglichen Gefahren schützen und ihm helfen, einen sicheren und kompetenten Umgang zu erlernen (siehe Kap. 6). Ein Desinteresse sowie ein nicht vorhandenes Wissen könnten dazu führen, dass sich die Kinder und Jugendlichen einer Bezugsperson nicht anvertrauen, weil die Handlungskompetenz dieser Person als sehr gering eingeschätzt wird und die Betroffenen sich nicht verstanden fühlen.

2.3 Soziale Medien und mögliche Hürden auf dem Weg zur sicheren Nutzung

Die Risiken und Gefahren, die digitale und soziale Medien für die heutigen Generationen mit sich bringen, scheinen fast unendlich zu sein. Sie reichen von den verschiedenen Formen von Cybermobbing, über sexuelle Belästigung (Sexting), Betrug und Datendiebstahl bis hin zu groß angelegten Cyberattacken und Hacker-Angriffen. Im Fokus steht bei allen Themenbereichen die Frage, wie man sich am besten vor solchen Übergriffen schützen kann.

Cybermobbing findet vor allem in den sozialen Netzwerken und über Instant Messenger statt, wobei auch in einigen Studien darauf hingewiesen wird, dass es auch in den bei Kindern und Jugendlichen beliebten Online-Spielen zu Cybermobbing kommen kann (vgl. DePaolis & Williford, 2015). Diese drei Auftrittsorte von Cybermobbing sollen im nachfolgenden Abschnitt hinsichtlich der Schwierigkeiten, denen Kinder und Jugendliche begegnen können, wenn sie sich möglichst gut vor

Cybermobbing schützen wollen, näher betrachtet werden. Vielen Eltern und Lehrkräften, die noch zu der Generation gehören, die nicht mit dem Internet und all seinen Möglichkeiten aufgewachsen sind (die sogenannten *digital immigrants*), fällt es oftmals schwer sich vorzustellen, mit welchen Problemen sich die Jugendlichen in der Online-Welt auseinandersetzen müssen. Dies liegt meistens daran, dass sie mit dieser neuen virtuellen Welt nicht vertraut sind und sie sich die Abläufe, Normen sowie die generellen Strukturen von beispielsweise Online-Rollenspielen nicht vorstellen bzw. in diese hineindenken können.

Wir wollen an diesem Aspekt ansetzen und gehen im Nachfolgenden zuerst auf mögliche Hürden ein, die es bei der Nutzung von Instant Messengern und sozialen Netzwerken zu überwinden gilt. Danach stellen wir ein Online-Spiel sowie die möglichen Gefahren, die mit diesem verbunden sein können, vor. Es handelt sich hierbei um ein reales Beispiel und keine fiktive Geschichte.

Instant Messenger und soziale Netzwerke

Online-Plattformen wie Facebook, Instagram, Snapchat oder Twitter bieten unterschiedliche Möglichkeiten zum Veröffentlichen jeglicher Art von Web-Inhalten (Fotos, Videos, Nachrichten, Blogs etc.). Viele Kinder und Jugendliche nutzen nicht nur eines dieser Informations- und Kommunikationsmedien, sondern mehrere gleichzeitig. Um eigene Daten so gut wie möglich selbst zu schützen, müssen die eigenen Sicherheitseinstellungen bei jeder einzelnen App eingerichtet und angepasst werden. Dies steht mit einigen Schwierigkeiten in Verbindung. Betrachtet man beispielsweise Facebook, Instagram und WhattsApp, so finden sich diverse Möglichkeiten zum Schutz der eigenen Privatsphäre, jedoch unterscheidet sich deren Handhabung bei jeder App. Um die richtigen Einstellungen für das eigene Profil zu finden, benötigt es demnach zuerst einer relativ zeitintensiven Einarbeitung in die jeweiligen Sicherheitseinstellungen. Je nach technischem Verständnis kann dies ein mühsamer und langwieriger Aufwand sein, den viele Kinder und Jugendliche lieber vermeiden. Infolgedessen verbleiben viele Online-Profile „ungeschützt", wodurch Cyber-Tätern der Zugriff auf persönliche Daten erleichtert wird.

Den Kindern und Jugendlichen sind die potenziellen Gefahren sowie der Nutzen der Sicherheitseinstellungen oftmals gar nicht bewusst. Vielfach hört man das Argument „Ich brauche das nicht, schließlich habe ich nichts zu verbergen." Diese Aussage beinhaltet nur den Aspekt, dass mögliche geheime Daten von Dritten ausspioniert werden könnten oder jemand versucht, illegale Aktivitäten aufzudecken. Der eigentliche Sicherheitsaspekt zum Schutz der eigenen, persönlichen Informationen, vor allem im Hinblick auf potenzielle Cybermobbingangriffe, scheint hier keine besondere Bedeutung zu haben. Es ist demnach wichtig, den *präventiven* Aspekt herauszustellen und Kindern und Jugendlichen die möglichen Risiken und Gefahren zu verdeutlichen.

Bedenkt man, dass eine Motivation bei Cybermobbing darin bestehen kann, den anderen zu verletzen, um die eigene Langeweile zu überwinden (vgl. Bündnis gegen Cybermobbing e.V., 2017), wird klar, dass *jedes Kind oder jeder Jugendliche zum Ziel einer Cybermobbingattacke werden kann* und somit die Sicherheitseinstellung *immer* beachtet werden sollten. Dies setzt natürlich ein bereits vorhandenes Wissen voraus, dass sich auf das Bewusstsein über potenzielle Gefahren bezieht sowie auf das technische Wissen zur Umsetzung der Sicherheitseinstellungen innerhalb der verschiedenen digitalen und sozialen Medien. Vergleicht man die Möglichkeiten von beispielsweise Facebook und Instagram, so ist es bei letztgenanntem möglich, *jede* Person auf einem Bild zu markieren und sie dadurch auf dieses zu verlinken. Bei Facebook können hingegen nur Personen verlinkt werden, mit denen man selber befreundet ist. Des Weiteren bietet Facebook die Möglichkeit, eine entsprechende Verknüpfung zuerst zu bestätigen, bevor sie öffentlich auf dem eigenen Profil zu sehen ist, aber auch hierfür müssen zuerst die entsprechenden Einstellungen vorgenommen werden. Diese spezifischen Unterschiede und Möglichkeiten verlangen eine individuelle und intensive Auseinandersetzung oder eine entsprechende Wissensvermittlung durch andere Personen oder Institutionen.

Online-Spiele

Abbildung 12 zeigt einen Ausschnitt aus dem Massen-Mehrspieler-Online-Rollenspiel (Massively Multiplayer Online Role-Playing Game, MMORPG) „Goddess: Primal Chaos“ (Copyright 2016 koramgame.com), das für iOS- und Android-Geräte verfügbar ist. Bei diesem Action-Computer-Rollenspiel können sich die Nutzer einen Avatar auswählen, mit dem sie dann diverse Abenteuer bestreiten, mit anderen Spielern gemeinsam Aufgaben erledigen und einer Gilde beitreten, um möglichst stark zu werden. Das Spiel bietet diverse Möglichkeiten der Kommunikation (Privatchat [1:1], öffentlicher Chat, Chat in Kleingruppen) und Spieler, die viel Zeit miteinander verbringen und sich innerhalb des Spiels Geschenke machen, haben sogar die Möglichkeit dort zu heiraten. Das Spiel bietet damit Funktionen, die durchaus als soziale Integration und Interaktion bezeichnet werden können.

Es besteht auch hier die Gefahr, dass die Kinder und Jugendlichen sich ihrem realen Alltag komplett entziehen, sich immer mehr isolieren und sich ausschließlich auf ihr virtuelles Leben konzentrieren. Der *öffentliche* Aufruf nach neuen „Facebookfreunden“ („fb Freunde“), der in Abbildung 12 gezeigt wird, verdeutlicht, dass einige Nutzer solche Online-Spiele nutzen, um Kontakt zu anderen Personen herzustellen. Wie alt derjenige ist, der hier die Anfrage stellt und was seine tatsächlichen Absichten sind, bleibt unbekannt.

An der Bezeichnung „v8“, die für ein bestimmtes „VIP-Level“ durch das Investieren von (realem) Geld steht, ist nur zu erkennen, dass derjenige bereits nicht unerhebliche Mengen an Geld (durch In-App-Käufe) investiert hat, um bestimmte

Abbildung 12: Screenshot aus dem Spiel „Goddess: Primal Chaos“

Vorteile innerhalb des Spiels zu erlangen. Dies verdeutlicht, wie schnell eine Vernetzung von Online-Spiel und sozialen Netzwerken erfolgen kann. Außerdem weist es auf die Gefahr hin, wie schnell Kinder und Jugendliche mit Fremden in Kontakt kommen können.

Besonders bei solchen Online-Spielen besteht die Gefahr, dass hochrangige Spielerinnen und Spieler ihr Ansehen im Spiel ausnutzen, um mit anderen ins Gespräch zu kommen. Kinder und Jugendliche neigen leider oftmals dazu, in einem solchen Moment mögliche Risiken auszublenden, da sie sich über die Aufmerksamkeit dieser beliebten Person freuen und sich dadurch auch ihr Ruf im Spiel verbessern kann. Cyber-Täter, die es bewusst darauf anlegen, in einem Online-Spiel an die Daten anderer zu gelangen, locken ihre Opfer oft damit, dass sie ihnen Geld für bestimmte Käufe innerhalb des Spiels schenken oder dieses zumindest versprechen. Das Verschenken von Geld ist beispielsweise über Paysafe-, iTunes- oder Google Play Store-Karten, die zum Aufladen von Online-Konten dienen, möglich. Die Cyber-Täter können ihren Opfern einfach über den Chat die Aufladenummer zukommen lassen. Durch dieses großzügige Verhalten schaffen die Cyber-Täter es sehr schnell, dass Andere ihnen vertrauen und dann möglicherweise auch leichtfertig sich mit ihnen auf anderen sozialen Netzwerken „befreunden“ oder auch Nummern austauschen, um beispielsweise auf WhatsApp miteinander chatten zu können.

Ein weiteres Bildschirmfoto aus dem Spiel (Abb. 13) verdeutlicht, wie leichtfertig private Daten an fremde Personen weitergeben werden. Es ist zu sehen, wie ein

Spieler einem anderen Nutzer seine private Nummer weitergibt, ohne zu wissen, wer sich hinter der Spielfigur verbirgt. Da es sich bei der Spielerin „Nairi" um die Autorin dieses Buches (zwecks eines Erfahrungsgewinns durch einen tieferen Einblick in die Online-Welt) handelt, ist bekannt, dass zwischen den beiden Spielern kein intensiverer Kontakt oder Austausch herrschte und somit keinerlei reale Vertrautheit oder Freundschaft angenommen werden kann. Erschreckend ist hierbei die Leichtfertigkeit, mit der persönliche Daten unbekannten Personen freiwillig und ohne Aufforderung mitgeteilt werden.

Es mag befremdlich erscheinen, dass ein angesehener Online-Spieler, der besonders stark ist und ein hohes Level besitzt, ähnlich beliebt und cool wirken kann, wie ein Junge oder ein Mädchen im realen Leben. Die sozialen Prozesse der realen Welt scheinen sich hier in ähnlicher Form auf die virtuelle Welt zu übertragen und für einige Kinder und Jugendliche einen vergleichbaren Stellenwert zu haben.

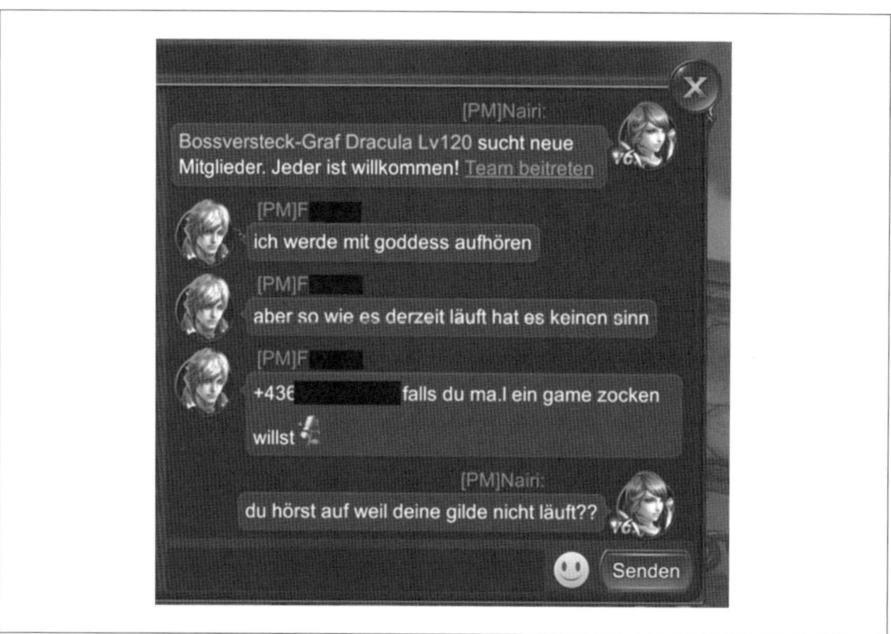

Abbildung 13: Screenshot aus dem Spiel „Goddess: Primal Chaos"

Ein interessanter Gedankengang von McInroy und Mishna (2017), die sich in ihrer Studie mit Cybermobbing in Online-Spielen unter Jugendlichen beschäftigten (*N*=670, Alter = 8 bis 16 Jahre), ist, dass in Online-Spielen körperliche Aggression, das heißt eine Art traditionelles Mobbing, auf eine gewisse Art und Weise ausgelebt werden kann, indem ein stärkerer Spieler immer wieder und absichtlich den Charakter eines schwächeren Spielers „tötet", um ihm damit zu schaden. Es ist weiterhin bedenklich, dass einige Teilnehmer der Studie in qualitativen Interviews

($n=57$) davon berichteten, dass die Kultur einiger Spieleplattformen diese Art der Aggression mittlerweile als normal ansieht und sogar einige Spieler darin ermutigt werden, aggressives Verhalten zu zeigen.

An dieser Stelle wird noch einmal deutlich, wie komplex das Konzept von Cybermobbing ist und wie schwer es ist, eine angemessene Definition zu finden, da viele der Jugendlichen in der Studie von McInroy und Mishna (2017) angaben, die erlebten Aggressionen innerhalb des Spiels nicht als Cybermobbing wahrgenommen zu haben, obwohl die wissenschaftlich definierten Merkmale durchaus erfüllt waren. Die Ergebnisse weisen insgesamt darauf hin, dass Online-Spiele einen weiteren Ort neben den sozialen Netzwerken darstellen, an dem Kinder und Jugendliche Täter oder Opfer von Cybermobbing werden können.

Hinweis

Cybermobbing findet vor allem in Instant Messengern, sozialen Netzwerken und Online-Spielen statt. Jeder Online-Dienst hat wiederum seine eigenen Möglichkeiten zum Schutz der eigenen Privatsphäre. Viele Kinder und Jugendliche nutzen mehrere Online-Dienste gleichzeitig. Dadurch steigen der Aufwand und die Zeit, die damit verbracht werden müssten, sich intensiv mit den Möglichkeiten und Strukturen der Anwendungen auseinanderzusetzen. Dabei mangelt es vielen jungen sowie älteren Nutzerinnen und Nutzern am Interesse und an der Motivation die nötige Anstrengung zu investieren. Es resultiert demnach eine negative Kosten-Nutzen-Analyse, da der Nutzen den meisten Personen eher gering erscheint.

Dem gegenüber stehen Aussagen wie: „Muss denn immer erst etwas passieren, bevor gehandelt wird?!“ Dies trifft leider auf das Phänomen „Cybermobbing“ auch zu, da die möglichen negativen Auswirkungen den meisten Menschen erst dann bewusst werden, wenn sie jemanden im Bekanntenkreis haben, der Opfer von Cybermobbing geworden ist. Erst dann steigt die Motivation, sich mit den verschiedenen Privatsphäre-Einstellungen der Online-Dienste oder den möglichen Gefahren im Internet zu beschäftigen.

Die strikte Ablehnung einiger Erwachsener gegenüber der virtuellen Welt erscheint im Rahmen der Prävention von Cybermobbing ebenfalls kontraproduktiv. Viele Kinder und Jugendliche haben Spaß, sich die Zeit mit Online-Spielen zu vertreiben. Teilweise treffen sie sich dort mit ihren (realen) Freunden, um in der virtuellen Welt gemeinsam Abenteuer zu bestreiten. Online-Spiele stellen jedoch auch Plattformen dar, auf denen es vermehrt zu Cybermobbing oder zumindest extremeren Beleidigungen kommen kann.

Die Fähigkeiten der Kinder und Jugendlichen, mit diesen aggressiven Online-Handlungen umgehen zu können, unterscheiden sich stark voneinander. Eltern sollten versuchen, die Faszination ihres Kindes soweit es geht nachzuvollziehen, um als Ansprechpartner und Vertrauensperson verfügbar zu sein und gegebenenfalls unterstützend eingreifen zu können.

2.4 Entwicklungsaufgaben und digitale Medien

In den bisherigen Abschnitten wurde vor allem darauf eingegangen, was soziale Medien sind, welche am häufigsten genutzt werden sowie welche Risiken und Gefahren durch die erhöhte Nutzung des Internets und der Online-Dienste existieren. Die Frage, die sich zwangsläufig stellt, ist: „Wenn das Internet so viele Gefahren birgt, welchen Nutzen hat es dann und brauchen wir es überhaupt?"

Die möglichen Gefahren, wie das in unserem Buch thematisierte Cybermobbing, stellen Aspekte dar, die einen möglichst vorsichtigen, kompetenten und verantwortungsvollen Umgang mit dem Internet und den sozialen Medien verlangen. Trotzdem bietet das Internet auch diverse positive Aspekte und auch soziale Netzwerke und Instant Messenger können das Leben erleichtern und es bereichern. Kritische Leserinnen und Leser sollten sich ebenfalls bewusst sein, dass die digitalen Medien heutzutage einen integralen Bestandteil im Leben der Kinder und Jugendlichen bilden (vgl. MpFS, 2016, 2017) und es daher nicht sinnvoll erscheint, sie zu ignorieren oder vollkommen abzulehnen. Der Fokus sollte vielmehr darauf liegen, wie diese Medien ab einem bestimmten Alter sinnvoll und bereichernd genutzt werden können und welche Kompetenzen dafür notwendig sind.

Die digitalen Medien und sozialen Online-Dienste werden für verschiedene Aspekte in der Entwicklung genutzt. Zu diesen zählen beispielsweise
- soziale Erfahrungen (Beziehungsaufbau und -gestaltung),
- Identitätsentwicklung,
- Selbstdarstellung und
- Entwicklung von Selbstregulation.

Demnach können soziale Medien helfen, altersentsprechende Entwicklungsaufgaben zu meistern (Borg-Laufs, 2015; Klicksafe, 2018; Knop et al., 2015; Shapiro & Margolin, 2014). Weiterhin können sie nicht nur zur Kommunikation mit Freunden genutzt werden, sondern auch zum Aufbau oder Erhalt einer spezifischen Beziehungsqualität der Eltern-Kind-Bindung beitragen (Knop & Hefner, 2018). Die Nutzung von Medien kann auch als Beziehungswunsch interpretiert werden, da diese vor allem die Möglichkeit der Kommunikation mit anderen sowie der eigenen Selbstdarstellung bieten (Eichenberg & Müller, 2017; von Salisch, 2014). Dies erscheint paradox vor dem Gesichtspunkt, dass digitale Kommunikation keinen echten Kontakt beinhaltet. Bei Kindern und Jugendlichen zeigt sich vor allem ein Wunsch nach außerfamiliären Beziehungen. Diese können durch die Nutzung sozialer Medien einfach geknüpft werden. In der Adoleszenz scheint sich ein Bild zu bieten, bei dem Jugendliche einen Beziehungswunsch haben und gleichzeitig versuchen, möglichst viel Distanz, vor allem zu den Bezugspersonen (wie den eigenen Eltern), zu schaffen (Shapiro & Margolin, 2014). Eichenberg und Müller (2017) beschreiben treffend, dass „Jugendliche einen oft unbändigen Drang haben, in Kontakt zu treten und dabei sich nicht zu nahe zu kommen" (S. 3) und dass das Internet dieser Ambivalenz eine Ausdrucksmöglichkeit bietet.

Des Weiteren kann das Internet soziale Kompetenzen, im Hinblick auf die Fähigkeit Gespräche zu beginnen und Beziehungen aufzubauen und zu erhalten, fördern. Koutamanis, Vossen, Peter und Valkenburg (2013) konnten in ihrer Langzeitstudie bei Kindern und Jugendlichen im Alter von 10 bis 17 Jahren einen positiven Effekt der Nutzung von Instant Messengern (z. B. WhatsApp) auf die Fähigkeit finden, Offline-Freundschaften herzustellen. Sie begründen dies damit, dass die Jugendlichen durch die Kommunikation über Instant Messenger lernen, wie sie Gespräche beginnen und aufrechterhalten und somit lernen, Beziehungen bzw. Freundschaften zu gestalten. Sobald sie diese soziale Kompetenz in der digitalen Welt erprobt und ausgebildet haben, übertragen sie diese auf die Offline-Welt und können dort leichter reale Freundschaften aufbauen (Koutamanis et al., 2013).

Soziale Medien wie beispielsweise Facebook können Jugendlichen bei der Entwicklung ihrer Identität helfen, da sie soziale Kompetenzen sowie die eigene Selbstwahrnehmung fördern (Shapiro & Margolin, 2014). Durch die Möglichkeit der Selbstdarstellung können die Jugendlichen sich austesten und selber entscheiden, welche Informationen sie über sich preisgeben oder welche ihrer (Charakter-)Eigenschaften sie hervorheben möchten. Durch das Feedback der Online-Community sowie von Online-Freunden (oft gleichzeitig Offline-Freunde) erhalten die Jugendlichen sofort ein Feedback, das ihre Selbstwahrnehmung fördern kann und ihnen hilft, ihre Außenwirkung einschätzen zu lernen (vgl. Eichenberg & Müller, 2017; Shapiro & Margolin, 2014).

Ein weiterer positiver Aspekt des Internets ist, dass es besonders für Kinder und Jugendliche, die zu einer Minderheit gehören oder von einer chronischen Erkrankung betroffen sind, gute Möglichkeiten bietet, um sich mit Gleichgesinnten zu vernetzen und Erfahrungen auszutauschen (Shapiro & Margolin, 2014). Dies betont demnach auch den Aspekt der gemeinsamen Vernetzung, um sich auszutauschen und Wissen sowie Erfahrungen miteinander zu teilen, um dadurch voneinander zu profitieren.

Hinweis

Der technische Fortschritt hat mittlerweile zu der Frage geführt, ob digitale und soziale Medien mehr ein Fluch als ein Segen sind. Es erscheint uns falsch, die Medien zu verteufeln, da es nicht die Informations- und Kommunikationstechnologien sind, die Cybermobbing verursachen, sondern Kinder und Jugendliche, die sich für eine aggressive Nutzung entscheiden. Wir wollen durch unser Buch nicht erreichen, dass ein durchweg negativer Eindruck von digitalen und sozialen Medien entsteht.

Der vorausgehende Abschnitt verdeutlicht, dass digitale und soziale Medien auch die Entwicklung der Kinder und Jugendlichen unterstützen können. Die Grundvoraussetzung hierfür ist allerdings, dass eine entsprechende Vermittlung von Wissen und Kompetenzen im Umgang mit diesen Medien geschieht, sodass eine verantwortungsvolle Nutzung gefördert wird.

Zusammenfassung

Digitale Medien, wie Smartphones und das Internet, sind bereits aus dem Alltag von Kindern im Grundschulalter nicht mehr wegzudenken. Dabei können sie entweder funktional (z.B. zur Kommunikation oder Wissensbeschaffung) genutzt werden oder eher dysfunktionalen Zwecken, wie beispielsweise der Flucht aus der Realität zur Vermeidung realer Probleme, dienen. Es lässt sich zwischen aktiven, passiven und integrativen Internetnutzerinnen und -nutzern unterscheiden. Für Bezugspersonen stellt dies eine wichtige Information dar, da sich die potenziellen Gefahren und Aufklärungsmöglichkeiten jeweils unterscheiden. Kinder und Jugendliche, die das Internet nutzen, um aus der realen Welt zu flüchten und dadurch ihre Probleme und Sorgen zu vergessen oder die durch die Anonymität im Internet mehr von sich selbst enthüllen, haben ein höheres Risiko ein Opfer von Cybermobbing zu werden.

Neben der Nutzungsweise sollten Bezugspersonen ebenfalls ein ausreichendes Maß an Wissen über die bei den Kindern und Jugendlichen beliebten Online-Dienste und deren Möglichkeiten sowie Funktionsweisen besitzen. Hierzu zählen vor allem die Online-Dienste WhatsApp, Facebook, Instagram und Snapchat.

Um die Faszination dieser jungen Generation zu verstehen, ist es hilfreich, sich für die Online-Aktivitäten wie beispielsweise die Lieblings-Online-Spiele der Kinder zu interessieren. Diese bieten neben den Instant Messengern und sozialen Netzwerken auch Plattformen, auf denen es zu Cybermobbing kommen kann. Eine vertrauensvolle Beziehung zu den Kindern und Jugendlichen erhöht die Wahrscheinlichkeit, dass sie sich bei Problemen mit Cybermobbing an eine entsprechende Bezugsperson wenden.

Die Vielfalt der digitalen und sozialen Medien sorgt dafür, dass oft mehrere Dienste gleichzeitig genutzt werden. Dadurch erhöht sich der Aufwand und die Zeit, die mit dem Schutz der eigenen Privatsphäre verbracht werden müsste. Kinder und Jugendliche scheuen oftmals diese „Anstrengungen“, wodurch es noch wichtiger erscheint, dass rechtzeitig entsprechendes Wissen vermittelt und eine verantwortungsvolle Nutzung gefördert wird.

Phänomene wie Cybermobbing heben die negativen Auswirkungen der digitalen Medien hervor. Dennoch sollten auch positive Entwicklungsmöglichkeiten beachtet werden, wie zum Beispiel die Förderung der Identitätsentwicklung durch soziale Medien, da Kinder und Jugendliche sich in diesen selbstgesteuert bewegen, ausprobieren und darstellen können.

Kapitel 3
Entstehung von Cybermobbing

Ein großes Problem stellt die eher unkontrollierte Nutzung des Internets durch die Kinder und Jugendlichen dar. Das Bündnis gegen Cybermobbing e.V. (2017) berichtet in ihrer Studie, bei der 1.586 Kinder und Jugendliche befragt wurden, von nur 10 % der Jugendlichen, die in ihrer Internetnutzung stärker von ihren Eltern kontrolliert wurden, während 76 % das Internet unkontrolliert nutzen konnten. Diese Kontrolle nahm außerdem mit steigendem Alter der Jugendlichen immer weiter ab. Kinder zwischen 6 und 13 Jahren veröffentlichten bereits eigene Fotos, Bilder von Freunden, der Familie oder persönliche Daten wie E-Mail-Adresse oder Handynummer im Internet (Abb. 14). Ein großer Teil der Kinder macht diese Informationen nur für (Online-)Freunde zugänglich (80 %, $n=328$), jedoch berichtet gut ein Fünftel davon, die Angaben für *jeden* Internetnutzer zugänglich zu machen (12 %) oder nicht genau zu wissen, welche Einstellungen sie vorgenommen haben (8 %) (MpFS, 2017).

Es ist von großer Bedeutung, dass Eltern auch an dem „Online-Leben" ihrer Kinder teilnehmen und wissen, wie es sich in der digitalen Welt verhält. Gerade bei jüngeren Kindern, die sich meistens der Gefahren im Internet nicht bewusst sind, sind klare Absprachen wichtig. Neben zeitlichen Nutzungsaspekten sollten auch klare Regelungen über die *gemeinsame* Nutzung getroffen werden (für eine nähere Beschreibung siehe Kap. 6). Den Kindern und Jugendlichen sollte verdeutlicht werden, dass es sich hierbei nicht um eine „gemeine und unfaire" Kontrollmaßnahme handelt, die auf einem generellen Misstrauen basiert, sondern sie eine Schutzfunktion haben soll, um möglichen Gefahren vorzubeugen oder zeitnah eingreifen zu können. Erschwerend kommt hinzu, dass viele Kinder und Jugendliche nicht davon erzählen, wenn sie Opfer von Cybermobbing geworden sind (Kowalski & Toth, 2017; Nixon, 2014; Tokunaga, 2010). Es ist möglich, dass die Jugendlichen Angst davor haben, dass ihre Eltern Sanktionen bezüglich ihres Internet- oder Smartphone-Gebrauchs aussprechen und deswegen lieber über das Cybermobbing schweigen (Tokunaga, 2010). Eine weitere Möglichkeit ist, dass sie kein Vertrauen in die Handlungskompetenz ihrer Bezugspersonen (Eltern, Lehrkräfte etc.) haben (Nixon, 2014), das heißt sie glauben nicht daran, dass sich ihre Situation verbessert oder dass das Cybermobbing aufhört, wenn sie sich jemandem anvertrauen. Studien haben jedoch gezeigt, dass Jugendliche, die eine gute Beziehung zu ihren Eltern haben, ein geringeres Risiko für Cybermobbingerfahrungen aufweisen (Fanti et al., 2012). Diese vertrauensvolle Beziehung, vor allem im Umgang mit Medien, kann durch Regelungen zur gemeinsamen Internet-/Mediennutzung gefördert werden. Es liegt nahe, dass Eltern, die sich von Anfang an für die Online-Aktivitäten ihres Kindes interessieren und wissen, was es in der Online-Welt macht und sich dies regelmäßig zeigen lassen, eher als „digital kompetent" und als hilfreicher, vertrauensvoller Partner gegen Cybermobbing eingeschätzt werden.

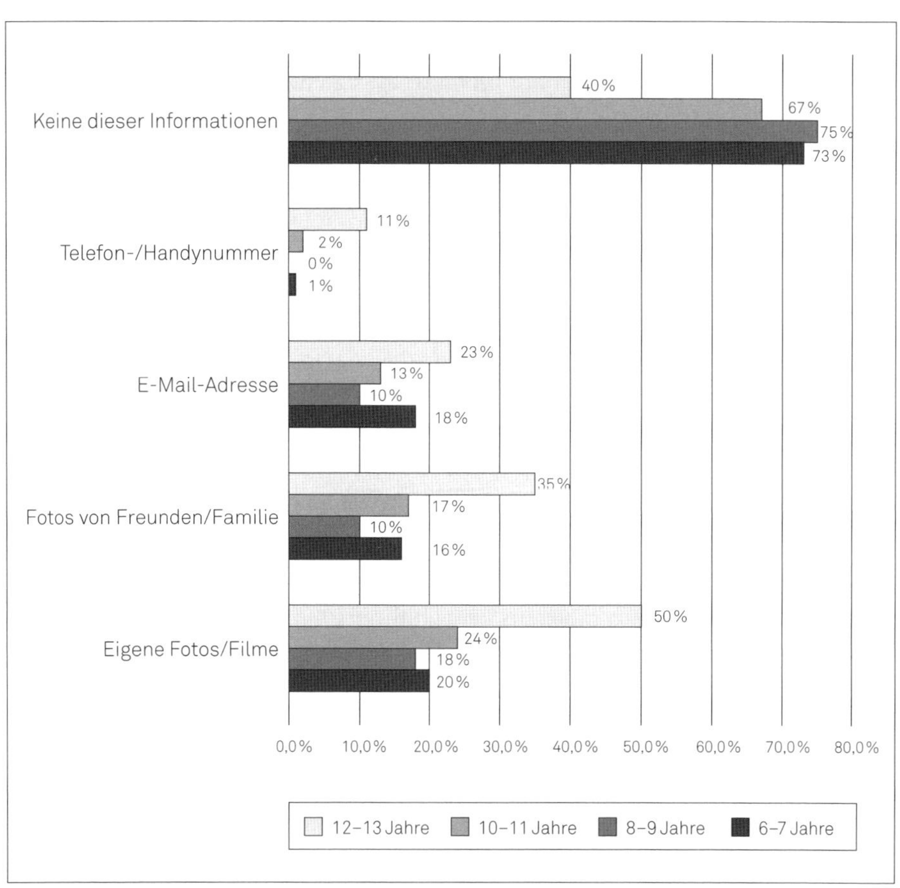

Anmerkung: * Basis: Internetnutzer, *n* = 805

Abbildung 14: Im Internet hinterlegte Informationen 2016* (eigene Darstellung modifiziert nach MpFS, 2017, S. 66)

Cyber-Täter bauen auf die Vertrauensseligkeit und/oder Unwissenheit ihrer Opfer. Viele Jugendliche zeigen ein eher riskantes Online-Verhalten, vor allem in Bezug auf die freiwillige Verbreitung ihrer eigenen, persönlichen Daten (z. B. Mishna et al.,

2012). Sie veröffentlichen freizügige Bilder von sich, um sich selbst darzustellen und eine höchstmögliche positive Resonanz zu erhalten und sind sich dabei selten über mögliche Gefahren bewusst. Der Drang zur Selbstaufwertung durch Likes oder durch schmeichelnde Kommentare führt schnell dazu, dass potenzielle Risiken in Vergessenheit geraten oder mögliche Konsequenzen in ihrer Tragweite abgeschwächt werden. Übliche Aussagen in diesem Zusammenhang sind „Was soll da schon groß passieren?!“, „Es ist ja kein Nacktbild!“ oder „Ich habe doch niemanden in meinem Umfeld, der mir etwas Böses will.“. Ein weiterer Grund kann auch sein, dass die Kinder und Jugendlichen versuchen, über die entsprechenden Plattformen berühmt zu werden und ihren Vorbildern nacheifern (siehe Infobox 2).

Die Personen in den sozialen Plattformen dienen dabei als Vorbild sowohl hinsichtlich des Persönlichkeitsstils als auch für die spätere berufliche Orientierung (Bündnis gegen Cybermobbing e. V., 2017). Für Cyber-Täter sind Personen, die viele Informationen über sich veröffentlichen, perfekte Opfer, da sie diese Daten einfach sammeln oder in persönlichen Chats erfragen können, um sie dann gegen das Opfer zu benutzen.

Infobox 2: Klick dich berühmt

Einige Kinder und Jugendliche versuchen, durch ihren Online-Auftritt berühmt zu werden. Dass so etwas möglich ist, beweisen beispielsweise die beiden 18-jährigen Zwillingsbrüder Roman und Heiko Lochmann des Musikduos „DieLochis“, die durch ihre Videos und eigenen Songs auf der Musikplattform YouTube bekannt geworden sind. Seitdem veröffentlichten sie einige Alben, gewannen den Deutschen Webvideopreis, waren Hauptdarsteller und Regisseure in einem Kinofilm und spielten in einer Fernsehserie mit.

Ein weiteres Beispiel aus Deutschland ist das 21-jährige Model Pamela Reif, das sein Geld ausschließlich durch den Online-Dienst Instagram verdient. Pamela veröffentlichte anfangs nur Landschaftsbilder und Ähnliches und begann später Fotos von sich bei Sport- und Fitnessübungen zu teilen, wodurch sich ihr Bekanntheitsgrad enorm erhöhte. Heute bewirbt sie Fitnessprodukte sowie Kleidermode und hatte im Oktober 2017 bereits 3,1 Millionen Follower auf Instagram (Wikipedia, 2018b). Sie veröffentlicht regelmäßig Bilder, auf denen sie in verschiedenen Posen zu sehen ist: Modisch gekleidet vor Luxusautos, im Dirndl auf einem Fest, knapp bekleidet vor einem Zaun posierend, im Bikini am Strand oder in einer sexy Pose nur mit T-Shirt bekleidet auf dem Bett im Schlafzimmer.

Ein Trugschluss mit Konsequenzen

Stellen Sie sich bitte einmal folgende Fragen und achten Sie auf Ihre intuitive sowie emotionale Reaktion. Wie wahrscheinlich ist es, dass Sie einen Sechser im Lotto haben?

Nun beantworten Sie bitte die nachfolgende Frage für sich: Wie wahrscheinlich ist es, dass Sie vom Blitz getroffen werden?

Ein Großteil der Menschen – vor allem aktive Lottospieler und -spielerinnen – beantworten die erste Frage vermutlich, indem sie es für unwahrscheinlich, aber doch generell möglich halten. Die Beantwortung ist dabei auch vom Gefühl her eher positiv eingebettet. Die Wahrscheinlichkeit vom Blitz getroffen zu werden, wird vermutlich als sehr unwahrscheinlich bewertet und ist eher von einem emotionalen „Das passiert mir doch nicht!“ begleitet.

Dieses Denken ist irrational, da beide Ereignisse eher ungefähr gleich wahrscheinlich sind (Christensen & Christensen, 2015) und der Volksmund die Wahrscheinlichkeit vom Blitz getroffen zu werden für viel höher hält.

Dieselbe Denkweise lässt sich auf das Berühmtwerden durch Online-Dienste und die Wahrscheinlichkeit Opfer von Cybermobbing zu werden übertragen. Die Jugendlichen sind sehr zuversichtlich von hochrangigen Firmen in den sozialen Medien entdeckt zu werden, aber sie rechnen kaum damit, dass jemand anfangen könnte, sie ernsthaft im Internet zu mobben.

Diese Denkweise kann einen leichtsinnigen Umgang mit persönlichen Informationen, Bildern und Videos fördern. Internetseiten bieten ganze Anleitungen, wie man es schafft, beispielsweise auf Instagram berühmt zu werden (siehe https://de.wikihow.com/Auf-Instagram-berühmt-werden). Diese Websites rufen dazu auf

- möglichst viele Bilder zu veröffentlichen,
- den eigenen Standort zu teilen,
- sich auf allen sozialen Medien zu vernetzen,
- sich eine möglichst große Gemeinschaft aufzubauen,
- Gespräche zu beginnen und
- ehrlich über seine eigenen Aktivitäten, Hobbies etc. zu sein.

Beispiel

Ein junges Mädchen namens Lara, das genauso berühmt werden möchte wie Pamela Reif, nimmt sich ein Beispiel an ihrem Profil und schießt viele Bilder von sich, auf denen es leicht bekleidet in aufreizenden Posen zu sehen ist. Diese Bilder veröffentlicht sie, wie nach Anleitung empfohlen, auf möglichst allen sozialen Medien. Sie bekommt auch viel positive Rückmeldungen und schmeichelnde Kommentare darüber, wie hübsch sie doch sei. Eine Klassenkameradin ist jedoch genervt von ihren Bildern und der Aufmerksamkeit, die sie damit bekommt, und speichert einige der veröffentlichten Bilder. Die Klassenkameradin verunstaltet die Bilder, indem sie Schriftzüge wie „Die nackte Bitch macht es mit jedem!“ oder Gesichter von Schweinen oder Kühen auf den Körper von Lara montiert. Diese verunstalteten Bilder veröffentlicht sie dann auch in den sozialen Medien. Sie erhält dafür viele Likes und in den Kommentaren machen sich viele Leute lustig über Lara. Diese wurde auf die entsprechenden Bilder verlinkt, damit sie die Beleidigungen auch mitbekommt. Ihre anderen Bilder, die sie früher veröffentlicht hatte, werden nun auch beleidigend kommentiert.

Außerdem erhält sie ständig auf allen sozialen Netzwerken gemeine Nachrichten, in denen sie beispielsweise aufgefordert wird „sich endlich zu verpissen" oder „ihre hässliche Visage endlich nicht mehr zu posten." Lara ist verzweifelt und weiß nicht, was sie nun tun soll, schließlich haben jetzt so viele Leute ihre Bilder und sie hat keine Kontrolle darüber, wer sie wann, wo oder wie veröffentlicht. Außerdem ist nun ihr Traum geplatzt und sie weiß nicht, wie sie weitermachen soll. In der Schule hatte sie schon lange nicht mehr aufgepasst, weil sie so viel Zeit in die Pflege ihres Accounts gesteckt hatte.

Hinweis

Immer jüngere Kinder geben freiwillig private Informationen im Internet von sich preis. Dies geschieht meist ohne eine Kontrolle durch die Bezugspersonen und wird von Cyber-Tätern häufig ausgenutzt. Dabei ist es nicht so, dass jedes Kind oder jeder Jugendliche direkt Opfer von Cybermobbing wird, nur weil er oder sie persönliche Daten oder Bilder von sich anderen online zugänglich gemacht hat. Es sind die möglichen, schwerwiegenden Konsequenzen, die im Einzelfall entstehen können, wenn ein Kind oder Jugendlicher Opfer von Cybermobbing wird (siehe Kap. 4), die einen verantwortungsvollen und bewussten Umgang mit den eigenen, persönlichen Daten notwendig machen.

3.1 Wodurch erhöht sich das Risiko für Cybermobbing?

Risikofaktoren sind Faktoren, die die Entstehung eines Problems, einer Störung oder einer Erkrankung begünstigen. Wichtig ist, dass ein Risikofaktor alleine nicht kausal für die Entstehung verantwortlich ist, sondern immer mehrere Risikofaktoren zusammen auftreten müssen. Ein Risikofaktor erklärt demnach einen bestimmten Zusammenhang und erhöht die Wahrscheinlichkeit für z. B. Cybermobbing, aber seine Abwesenheit muss nicht zwangsläufig das Risiko senken, da noch weitere Risikofaktoren existieren können (vgl. Baldry et al., 2015).

Die Erforschung der Risikofaktoren für das Auftreten von Cybermobbing ist noch nicht lange Bestandteil des Forschungsinteresses (von Marées & Petermann, 2012). Mittlerweile haben sich einige Studien mit diesem Thema beschäftigt und konnten verschiedene Merkmale identifizieren. Cyber-Täter, Cyber-Opfer und Cyber-Täter-Opfer unterscheiden sich von gänzlich Unbeteiligten beispielsweise durch eine häufige Computernutzung, die Weitergabe von Passwörtern sowie durch eine höhere Beteiligung an schulischer verbaler oder physischer Aggression (Mishna et al., 2012). Dementsprechend ist ein naheliegender Risikofaktor für Cybermobbing die Internetabhängigkeit (Casas, Del Rey & Ortega-Ruiz, 2013) beziehungsweise der stark erhöhte Gebrauch von Informations- und Kommunikationstechnologien (Nixon, 2014; Sticca et al., 2013). Die exzessive, impulsive oder abhängige Nutzung des Internets und digitaler Anwendungen kann zu einer gesteigerten Aggression und damit auch zu Cyberaggression führen. Die Kontrolle über die eigenen, persönlichen Informationen im Internet stellt ebenfalls einen maßgeblichen Prädiktor für Cybermobbing dar (Casas et al., 2013). Jugendliche, die ein riskantes Online-Verhalten aufweisen, haben ein höheres Risiko dafür, dass ihre vertraulichen Informationen oder beschämenden Bilder für ein großes (Online-)Publikum zugänglich werden. Durch das Teilen von Bildern, Videos und persönlichen Informationen wollen sie bei ihren gleichaltrigen Freunden beliebter sein. Dafür nehmen sie in Kauf, dass sie große Teile ihrer Privatsphäre preisgeben (Casas et al., 2013). Dies wiederum erhöht das Risiko für Cybermobbingerfahrungen (Mishna et al., 2012).

Einer der besten Prädiktoren für Cybermobbing ist die *Cyberviktimisierung* (Festl et al., 2015; von Marées & Petermann, 2012). Das bedeutet, dass Cyber-Täter ein erhöhtes Risiko aufweisen, ebenfalls Cyber-Opfer zu werden. Umgekehrt neigen diese auch oftmals dazu am Cybermobbing beteiligt zu sein (von Marées & Petermann, 2012). Die Richtung des Einflusses kann allerdings noch nicht bestimmt werden. Des Weiteren haben Jugendliche, die an traditionellem Mobbing beteiligt sind, ein erhöhtes Risiko, auch Erfahrungen mit Cybermobbing zu machen (Casas et al., 2013; Kim, Song & Jennings, 2017; Nixon, 2014; Sticca et al., 2013). Manche Studien finden auch einen umgekehrten Zusammenhang (Kim, Song & Jennings, 2017; Waasdorp & Bradshaw, 2015), während diese Verbindung in anderen Studien nicht zu finden ist (Casas et al., 2013).

Wie beim traditionellen Mobbing scheint auch Cybermobbing durch individuelle sowie Kontextfaktoren beeinflusst zu werden (Casas et al., 2013; Fanti et al., 2012). Einen Risikofaktor stellen beispielsweise vorherrschende Normen in den Gleichaltrigengruppen dar (vgl. Festl et al., 2015). So konnte gezeigt werden, dass das (Cyber-)Mobbingverhalten von Klassenkameraden keinen Einfluss auf das individuelle Risiko für Cybermobbingerfahrungen hat, positive Einstellungen gegenüber Cybermobbing innerhalb der Klasse erhöhen wiederum das Risiko (Festl et al., 2015). Insgesamt konnte eine eher untergeordnete Rolle des Klassenkontextes festgestellt werden, wobei eigene Erfahrungen und eigene positive Einstellungen zum Cybermobbing das Risiko, Cyber-Opfer oder Cyber-Täter zu werden, mehr erhöhen (Festl et al., 2015). Der Einfluss des Freundeskreises von Kindern und Jugendlichen sollte dennoch nicht außer Acht gelassen werden, da beispielsweise Kim und Kollegen (2017) einen starken Zusammenhang zwischen dem Risiko für Cybermobbing und gewalttätigen Freunden in der Gleichaltrigengruppe finden konnten.

Einen weiteren Risikofaktor bildet die Tatsache, dass viele Jugendliche kein Vertrauen in die Handlungskompetenz ihrer Bezugspersonen haben. Dies führt dazu, dass die Betroffenen nur sehr selten erzählen, was ihnen passiert ist (Kowalski & Toth, 2017; Nixon, 2014). Deshalb sind die Unterstützung durch Lehrkräfte und wahrgenommene Einschränkungen des eigenen Sicherheitsgefühls Faktoren, die Probleme mit Cybermobbing vorhersagen können (Casas et al., 2013). Fanti und Kollegen (2012) können in ihrer Studie zeigen, dass auch die Unterstützung von der Familie und von Freunden einen bedeutsamen Einflussfaktor darstellt. Jugendliche, die weder von ihrer Familie, noch von ihren Freunden soziale Unterstützung erfahren, weisen ein erhöhtes Risiko für Cyberviktimisierung auf (Fanti et al., 2012). Wachs (2012) weist ebenfalls darauf hin, dass das Fehlen von Freunden einen bedeutsamen Risikofaktor darstellt. Als individuelles Kriterium stellt aggressives Verhalten, wie zum Beispiel das Quälen von Tieren und das Zerstören fremden Eigentums, einen Langzeitrisikofaktor für die Beteiligung an Cybermobbing dar (Sticca et al., 2013). Cross und Kollegen (2015) untersuchten in ihrer Längsschnittstudie unter anderem Prädiktoren für Cyberviktimisierung und sie konnten bestätigen, dass Jugendliche, die vermehrt emotionale und soziale Schwierigkeiten hatten, öfter gleichzeitig von Cybermobbing und traditionellem Mobbing betroffen waren.

Porsch und Pieschl (2014) untersuchten ebenfalls potenzielle Faktoren, die das Risiko, Opfer von Cybermobbing zu werden, erhöhen können. Dabei konnten sie einige signifikante Prädiktoren bzw. Zusammenhänge aufdecken:
- Höheres Alter
- Formal niedrigeres Bildungsniveau (z. B. Hauptschule)
- Längere Internetnutzungsdauer
- Häufiger potenzielle Täterschaft
- Cybermobbing im Freundeskreis
- Frühere Beteiligung als Cyber-Täter

Für die Cyber-Täter konnten sie ebenfalls drei potenzielle Risikofaktoren identifizieren:
- Formal niedrigeres Bildungsniveau (z. B. Hauptschule)
- Cybermobbing im Freundeskreis
- Frühere Cyber-Opferschaft

Baldry, Farrington und Sorrentino (2015) schlagen einen Ansatz vor, bei dem Risikofaktoren für Cybermobbing sowie Bedürfnisse von Kindern und Jugendlichen im Mittelpunkt stehen (*„risk and needs assessement approach“*).

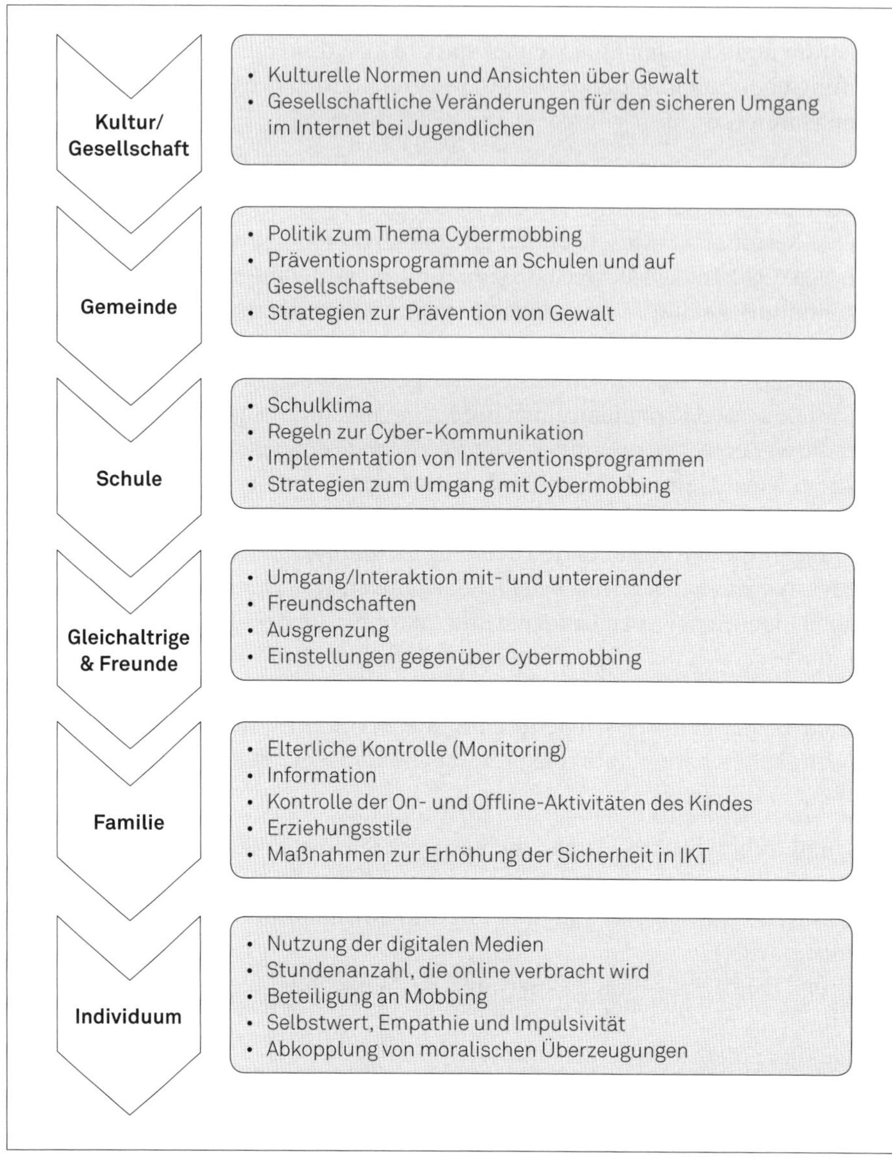

Abbildung 15: Ebenen zur Identifikation verschiedener Risikofaktoren (eigene Darstellung in Anlehnung an Baldry et al., 2015, S. 38)

Dadurch sollen Personen mit einem erhöhten Risiko für Cybermobbing möglichst früh identifiziert und Interventionen erfolgreich implementiert werden können. Dafür haben Baldry und Kollegen (2015) 53 wissenschaftliche Studien auf die gefundenen Risikofaktoren für Cyberbullying und Cyberviktimisierung untersucht und die verschiedenen Faktoren in *statische* sowie *dynamische* Risikofaktoren aufgeteilt. Erstere sind unveränderbare Merkmale (z. B. Geschlecht oder frühere Viktimisierung) und letztere sind Faktoren, die sich über die Zeit oder durch eine Intervention verändern können (z. B. Schulpolitik oder Empathie). Abbildung 15 fasst die verschiedenen Risikofaktoren zusammen und illustriert die verschiedenen Ebenen, auf denen sie identifiziert werden können.

Hierbei werden sechs Ebenen unterschieden: (1) Individuum, (2) Familie, (3) Gleichaltrige, (4) Schule, (5) Gemeinde und (6) Gesellschaft (Baldry et al., 2015). Auf diesen können verschiedene dynamische und statische Risikofaktoren wie beispielsweise Geschlecht, Einstellungen, Schulpolitik oder elterliches Monitoring eingeordnet werden (Abb. 15). Eine wichtige Erkenntnis ist, dass kein Risikofaktor oder eine bestimmte Ebene wichtiger ist, als eine andere, sondern dass viele miteinander in Verbindung zu stehen scheinen. Des Weiteren fasst Abbildung 15 die verschiedenen Risikofaktoren für die Entstehung von Cybermobbing und Cyberviktimisierung zusammen, da sie sich für beide Gruppen überschneiden. Aus der Arbeit von Baldry und Kollegen (2015) gehen prototypische Merkmale von Cyber-Tätern und Cyber-Opfern hervor, die in Tabelle 3 dargestellt sind. Der überwiegende Teil der Risikofaktoren ist dynamischer Natur, das bedeutet die meisten Faktoren sind veränderbar und bieten somit einen guten Ansatzpunkt für Präventions- oder Interventionsprogramme.

Des Weiteren kann gezeigt werden, dass es Risikofaktoren auf individueller, gesellschaftlicher und sozialer Ebene gibt, die gleichzeitig auftreten und miteinander interagieren können, wodurch das Risiko Cyber-Täter oder Cyber-Opfer zu werden, erheblich erhöht wird. Dies verdeutlicht erneut die unheimlich komplexe Wirkungsweise verschiedener Faktoren bei der Entstehung von Cybermobbing (und Cyberviktimisierung) und wie wichtig es ist, frühzeitig Programme zu implementieren, die nicht nur auf das Individuum selbst zielen, sondern auch dessen Umwelt, wie beispielsweise Eltern, Lehrkräfte und Schulen, mit einbeziehen.

In einer aktuellen Metaanalyse von Chen, Ho und Lwin (2017), in die 81 empirische Studien einbezogen wurden, konnten einige Prädiktoren identifiziert werden, die die bisherigen Befunde stützen. Für die Cybertäterschaft konnten die folgenden fünf Risikofaktoren gefunden werden

- riskante Nutzung von Informations- und Kommunikationstechnologien,
- moralische Ablösung,
- Depression,
- soziale Normen und
- Täter traditionellen Mobbings.

Das Risiko, Opfer von Cybermobbing zu werden, wurde vor allem durch die riskante IKT-Nutzung sowie durch frühere Erfahrungen als Opfer von traditionellem Mobbing erhöht (Chen et al., 2017). Der Faktor der Abkopplung von moralischen Werten und Normen, die jemanden normalerweise daran hindern sollten anderen Menschen zu schaden, war auch der wichtigste Prädiktor für Cybermobbing in einer Studie von Hood und Duffy (2017) an 175 Schülerinnen und Schülern der 8. bis 12. Jahrgangsstufe. Die Autoren weisen darauf hin, dass ihr Befund erkennen lässt, dass die Anonymität im Internet nicht alleine dafür sorgt, dass Kinder und Jugendliche dazu neigen, andere online zu schikanieren oder zu beleidigen (vgl. Wachs, 2012), sondern dass es immer noch einer moralischen Abkopplung bedarf, bevor ein solches Verhalten ausgeübt wird.

Tabelle 3: Beschreibung prototypischer Cyber-Täter und Cyber-Opfer anhand zugehöriger Risikofaktoren (in Anlehnung an Baldry et al., 2015)

Prototyp: Cyber-Täter	Prototyp: Cyber-Opfer
Geschlecht: meist männlich	Geschlecht: meist weiblich
Schlechte Schulleistungen	Schlechte Schulleistungen
Hoher Internetkonsum	Hoher Internetkonsum
Keine Bindung an die Schule	Keine Bindung an die Schule
Beteiligung an Mobbing in der Schule	Oft Opfer traditionellen Mobbings, aber auch selbst an Mobbing und Cybermobbing beteiligt
Wenig Verpflichtungsgefühl gegenüber der Schule	Wenig soziale Kompetenzen
Fehlen von kognitiver und affektiver Empathie	Wenig elterliches Monitoring bzw. Kontrolle über die Online-Aktivitäten des Kindes
Geringe soziale Intelligenz bzgl. des eigenen Selbstbilds	Mehr depressive Symptome, Angst und Ärger
Höhere Impulsivität	Kaum Kommunikation mit Eltern
Neigung zu Regelverstößen	Keine soziale Unterstützung in der Schule
Aggression gutheißende eigene Normen	Ablehnung von Mitschülern
Loslösung von moralischen Werten und Normen	Keine soziale Unterstützung und schlechte Bindung zu den Eltern
Zugehörigkeit zu Schulen ohne feste Regeln und ohne Anti-Mobbing-Politik	Eltern haben selbst wenig Wissen über das Internet und Sicherheitsvorkehrungen
–	Geringer Selbstwert
–	Kein unterstützendes Klima in der Schule

3.2 Psychische oder körperliche Beeinträchtigungen als spezifischer Risikofaktor?

Die in den bisherigen Abschnitten genannten Studien fokussieren größtenteils die potenziellen Risikofaktoren im Schulkontext und erheben dabei nicht den Entwicklungsstand oder die physische Konstitution der Teilnehmerinnen und Teilnehmer. Dadurch wird ein durchaus wichtiger Risikofaktor, der vermutlich im Rahmen des traditionellen Mobbings zuerst genannt werden würde, weitestgehend ignoriert: Kinder und Jugendliche mit körperlichen oder psychischen Beeinträchtigungen.

Kowalski, Morgan, Drake-Lavelle und Allison (2016) untersuchten 205 Studentinnen und Studenten (durchschnittliches Alter = 19,90 Jahre), von denen 82 Personen eine psychische oder physische Beeinträchtigung hatten, hinsichtlich ihrer Erfahrungen mit Cybermobbing und Cyberviktimisierung. Aufgrund der Vielzahl an genannten Beeinträchtigungen, wurden fünf Kategorien gebildet: (1) Aufmerksamkeitsdefizit-/Hyperaktivitätsstörung (ADHS), (2) Angststörungen, (3) Lernstörungen, (4) physische Beeinträchtigungen und (5) andere psychische Störungen (z.B. Autismus, Posttraumatische Belastungsstörung (PTBS), Schlafstörungen, Depression etc.). Wie vermutet, zeigten sich bedeutende Unterschiede zwischen den beiden Gruppen. Die jungen Erwachsenen mit einer Beeinträchtigung waren wesentlich öfter von Cybermobbing betroffen sowie selbst Cyber-Täter (Kowalski et al., 2016). In Einklang mit bisherigen Forschungsergebnissen steht der Befund, dass das Cybermobbing vermehrt in den sozialen Medien und über Textnachrichten ausgeübt wurde. Des Weiteren stellten auch in dieser Studie vorherige Erfahrungen als Opfer traditionellen Mobbings sowie eine erhöhte Internetnutzung die besten Prädiktoren für Cyberviktimisierung dar. Gleichzeitig spielte aber auch die *Sichtbarkeit* der Behinderung eine wichtige Rolle, da das Ausmaß dieser ebenfalls das Risiko für Cyberviktimisierung erhöhte. Dabei handelte es sich sowohl um eine Sichtbarkeit aufgrund von physischen Veränderungen als auch um auffällige Verhaltensweisen wie beispielsweise bei Kindern mit ADHS. In der Online-Welt spielen körperliche Beeinträchtigungen eine eher untergeordnete Rolle, während bestimmte Persönlichkeitseigenschaften wie zum Beispiel eine hohe Impulsivität auch in der virtuellen Welt auffallen können (Kowalski et al., 2016).

Die Beachtung dieser spezifischen Gruppe von Kindern und Jugendlichen erscheint besonders wichtig, wenn man die weiteren Ergebnisse bezüglich der Auswirkungen des Cybermobbings betrachtet. Junge Erwachsene, die eine körperliche oder psychische Beeinträchtigung aufweisen, zeigen ein höheres Maß an negativen Auswirkungen, wie z.B. ein stark vermindertes Selbstwertgefühl und eine stärkere depressive Symptomatik, im Vergleich zu nicht-beeinträchtigten Cyber-Opfern (Kowalski et al., 2016). Eine weitere Studie konnte zeigen, dass psychisch oder körperlich beeinträchtigte Kinder und Jugendliche genauso wie ihre gesunden Gleichaltrigen von mehr Suizidgedanken, einer erhöhten sozialen Ängstlichkeit sowie Gefühlen von Einsamkeit betroffen sind (Kowalski & Toth, 2017).

Ähnliche Ergebnisse zu Personen mit körperlichen oder psychischen Beeinträchtigungen konnten in mehreren Studien bestätigt werden (siehe Alhaboby, Barnes, Evans & Short, 2017; Heiman & Olenik-Shemesh, 2017; Kowalski & Toth, 2017). So zeigte sich in einer aktuellen Studie von Kowalski und Toth (2017), dass auch bei den 16- bis 20-Jährigen die Jugendlichen (*N* = 231) häufiger von Cybermobbing betroffen sind, die eine entsprechende Beeinträchtigung aufweisen. Jedoch fanden sich hier keine signifikanten Unterschiede hinsichtlich der Cyber-Täterschaft zwischen den Gruppen, obwohl die Tendenz zu erkennen war, dass beeinträchtigte Jugendliche öfter Cyber-Täter waren (33,3 % vs. 23,9 %).

Heiman und Olenik-Shemesh (2017) untersuchten israelische Kinder und Jugendliche mit und ohne Sehschwäche (*N* = 407) im Alter von 12 bis 16 Jahren. Sie konnten ebenfalls feststellen, dass diejenigen mit einer Sehbehinderung signifikant häufiger Opfer und Täter von Cybermobbing waren und weniger soziale Unterstützung von Gleichaltrigen oder Freunden erhielten, als ihre gesunden Mitschülerinnen und Mitschüler. Ein aktuelles systematisches Review untersuchte, ob Personen mit einer chronischen Erkrankung oder sonstiger Beeinträchtigung häufiger von Cybermobbing betroffen waren. In die Analyse gingen (bis auf eine) hauptsächlich Studien ein, die sich auf das Kindes- und Jugendalter bezogen (Alhaboby et al., 2017). Die Ergebnisse bestätigen, dass es sich definitiv um eine Risikopopulation handelt, der im Rahmen der Prävention und Intervention mehr Beachtung geschenkt werden sollte – sowohl aufgrund der hohen Prävalenzen von Cyberviktimisierung innerhalb dieser Gruppe als auch wegen der scheinbar vermehrten negativen Auswirkungen.

Insgesamt ist erkennbar, dass das Internet vielen Menschen mit körperlichen oder psychischen Beeinträchtigungen die Möglichkeit bietet, mit anderen Personen in Kontakt zu treten, ohne dass ihre Einschränkung sofort von ihrem Online-Gegenüber bemerkt wird. Außerdem ist es auch für Kinder und Jugendliche, die besonders ängstlich oder eher geringere soziale Kompetenzen aufweisen, einfacher, zuerst in sozialen Netzwerken ihre Fertigkeiten zu erproben. Es ist demnach nicht verwunderlich, dass diese Kinder und Jugendlichen mehr Zeit im Internet verbringen, als ihre Gleichaltrigen ohne Beeinträchtigungen (Kowalski & Toth, 2017). Trotzdem zeigen die empirischen Ergebnisse, dass mit der erhöhten Internetnutzung nicht nur positive Aspekte einhergehen, sondern auch die Gefahr des Cybermobbings (sowohl als Täter als auch als Opfer) besteht. Dies sollte beachtet werden, wenn Präventions- und Interventionsprogramme konzipiert werden, da sich die Frage stellt, ob es spezifische Programme geben sollte, die sich gerade an diese Risikopopulation richten und entsprechende Fähigkeiten und Fertigkeiten integrieren und üben. Hierbei könnte der Fokus auf der Vermittlung von sozial-emotionalen Fertigkeiten sowie von konstruktiven Bewältigungsstrategien oder einer kompetenten Interaktion mit Gleichaltrigen im Internet liegen. Des Weiteren sollte vermittelt werden, wie wichtig es ist, dass die Betroffenen sich Hilfe suchen und jemandem von ihrem Problem erzählen. Diese Aspekte scheinen besonders geeignet, wenn Programme sich speziell an die Risikogruppe der Kinder und Jugendlichen mit Beeinträchtigungen richten (vgl. Heiman & Olenik-Shemesh, 2017).

Überblick

Es ist insgesamt festzustellen, dass eine Reihe an Faktoren bestehen, die das Risiko für Cybermobbing und/oder Cyberviktimisierung erhöhen, und an denen Präventionsmaßnahmen ansetzen können. In Ergänzung zum Ansatz von Baldry und Kollegen (2015, Abb. 15) kann zwischen personen-, medien- sowie umweltbezogenen Faktoren unterschieden werden. Tabelle 4 versucht, die verschiedenen Risikofaktoren, die im Text beschrieben wurden, zusammenzufassen.

Tabelle 4: Medien-, personen- und umweltbezogene Risikofaktoren von Cybermobbing und/oder Cyberviktimisierung

Medienbezogene Risikofaktoren
• Riskante Nutzung von Informations- und Kommunikationstechnologien – Weitergabe von Passwörtern – Keine Kontrolle über die eigenen, persönlichen Informationen im Internet • Längere Computer- und Internetnutzungsdauer – Exzessive, impulsive oder abhängige Nutzung
Personenbezogene Risikofaktoren
• Soziodemografische Merkmale – Formal niedrigeres Bildungsniveau (z. B. Hauptschule) – Höheres Alter – Psychische oder körperliche Beeinträchtigungen (Sichtbarkeit) • Frühere (Cyber-)Mobbing-Erfahrungen – Als Täter oder Opfer – Höhere Beteiligung an schulischer verbaler oder physischer Aggression • Vermehrte psychische, emotionale und soziale Schwierigkeiten – Depressive Symptome – Selbstwertprobleme – Mangelnde Empathiefähigkeit – Impulsivität – Keine Unterstützung der Familie und/oder von Freunden – Komplettes Fehlen von Freunden – Aggressives Verhalten • z. B. Quälen von Tieren, Zerstören fremden Eigentums – Tabak- und Alkoholkonsum • Loslösung von moralischen Überzeugungen – Eigene Pro-Cybermobbingeinstellungen • Mangelndes Vertrauen in die Handlungskompetenz der Bezugspersonen – Einschränkungen des eigenen Sicherheitsgefühls

Tabelle 4: Fortsetzung

Umweltbezogene Risikofaktoren
• Soziale Normen – Begünstigende kulturelle Normen und Ansichten über Gewalt • Ungünstige Erziehungsstile – Mangelnde Kontrolle der On- und Offline-Aktivitäten des Kindes – Fehlendes Monitoring – Keine eigene Information (oder die des Kindes) über die Problematik • Ungünstige Freundschaften/Gleichaltrigen-Kontakte – Ausgrenzung – Aggressiver Umgang mit- und untereinander – Positive Einstellungen gegenüber Cybermobbing – Cybermobbing im Freundeskreis • Keine Regeln zur Cyber-Kommunikation (Schule/Familie) • Unzureichende Implementation von Interventionsprogrammen – Keine Vermittlung von Strategien zum Umgang mit Cybermobbing oder zu dessen Prävention • Schulklima – Pro-Cybermobbing-Einstellungen innerhalb der Klasse • Kaum gesellschaftliche Veränderungen zur Förderung des sicheren Umgangs mit dem Internet oder Politik zum Thema Cybermobbing – Keine Maßnahmen zur Erhöhung der Sicherheit in den IKT

3.3 Welche Faktoren verringern das Risiko für Cybermobbing?

Während die Identifikation von Risikofaktoren eher einen pathogenetischen Ansatz verfolgt, gilt heutzutage das Interesse auch der Beachtung sogenannter *Schutzfaktoren*, die im Rahmen salutogentischer Modelle und Theorien in den vergangenen Jahren hervorgehoben werden. Der Begriff der *Salutogenese* wurde von dem amerikanischen Medizinsoziologen Aaron Antonovsky (*1923–†1994) geprägt, der Gesundheit als einen Prozess definierte, der aus einer Wechselwirkung von Risiko- und Schutzfaktoren besteht. Im Fokus dieses salutogenetischen Ansatzes stehen die Bedingungen, Eigenschaften, Umstände und Situationen, die Menschen gesund halten (vgl. Antonovsky, 1997). Daher gilt es beim Cybermobbing ebenfalls nicht nur zu schauen, welche Faktoren das Auftreten begünstigen können, sondern jene zu identifizieren, die präventiv wirken und verhindern, dass Kinder und Jugendliche Täter oder Opfer von Cybermobbing werden.

Bisher existieren verhältnismäßig wenige Studien, die explizite Schutzfaktoren gegen Cybermobbing berichten. Oftmals sind diese implizit den Risikofaktoren zu entnehmen. Beispielsweise lässt sich aus einigen Studien schließen, dass Jugendliche, die weniger Zeit im Internet oder mit dem Smartphone verbringen, logischerweise auch seltener von Cybermobbing betroffen sind (vgl. Casas et al., 2013; Davis & Koepke, 2016; Nixon, 2014; Sticca et al., 2013). Des Weiteren weisen einige Studien darauf hin, dass Cybermobbing oftmals mit einer eingeschränkten Empathiefähigkeit zusammenhängt (vgl. Ang & Goh, 2010; Casas et al., 2013; Pfetsch et al., 2014; Tokunaga, 2010). Es ist anzunehmen, dass ein normales oder sogar erhöhtes Maß an Empathie durchaus einen Schutzfaktor darstellt.

Fanti, Demetriou und Hawa (2012) weisen darauf hin, dass Eltern einen wesentlichen Einfluss haben und einen Schutzfaktor gegen Cybermobbing und Cyberviktimisierung darstellen können. Jugendliche, die sich von ihrer Familie unterstützt fühlen, zeigen ein geringeres Risiko für Cybermobbingerfahrungen. Ein intaktes soziales Netzwerk (Familie und Freunde) ist daher ein protektiver Faktor gegen Cyberviktimisierung (Fanti et al., 2012). Machmutow, Perren, Sticca und Alsaker (2012) konnten bestätigen, dass soziale Unterstützung von Freunden (z.B. in der Form, dass man mit ihnen über das Problem reden kann) die negativen Effekte der Cyberviktimisierung auf die Entstehung von depressiven Symptomen abmildern konnte. Weiterhin konnte der protektive Einfluss einer guten Mutter-Kind- sowie Vater-Kind-Beziehung in der Studie von Davis und Koepke (2016) gefunden werden.

Hinduja und Patchin (2013) untersuchten ebenfalls den Einfluss von Eltern, Lehrkräften und Gleichaltrigen auf das Cybermobbingverhalten von Jugendlichen der 6. bis 12. Jahrgangsstufe. Es zeigte sich, dass Teilnehmerinnen und Teilnehmer, die eine Sanktion von ihren Eltern oder ihrer Schule für ein entsprechendes Verhalten befürchteten, von einer geringeren Beteiligung am Cybermobbing berichteten. Es wirkt demnach präventiv, wenn Eltern und Lehrkräfte den Teenagern verdeutlichen, dass ein entsprechendes (Cyber-)Mobbingverhalten nicht angemessen ist und nicht geduldet wird. Es reicht allerdings nicht aus, wenn Eltern sich alleinig auf die Formulierung von Regeln bezüglich der Nutzung digitaler Medien beschränken. In der Studie von Davis und Koepke (2016) boten diese Regeln keinen Schutz vor Cyberviktimisierung, es zeigte sich vielmehr, dass eine qualitativ hochwertige Eltern-Kind-Beziehung einen wichtigen Schutzfaktor darstellte.

Hood und Duffy (2017) untersuchten die Beziehung zwischen Cyberviktimisierung und Cybertäterschaft in sozialen Netzwerken (hier: Facebook) bei Jugendlichen zwischen 12 und 19 Jahren ($N=175$). In ihrer Studie konnte das elterliche Monitoring als einziger Moderator identifiziert werden, der die Beziehung zwischen Cyberviktimisierung und Cybertäterschaft negativ beeinflusste und somit protektiv wirkte. Das bedeutet, dass Jugendliche, die Opfer von Cybermobbing in einem sozialen Netzwerk sind, seltener selbst zum Cyber-Täter werden, wenn ihre Eltern ein höheres Maß an Kontrolle auf ihre allgemeine Internetnutzung ausüben (Hood & Duffy, 2017). Ein positives Schulklima (Davis & Koepke, 2016) sowie eine allgemeine Zufriedenheit mit der Schule (Wachs, 2012) konnten ebenfalls als potenzielle Schutzfaktoren identifiziert werden. Wachs (2012) vermutet, dass (Cyber-)Mobbing mitunter eine Reaktion auf die Unzufriedenheit in der Schule sein kann.

Nach Müller, Pfetsch und Ittel (2014) kann eine *moralische Medienkompetenz* als Schutzfaktor sowohl gegen Cybermobbing als auch gegen Cyberviktimisierung gesehen werden. Sie definieren diese als „das Wissen, die Motivation und die Fähigkeit zur computergestützten zwischenmenschlichen Kommunikation, die dem Gesetz und den sozialen Normen entspricht“ (Müller et al., 2014, S. 645, Übers. durch die Autoren). Demnach setzt moralische Medienkompetenz einen verantwortungsvollen und kompetenten Umgang mit digitalen Medien voraus. Es konnte ein moderierender Effekt dieser Medienkompetenz auf die Zeit, die im Internet verbracht wird, gefunden werden (Müller et al., 2014). Jugendliche, die viel Zeit im Internet verbringen und wenig moralische Medienkompetenz besitzen, hatten ein erhöhtes Risiko für Cybermobbing und -viktimisierung, während Teenager mit einem ausgeprägten Maß dieser Kompetenz und gleicher Internetzeit eine geringere Wahrscheinlichkeit für Cybermobbingerfahrungen aufwiesen (Müller et al., 2014). Dies kann dadurch erklärt werden, dass eine höhere moralische Medienkompetenz dafür sorgt, dass weniger riskantes Online-Verhalten gezeigt und demnach weniger persönliche Informationen online veröffentlicht werden (Müller et al., 2014). Daher ist Medienkompetenz auch ein Baustein bestehender Präventionsprogramme gegen Cybermobbing, wie etwa dem *Medienheldenprogramm* von Schultze-Krumbholz, Zagorscak, Siebenbrock und Scheithauer (2012b, Abschnitt 5.1.2) und sie wird als Schutzfaktor gegen Cybermobbing verstanden (Petermann & von Marées, 2013). Für Kinder und Jugendliche, die Opfer traditionellen Mobbings geworden sind, steigt mit mangelnder Medienkompetenz das Risiko, auch Opfer von Cybergewalt zu werden (vgl. Petermann & von Marées, 2013).

In der Metaanalyse von Chen und Kollegen (2017) konnten weitere Schutzfaktoren identifiziert oder bestätigt werden. Hierbei zeigten personenbezogene Faktoren wie ein gewisses Maß an Verpflichtungsgefühl gegenüber der Schule, gute Fähigkeiten zum eigenen Emotionsmanagement, ein Vertrauen in die eigene Fähigkeit sich zu verteidigen sowie umweltbezogene Faktoren wie eine gute Eltern-Kind-Interkation und eine Kontrolle der Internetnutzung durch die Eltern eine protektive Wirkung gegenüber der Entstehung von Cybermobbing bzw. Cyberviktimisierung. Die Stärke dieser Zusammenhänge war zwar teilweise sehr gering, aber immer signifikant von Null verschieden (Chen et al., 2017), wodurch sie durchaus bei der Konzeption von Präventions- oder Interventionsprogrammen beachtet werden sollten.

Bei näherer Betrachtung fällt auf, dass die Ergebnisse zur Schutzfunktion der elterlichen Kontrolle hinsichtlich der Nutzung der digitalen Medien widersprüchlich sind. Einige Studien weisen die elterliche Kontrolle als potenziellen Schutzfaktor aus (Chen et al., 2017; Hood & Duffy, 2017), während andere genau diese Funktion nicht bestätigen (Davis & Koepke, 2016). Dieser Widerspruch lässt sich durch zwei Argumente aufklären: Zuerst sei betont, dass in der Metaanalyse (Chen et al., 2017) nur sehr kleine Einflüsse der elterlichen Kontrolle berichtet werden, sodass diese nicht überbewertet werden sollten. Der zweite Punkt besteht darin, dass keine der hier aufgeführten Studien berichtet, um welche genauen Vereinbarungen und Regeln es sich handelt oder durch wen und wie diese formuliert wurden. Anhand von zwei Beispielen soll der mögliche unterschiedliche Einfluss von Regeln verdeutlicht werden.

Beispiel 1

Der 14-jährige Max lebt mit seinen Eltern gemeinsam in einer kleinen Vorstadt. Er ist momentan mitten in der Pubertät und möchte am liebsten gar nichts mit seinen Eltern zu tun haben. Dies ist in diesem Alter ziemlich normal, da es im Sinne der Identitätsentwicklung zu Ablösungsprozessen kommen soll. Max liebt es, im Internet Spiele zu zocken oder mit seinen Freunden bei WhatsApp zu chatten. Er verbringt fast seine gesamte Zeit damit, wodurch seine Schulleistungen stetig schlechter werden. Seine Eltern sind von ihm und seinem Verhalten genervt, wodurch es des Öfteren zu Streitereien kommt, die selten ein gutes Ende finden.

Max' Eltern reicht es nun und sie stellen Regeln zur Internet- und Handynutzung auf, an die sich Max zu halten hat. Seine Eltern warnen ihn, dass ein Verstoß dieser Regeln dazu führt, dass sie ihm seinen Computer und sein Handy auf unbestimmte Zeit wegnehmen. Max ist wütend und hat nicht vor, sich an diese Regeln zu halten. Vor lauter Wut geht er erst einmal heimlich in sein Lieblings-Onlinespiel, um sich dort abzureagieren.

Beispiel 2

Der 13-jährige Toni lebt mit seinen Eltern gemeinsam mitten in einer Großstadt. Er ist momentan mitten in der Pubertät und möchte am liebsten gar nichts mit seinen Eltern zu tun haben. Toni liebt es, sein Leben mit seinen Freunden auf Facebook zu teilen oder mit ihnen bei Snapchat oder WhatsApp zu chatten. Er verbringt fast seine gesamte Zeit damit, wodurch seine Schulleistungen stetig schlechter werden. Tonis Eltern machen sich Sorgen um ihn, da sie merken, wie er sich immer mehr zurückzieht und kaum noch etwas von sich und seinem Leben erzählt. Deswegen setzten sie sich alle gemeinsam an einem Abend zusammen, um das Problem zu besprechen. Seine Eltern berichten ihm von ihren Beobachtungen und dass sie ihren „alten" Sohn vermissen. Sie verdeutlichen ihm außerdem, welche Auswirkungen ein exzessiver Internetkonsum haben kann und warum sie solche Folgen für ihn nicht möchten. Gemeinsam bespricht Toni mit seinen Eltern, auf welche Regeln sie sich bei der Internetnutzung und ihrer Dauer einigen können. Toni hat verstanden, dass er sich zu sehr von seinem realen Leben entfernt hat und dass das für ihn langfristig nicht gut ist. Außerdem freut er sich, dass seine Eltern sich Gedanken um ihn machen, aber ihn auch in die Entscheidungsfindung mit einbeziehen und nicht einfach übergehen.

Diese beiden Beispiele verdeutlichen, welchen Einfluss die Art und Weise der Vermittlung von Regeln auf die Erziehungserfolge der Eltern haben kann, obwohl sich die beiden Jugendlichen in einer vergleichbaren Ausgangslage befinden. Im ersten Beispiel von Max werden die Regeln keinen Schutzfaktor darstellen, da er nicht beabsichtigt, sie einzuhalten und auch nicht ihren Nutzen verstanden hat. Des Weiteren scheint es gerade in dieser Entwicklungsphase darauf hinaus zu laufen, dass er sich den Anweisungen „aus Trotz" bzw. zur Verdeutlichung seiner eigenen Autonomieentwicklung widersetzt. Im Gegensatz dazu legen Tonis Eltern im zweiten Beispiel mehr Wert auf die Beziehung zu ihrem Sohn und verdeutlichen diesem einerseits, wie wichtig ihnen ihre Beziehung zu ihrem Sohn ist. Andererseits klären sie ihn auch über potenzielle negative Auswirkungen auf, um dann mit ihm *gemeinsam* Regeln für die Nutzung aufzustellen. Dadurch erreichen sie, dass Toni seine eigene Autonomie nicht gefährdet sieht, da er seine Meinung einbringen und ebenfalls bei den Regeln mitbestimmen kann. Dies fördert wiederum seine Beziehung zu seinen Eltern sowie sein eigenes Verpflichtungsgefühl gegenüber den gemeinsamen Vereinbarungen. In diesem Fall kann eine protektive Wirkung der Kontrolle durch die Eltern angenommen werden. Aus wissenschaftlicher Sicht wären demnach moderierende Faktoren, die die Beziehung zwischen den Regeln zur Internetnutzung und der protektiven Wirkung beeinflussen, zu überprüfen. Moderatoren könnten beispielsweise die *Art und Weise* der Regelvermittlung, die *Inhalte* der Regeln sowie die *Eltern-Kind-Beziehung* sein. Kowalski und Kollegen (2016) konnten sogar feststellen, dass das elterliche Monitoring der Internetnutzung bei jungen Erwachsenen mit einer körperlichen oder psychischen Beeinträchtigung mit einem geringeren Ausmaß an depressiven Symptomen, weniger Ausgrenzungserfahrungen sowie einem erhöhtem Selbstwert einherging.

Überblick

Die aktuelle Forschungslage zu Schutzfaktoren im Bereich Cybermobbing ist aktuell noch sehr dürftig. Dies lässt sich vielleicht dadurch erklären, dass es sich bei dieser Thematik noch um ein verhältnismäßig junges Gebiet handelt. Dennoch lassen sich aus den vorangegangenen Ausführungen einige medien-, personen- und umweltbezogene Schutzfaktoren entnehmen, die in Tabelle 5 noch einmal zusammengefasst sind.

Tabelle 5: Medien-, personen- und umweltbezogene Schutzfaktoren von Cybermobbing und/oder Cyberviktimisierung

Medienbezogene Schutzfaktoren
• Kürzere bzw. eingeschränkte Computer- und Internetnutzungsdauer – Weniger riskantes Online-Verhalten
Personenbezogene Schutzfaktoren
• (Moralische) Medienkompetenz • Gewisses Maß an Verpflichtungsgefühl gegenüber der Schule • Gute Fähigkeiten zum eigenen Emotionsmanagement • Vertrauen in die eigene Fähigkeit sich verteidigen zu können • Gute Empathiefähigkeit
Umweltbezogene Schutzfaktoren
• Soziale Unterstützung – Freunde oder Familie = intaktes soziales Netzwerk – Gute Mutter-Kind- sowie Vater-Kind-Beziehung • (Elterliches) Monitoring – Klare Sanktionen von den Eltern (oder der Schule) für Cybermobbing – Kontrolle der Internetnutzung • Positives Schulklima – Allgemeine Zufriedenheit mit der Schule – Schulinterne Anti-Cybermobbing Politik

3.4 Motive für Cybermobbing

„Warum wird mein Kind im Internet gemobbt?“ oder „Warum macht jemand so etwas Hinterhältiges?“ Dies sind Fragen, die sich nicht nur die Betroffenen stellen, sondern auch ihre Bezugspersonen wie Eltern und Lehrkräfte. Die Gründe der Cyber-Täter können dabei vielfältig sein. Jugendliche Cyber-Täter wurden in mehreren Studien zu ihren Motiven für Cybermobbing befragt. Abbildung 16 gibt einen Überblick über die häufigsten Gründe, warum Kinder und Jugendliche andere im Internet mobben.

Das Bündnis gegen Cybermobbing e.V. (2017) hat sich mit dieser Frage in ihrer Studie näher beschäftigt und dabei festgestellt, dass Cyber-Täter am häufigsten angeben, dass das entsprechende Opfer die Attacke verdient hat oder dass sie vorher mit der Person schon Ärger oder Streit hatten. Rache stellt einen weiteren Grund dar. Hierbei geben die Cyber-Täter an, dass sie entweder sich selbst rächen wollen, weil ihr Opfer sie vorher auch gemobbt hat, oder sie rächen eine andere Person, die gemobbt wurde. Diese vier Gründe stellen alles Reaktionen auf eine vorangegangene Handlung dar und scheinen relativ „nachvollziehbar“ im Gegensatz zu Motiven wie „Langeweile“ oder „weil es Spaß macht“. Einige jugendliche Cyber-Täter gaben an, dass sie es einfach „cool“ finden, jemanden zu cybermobben oder sie machen es, weil sie selbst schlechte Laune haben. Das Cybermobbing scheint hier die Funktion der eigenen Emotions- bzw. Ärgerregulation zu erfüllen, das heißt erlebte Leere, Langeweile oder Ärgergefühle stellen Motive dar. Als letzte mögliche Ursache ist die Rolle als *Mitläufer* zu nennen. Einige Kinder und Jugendliche machen demnach einfach beim Cybermobbing mit und begründen ihre Handlung dadurch, dass „alle anderen es auch machen“ (Bündnis gegen Cybermobbing e.V., 2017). Emotions- und Ärgergefühle sowie Mitläufertum stellen eher niedere Beweggründe dar, die nicht als Reaktion auf eine vorherige Handlung zu sehen sind, sondern als eine eigene, aktive Handlung.

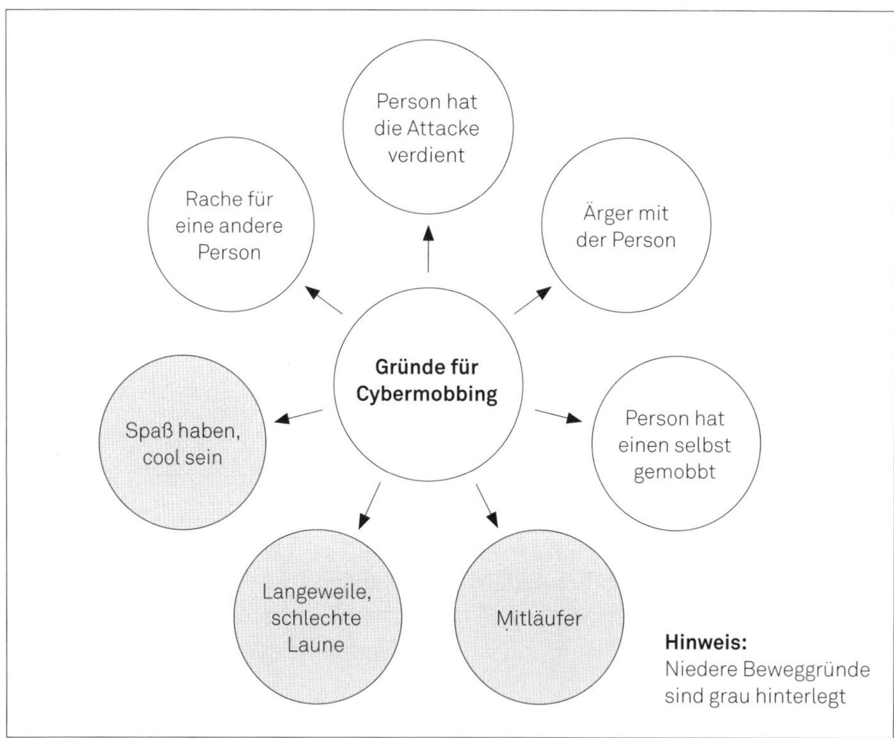

Abbildung 16: Zusammenfassung der Gründe für Cybermobbing (eigene Darstellung in Anlehnung an das Bündnis gegen Cybermobbing e.V., 2017)

Compton, Campbell und Mergler (2014) befragten mittels qualitativer Fokusgruppen 35 australische Lehrkräfte (*n*=11), Eltern (*n*=12) sowie Schülerinnen und Schüler (*n*=12) hinsichtlich ihrer Annahmen über mögliche Motive für Cybermobbing. Zum Schutz der Privatsphäre der Teilnehmerinnen und Teilnehmer wurde nicht erhoben, ob diese aktuell oder in der Vergangenheit Täter oder Opfer von Cybermobbing waren. Es ist dadurch nicht klar, ob die befragten Personen nur fiktive Antworten gaben oder aus ihrer eigenen Erfahrung heraus berichteten. Trotzdem ergaben sich einige interessante Ergebnisse, die auch in Teilen zu denen des Bündnisses gegen Cybermobbing (2017) passen. Es konnten sechs verschiedene Motive identifiziert werden, die überwiegend in allen drei Teilnehmergruppen genannt wurden:

(1) Vermeidung von Strafen und Konsequenzen,
(2) Rache,
(3) Anonymität,
(4) Macht und/oder Status,
(5) Spaß und/oder Langweile und
(6) Einfachheit (vgl. Compton et al., 2014).

In Tabelle 6 sind diese Motive noch einmal genauer aufgeführt und beschrieben. Für die befragten Lehrkräfte war das vermutete Hauptmotiv die Einfachheit, mit der Cybermobbing ausgeübt werden kann, während für die Eltern die Anonymität und für die Schülerinnen und Schüler die Vermeidung von Strafen und Konsequenzen die postulierten Hauptgründe darstellten. Ein interessanter Befund, der aus der Herangehensweise von Compton und Kollegen (2014) resultierte, besteht darin, dass Eltern vor allem die digitale Technik und damit verbundene Probleme als Auslöser bzw. Motiv für viele Cyber-Täter ansahen und sie diesen Aspekt als einflussreicher einschätzen, als beispielsweise Beziehungsaspekte zwischen dem Täter und dem Opfer (Compton et al., 2014). Allerdings reduzieren Eltern, die ausschließlich mit einer Einschränkung der Internetnutzung reagieren, ohne näher auf soziale Aspekte zu achten, das (Cyber-)Mobbing nur kurzfristig.

Tabelle 6: Motive für Cyber-Täterschaft (in Anlehnung an Compton et al., 2014)

Motiv	Beschreibung
Vermeidung von Strafen und Konsequenzen	Kinder und Jugendliche trauen sich im Internet Dinge zu sagen oder zu tun, die sie sich in einem persönlichen Kontakt nicht trauen würden. Dies ist durch ihre Anonymität im Internet bedingt, d.h. es kann oftmals nicht herausgefunden werden, wer für den Cybermobbingvorfall verantwortlich ist. Dadurch müssen die Cyber-Täter keine Angst vor direkten körperlichen Konsequenzen ihres Handelns haben (z.B. der Gegenwehr des Opfers) und indirekte Konsequenzen, wie z.B. Strafen von den Eltern, müssen auch nicht erwartet werden, da die Eltern nichts von den Vorfällen wissen. Dies kann für das Selbst- oder Fremdbild der Kinder und Jugendlichen nützlich sein, da sie dadurch ihre „weiße Weste" behalten können.
Rache	Kinder und Jugendliche nutzen Cybermobbing oftmals, um sich an Personen zu rächen, von denen sie entweder vorher selber gemobbt wurden oder über die sie sich geärgert haben. Des Weiteren hebelt das Internet auch das Merkmal des physischen Machtungleichgewichts aus, wodurch sich auch körperlich unterlegene Kinder oder Jugendliche rächen und zum Cyber-Täter werden können.
Anonymität	Die Anonymität bietet den Kindern und Jugendlichen die Möglichkeit, eine andere Person zu cybermobben, ohne dass später der Verdacht auf sie fällt. Außerdem können sie Dinge tun und sagen, die sie sich ggfs. im realen Leben nicht trauen würden. Ist diese Anonymität nicht gegeben, besteht die Vermutung, dass sich die Cyber-Täter vor allem Schwächere (körperlich, emotional oder psychisch) aussuchen, denen sie in einer realen Situation auch überlegen wären. Es ist weiterhin zu bedenken, dass einige Cyber-Täter gar nicht anonym agieren wollen, da sie sich mit ihren Taten rühmen wollen oder es ihnen egal ist, ob das Opfer sie kennt. Es kann auch sein, dass sie gerade durch ihre Bekanntheit den verursachten Schaden auf Seite des Opfers erhöhen wollen.
Macht/ Status	Soziale Netzwerke (z.B. Facebook, Instagram) bieten die Möglichkeit, den eigenen Status durch das „liken" und kommentieren der Inhalte anderer Personen, zu erhöhen. Es wird vermutet, dass Cyber-Täter durch ihre Handlungen versuchen, ein möglichst großes Publikum zu erreichen, das ihre Verhaltensweisen gutheißt und bewundert, um dadurch möglichst viele „Likes" zu erhalten. Die Macht erhalten Cyber-Täter dadurch, dass ihre Nachrichten, Bilder, Videos u.Ä. ein unüberschaubar großes Publikum erreichen, wodurch sich das Cyber-Opfer hilflos und ausgeliefert fühlt. Dies kann noch dadurch verstärkt werden, dass der Cyber-Täter anonym handelt.

Tabelle 6: Fortsetzung

Motiv	Beschreibung
Spaß/ Langweile	Es scheint, als wäre Cybermobbing für viele Kinder und Jugendliche eine Methode zum Zeitvertreib, da sie nichts Besseres mit ihrer Zeit anzufangen wissen und sich ansonsten langweilen würden. Cybermobbing kann für sie demnach eine Form von Unterhaltung darstellen, bei der sie sich potenzielle Opfer heraussuchen, um diese daraufhin zu cybermobben. Sie warten dann die Reaktionen der Online-Welt ab und können damit stundenlang beschäftigt sein, ohne dass sie sich in irgendeiner (vor allem körperlicher) Form anstrengen müssen.
Einfachheit	Cybermobbing ist einfacher auszuüben als traditionelles Mobbing, da der Cyber-Täter nicht in direktem Kontakt mit seinem Opfer steht, keine direkten Konsequenzen zu befürchten hat und die Auswirkungen seines Handelns nicht mitbekommt. Durch die technische Entwicklung und die damit entstehenden Möglichkeiten, können Kinder und Jugendliche andere fast „nebenbei“ cybermobben, da das Smartphone für die meisten mittlerweile zum ständigen Begleiter geworden ist. Cybermobbing ist demnach in vielerlei Hinsicht „ökonomischer“, als die traditionelle Form des Mobbings.

Eine Studie aus Österreich kann die hier bisher aufgeführten Ergebnisse bestätigen, da auch in ihrer Stichprobe *Wut/Ärger* und *Spaß* die beiden Hauptmotive der jugendlichen Cyber-Täter darstellten (N=1.461, Alter = 10–15 Jahre). Ferner wurden die *Zugehörigkeit* zu der eigenen Gleichaltrigengruppe, die eigene *Akzeptanz* innerhalb dieser Gruppe sowie die Demonstration einer gewissen *Macht* gegenüber dem Opfer genannt (Gradinger, Strohmeier & Spiel, 2012).

Überblick

Die Gründe, warum jemand andere cybermobbt, können sehr vielfältig sein und aus den unterschiedlichen Kontexten entstehen. Es gilt zu beachten, dass auch ein Cyber-Täter Hilfe benötigt, um das negative Verhalten loszuwerden. Auch ihm kann soziale Zuwendung von anderen Personen (z. B. Eltern, Lehrkräften oder Gleichaltrigen) oder ein angemessenes Selbstwertgefühl fehlen (Bündnis gegen Cybermobbing e. V., 2017).

Die unterschiedlichen Motive lassen sich erneut in medien-, personen- und umweltbezogene Gründe aufteilen, die Kinder und Jugendliche dazu antreiben jemanden zu cybermobben. Diese Zuordnung wird in Tabelle 7 veranschaulicht.

Tabelle 7: Medien-, personen- und umweltbezogene Motive von Cyber-Tätern

Medienbezogene Motive
• Anonymität • Einfachheit
Personenbezogene Motive
• Konflikte mit anderen Personen – Reaktion auf einen vorausgehenden Streit oder ein Ärgernis • „Cyber-Opfer hat die Attacke verdient“ – Rache (für sich oder andere Personen) • Eigene emotionale Lage – Langeweile (*Funktion*: Zeitvertreib) – Schlechte Laune (*Funktion*: Eigene Emotionsregulation) – Spaß (*Funktion*: Zeitvertreib/Unterhaltung)
Umweltbezogene Motive
• Zugehörigkeit/soziale Integration – Mitläufertum (*Funktion*: Akzeptanz innerhalb der Gleichaltrigengruppe erhöhen) – Macht gegenüber dem Opfer demonstrieren (*Funktion*: Eigenen Status innerhalb der Gleichaltrigengruppe erhöhen) • Vermeidung von Strafen und Konsequenzen

3.5 Entstehungsmodelle

Präventions- oder Interventionsprogramme sollten auf einer geprüften Theorie mit entsprechenden empirischen Ergebnissen beruhen, damit sie eine höchstmögliche Wirksamkeit aufweisen (vgl. Barlett, 2017; Petermann, 2013). Um zu verstehen, welche Mechanismen beispielsweise dazu führen, dass jemand zum Cyber-Täter wird, ist es notwendig, dass hierfür Theorien formuliert und getestet werden. Es handelt sich beim Cybermobbing noch um ein junges Forschungsfeld, weshalb es bisher keine explizite Theorie oder kein Entstehungsmodell gibt, auf das sich die Forscher geeinigt haben. In den nachfolgenden Abschnitten soll ein Überblick über einige aktuelle Erklärungsansätze zur Entstehung von Cybermobbing gegeben werden, die in der Literatur mehrfach auftauchen. Dabei handelt es sich vermehrt um Arbeiten, die auf den Studien von Icek Ajzen (1991) und seiner Theorie des geplanten Verhaltens aufbauen.

Abschließend wird exemplarisch ein Modell vorgestellt, dass gleichzeitig als *Entstehungs*modell und *Erklärungs*modell fungiert. *Einerseits* wird es genutzt, um den

Zusammenhang zwischen Cybermobbing und aggressivem oder delinquentem Verhalten zu erklären (vgl. Hay, Meldrum & Mann, 2010). *Andererseits* soll es vorhersagen können, warum Kinder und Jugendliche Cyber-Täter werden (vgl. Patchin & Hinduja, 2011). Die Beschreibung dieses Modells erscheint uns sinnvoll, da es verdeutlicht, wie unterschiedlich ein und dieselbe Theorie verwendet werden kann. Außerdem ist es nicht nur wichtig zu verstehen, warum und wie Cybermobbing entsteht, sondern auch, warum es ungünstige Verhaltensweisen bedingen kann. Beides sollte Basis von empirisch gesicherten Ergebnissen geschehen.

3.5.1 Exkurs: Aktualität der Theorie des geplanten Verhaltens von Ajzen (1991)

Nach Ajzen (1991) verfolgen Menschen mit ihren Handlungen immer ein bestimmtes Ziel. Die Absicht einer Person, eine bestimmte Handlung auszuführen, ist der beste Prädiktor für das aktuelle Verhalten der Person. Die Verhaltensabsicht wird dabei durch die Einstellung der Person zum geplanten Verhalten, der subjektiven Wahrnehmung davon, was andere über das Verhalten denken, sowie der wahrgenommenen Verhaltenskontrolle, wie schwer oder einfach die Handlung auszuführen ist, bestimmt. Daraus ergibt sich, dass je besser die eigene Einstellung zur geplanten Handlung, je positiver die wahrgenommene Meinung anderer und umso höher die wahrgenommene Verhaltenskontrolle für die geplante Verhaltensweise ist, desto stärker wird die Absicht der Person sein, das entsprechende Verhalten umzusetzen (Ajzen, 1991, Abb. 17). Pabian und Vandebosch (2014) schließen daraus, dass eine Einstellungsänderung für wirksame Präventions- und Interventionsprogramme notwendig ist. Sie begründen dies damit, dass persönliche Meinungen und Ansichten die entscheidenden Determinanten darstellen, die verändert werden müssen, um Verhaltensänderungen zu bewirken (vgl. Heirman & Walrave, 2012).

Die Theorie des geplanten Verhaltens wurde in der Vergangenheit des Öfteren dahingehend kritisiert, dass sie nicht präzise genug Verhaltensänderungen erklärt (ca. 20 bis 30 % aufgeklärter Varianz; vgl. Sheeran, 2002), um die Intention als den wichtigsten Prädiktor für Verhalten zu bezeichnen (z. B. Sniehotta, Presseau & Araújo-Soares, 2014). In einem aktuellen Kommentar zu diesem „Vorwurf" betont Ajzen (2015), dass es sich bei seiner Theorie nicht nur um eine Theorie der Verhaltensänderung handelt, sondern dass sie insbesondere erklären soll, wie Menschen eine Intention bilden, wovon dies abhängig ist und wie dies daraufhin das Verhalten beeinflussen kann. Nichtsdestotrotz sollte die Kritik an Ajzen beachtet werden, da gerade die Verhaltensänderung das Ziel vieler Präventionsprogramme darstellt und nicht nur die Intentionsbildung.

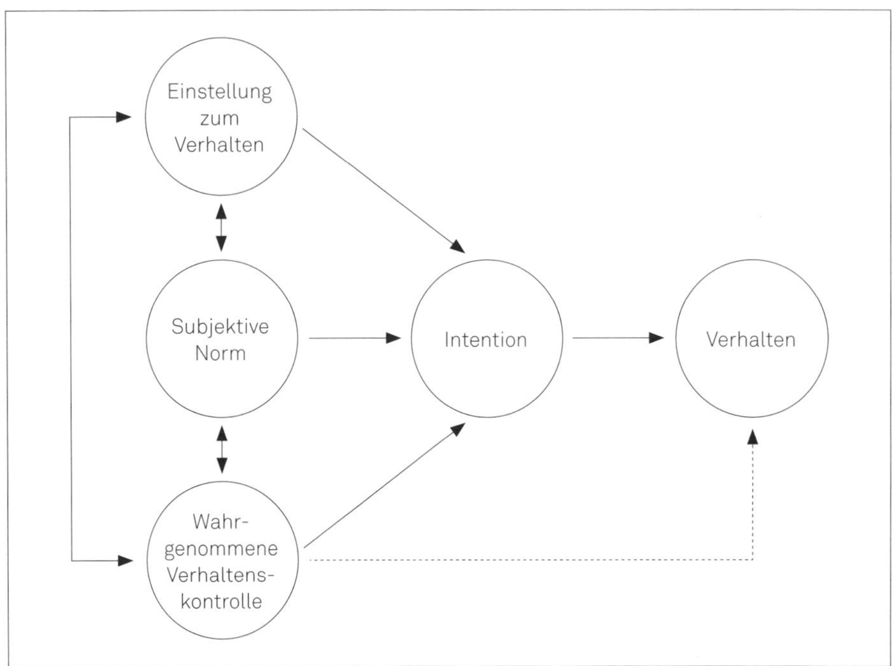

Abbildung 17: Die Theorie des geplanten Verhaltens nach Ajzen (1991; eigene Darstellung)

3.5.2 Cybermobbing und die Theorie des geplanten Verhaltens

Einige Studien haben die Theorie des geplanten Verhaltens (Ajzen, 1991) bereits im Zusammenhang mit dem Auftreten von Cybermobbing untersucht. Heirman und Walrave (2012) führten eine Untersuchung an 1.042 belgischen Jugendlichen im Alter von 12 bis 18 Jahren durch, um herauszufinden, inwieweit sich die Theorie des geplanten Verhaltens auf den Cybermobbing-Kontext übertragen lässt, um Cybermobbing-Täterschaft vorherzusagen. Ihre Ergebnisse zeigten, dass die drei Faktoren

(1) Einstellung zum Verhalten,
(2) subjektive Norm und
(3) wahrgenommene Verhaltenskontrolle

44,8 % der Varianz in der Cybermobbing-Intention erklärte. Für die tatsächliche (selbstberichtete) Cyber-Täterschaft drei Monate später, klärte die Verhaltensabsicht (Intention) 33,2 % der Varianz auf. Dieser Anteil ist als relativ hoch einzuschätzen (vgl. Sheeran, 2002), allerdings sind trotzdem 66,8 % des Verhaltens anderen Faktoren zuzuschreiben, die nicht durch das Modell erklärt werden. Die eigene Einstellung zum Cybermobbing konnte in dieser und in weiteren Studien als wichtigster Prädiktor für die Intention, jemanden zu cybermobben, identifiziert werden (Festl, 2016; Heirman & Walrave, 2012; Pabian & Vandebosch, 2014). Dies steht in Einklang mit anderen Ergebnissen, die verdeutlichen, dass Pro-Cyberbullying-Einstellungen als Risikofaktor für die Entstehung von Cybermobbing einzustufen sind (Festl et al., 2015).

Festl (2016) konnte in ihrer Studie an 1.428 deutschen Schülerinnen und Schülern der 7. bis 10. Klassenstufe feststellen, dass diese positiven Einstellungen zum Cybermobbing vor allem durch eine intensive soziale Internetnutzung (häufige Nutzung sozialer Netzwerke, um z. B. mit Freunden zu kommunizieren) gefördert werden. Dieser Befund erscheint uns nicht verwunderlich. Kinder und Jugendliche, die das Internet nicht nur zum Recherchieren von Informationen („googeln") nutzen, sondern vermehrt zur Online-Kommunikation und -Interaktion, haben häufiger die Gelegenheit, Cyber-Täter oder Cyber-Opfer zu werden. Demnach erhöht sich das Risiko, Erfahrungen mit Cybermobbing als Täter, Opfer oder Zuschauer zu machen, wodurch sich dann die jeweiligen positiven oder negativen Einstellungen ausformen.

Etwas weniger eindeutige Ergebnisse finden sich in der Längsschnittstudie von Pabian und Vandebosch (2014), die ebenfalls die Theorie des geplanten Verhaltens (Ajzen, 1991) im Rahmen von Cybermobbing untersuchten. An ihrer Studie nahmen 1.606 belgische Kinder und Jugendliche im Alter von 11 bis 17 Jahren teil. Die Ergebnisse verdeutlichen, dass die drei Komponenten der Theorie insgesamt 28,8 % der Varianz in der Intentionsbildung erklärten. Die tatsächliche Cyber-Täterschaft sechs Monate später konnte dabei nur zu 8,6 % von der Intention vorhergesagt werden. Trotzdem zeigte sich die Intention als signifikanter, wenn auch schwacher, Prädiktor für die spätere Cyber-Täterschaft (Pabian & Vandebosch, 2014). In diesem Fall konnte die Theorie des geplanten Verhaltens demnach viermal weniger Varianz des Verhaltens erklären, als in der Studie von Heirman und Walrave (2012). Dies könnte darauf zurückzuführen sein, dass Pabian und Vandebosch (2014) erst nach einem halben Jahr die Jugendlichen erneut befragten, während Heirman und Walrave (2012) dies schon nach drei Monaten taten.

Es stellt sich daher die Frage, inwieweit die Theorie in der Lage ist, langfristig die Cyber-Täterschaft vorherzusagen, wenn schon ein Unterschied von nur drei Monaten zu einer radikalen Abnahme der Varianzaufklärung führt. Hierfür fehlen zum jetzigen Zeitpunkt noch die entsprechenden Studien, die diese Frage beantworten könnten. Die Theorie besitzt außerdem einem höheren prädiktiven Wert für konkrete Verhaltensweisen (z. B. „jemandem zwei- bis dreimal am Tag gemeine Nachrichten bei WhatsApp schreiben"), als für allgemeine Handlungen (z. B. „jemanden mehrfach cybermobben", vgl. Fishbein & Ajzen, 2011; Pabian & Vandebosch, 2014). Da diese konkreten Formulierungen fehlten, könnte dies die Vorhersagekraft der Theorie des geplanten Verhaltens geschwächt haben.

Die Studie von Pabian und Vandebosch (2014) bietet noch weitere interessante Erkenntnisse, da die Autorinnen herausfinden wollten, welche konkreten Annahmen der Kinder und Jugendlichen hinter den verschiedenen Modellkomponenten standen. Sie wollten beispielsweise wissen, *warum* die Einstellungen positiv oder negativ waren, *welche* konkreten Gruppen einen positiven oder negativen Einfluss ausübten (soziale Norm) und *was genau* es schwierig oder einfach machte, Cybermobbing auszuüben. Die Ergebnisse unterstreichen, dass die Teilnehmerinnen und Teilnehmer Pro-Cybermobbing-Einstellungen hatten, wenn sie

- das Cybermobbing als eine Methode zum eigenen Spannungsabbau bzw. zur externen Emotionsregulation ansahen,
- ein positives Ergebnis erwarteten,
- dachten, dass es ihnen Vorteile innerhalb ihrer Gleichaltrigengruppe verschaffen würde (z.B. eine Zunahme ihrer Beliebtheit), und
- weniger negative Folgen erwarteten, wie z.B. Gewissensbisse oder bei den Gleichaltrigen unbeliebter zu werden.

Insgesamt erklärten die Annahmen der Kinder und Jugendlichen über die positiven oder negativen Folgen des Cybermobbings 24,6 % der Gesamtvarianz ihrer eigenen Einstellungen zum Verhalten. Hinsichtlich der sozialen Norm wurden 88,8 % der Varianz durch die Annahmen der Jugendlichen über die Einstellungen Anderer zu Cybermobbing, was andere tatsächlich tun und wieviel sozialer Druck wahrgenommen wird, erklärt. Dieser wahrgenommene soziale Druck, Cybermobbing auszuüben, stellte auch den stärksten Prädiktor für die soziale Norm dar, während die Toleranz des Cybermobbings seitens der Eltern und Lehrkräfte zwar signifikante, aber schwächere Einflüsse zeigte (Pabian & Vandebosch, 2014). Die stärksten Prädiktoren für die wahrgenommene Verhaltenskontrolle stellten die Online-Umgebung, welche durch Anonymität und Einfachheit geprägt ist, sowie die eigenen Fähigkeiten im Umgang mit den digitalen und sozialen Medien dar.

Insgesamt sind die Erkenntnisse für die Entwicklung von Programmen bedeutsam, die Cybermobbing verhindern oder reduzieren wollen und auf der Theorie von Ajzen (1991) aufbauen. Diese sollten ihren Fokus darauflegen, dass neutrale oder positive Einstellungen bezüglich des Cybermobbings bei den Kindern und Jugendlichen so verändert werden, dass sich Contra-Cybermobbing-Einstellungen entwickeln und somit das Risiko einer Cyber-Täterschaft reduziert wird. Dabei könnten Fähigkeiten zur Empathie oder Perspektivübernahme geschult werden, sodass Cyber-Tätern die Auswirkungen ihres Handelns bewusster werden. Dies hätte gleichzeitig einen Einfluss auf die subjektive Norm, also was die Gleichaltrigen über Cybermobbing denken, und würde somit „positiven" sozialen Druck hervorrufen, der ebenfalls dafür sorgt, dass die Jugendlichen kein Cybermobbing ausüben. Außerdem zeigen die Ergebnisse von Pabian und Vandebosch (2014), dass die Kinder und Jugendlichen auch darin geschult werden sollten, mit negativen Emotionen angemessen umgehen zu können, da viele das Cybermobbing als eine

Möglichkeit zum Abbau negativer Gefühle nutzten. Gleichzeitig sollte eine differenzierte Aufklärung über Cybermobbing stattfinden, sodass deutlich wird, dass Cybermobbing keinesfalls „sehr einfach" auszuüben ist, da es doch einige Möglichkeiten gibt, um Täter zu identifizieren und es ebenfalls rechtliche Konsequenzen nach sich ziehen kann. Durch diese Maßnahmen würde man die *wahrgenommene Verhaltenskontrolle* reduzieren und somit auch auf den letzten Faktor der Intentionsbildung aus der Theorie des geplanten Verhaltens Einfluss nehmen (vgl. Heirman & Walrave, 2012).

Damit Interventionen den größtmöglichen Effekt erzielen, erscheint es vor dem Hintergrund der vorgestellten Ergebnisse besonders sinnvoll, nicht nur schülerzentriert zu intervenieren, sondern beispielsweise eine gesamte Schulpolitik so auszurichten, dass von allen (pädagogischen) Fachkräften Cybermobbing nicht geduldet wird und ein positives Anti-Cybermobbing-Klima herrscht.

Hinweis

Die Theorie des geplanten Verhaltens (Ajzen, 1991) wird seit langer Zeit zur Erklärung menschlichen Verhaltens genutzt. Es muss jedoch beachtet werden, dass sie eher eine Theorie zur Erklärung der Intentionsbildung darstellt, die Phänomene vorhersagt, die *vor* der eigentlichen Verhaltensäußerung stehen (vgl. Ajzen, 2015). Für diese erklärt die Theorie relativ viel Varianz, während das darauffolgende tatsächliche Verhalten meistens schlechter vorhersagbar ist. Dies trifft auch bei den Studien zu, die die Theorie von Ajzen im Rahmen von Cybermobbing untersuchten.

Trotzdem belegen die Ergebnisse, dass die Theorie des geplanten Verhaltens im Rahmen von Cybermobbing die Cyber-Täterschaft zu einem nicht zu unterschätzendem Anteil erklären kann (z. B. Heirman & Walrave, 2012; Pabian & Vandebosch, 2014) und dass vor allem die eigenen Einstellungen der Kinder und Jugendlichen die Entstehung von Cybermobbing (oder zumindest die Intention zu cybermobben) beeinflussen.

Die Theorie kann demnach durchaus die Grundlage für Studien darstellen, die herausfinden wollen, warum Kinder und Jugendliche beabsichtigen jemanden online zu schikanieren.

Zukünftige Studien sollten explorieren, wie es dazu kommt, dass eine Intention tatsächlich in eine Cybermobbinghandlung umgesetzt wird, und welche Faktoren hierauf einen Einfluss nehmen. Dabei sei auf das *Prototype-Willingness-Modell* von Gibbons, Gerrard und Lane (2003) verwiesen, das die Theorie von Ajzen (1991) erweitern soll. Es integriert neben der Verhaltens*absicht* auch noch die Verhaltens*bereitschaft* und ist spezifisch auf das vermeintlich nicht-rationale Treffen von Entscheidungen bzgl. gesundheitsgefährdenden Verhaltensweisen (zu denen Cybermobbing auch gezählt werden kann) bei Jugendlichen ausgerichtet (Gerrard, Gibbons, Houlihan, Stock & Pomery, 2008; Gibbons et al., 2003).

3.5.3 Das Barlett-Gentile-Cybermobbing-Modell

Das Barlett-Gentile-Cybermobbing-Modell (BGCM) trägt den Namen seiner beiden Entwickler Christopher P. Barlett und Douglas A. Gentile. Es unterscheidet sich von anderen Entstehungsmodellen, die Cybermobbing erklären wollen, in der Hinsicht, dass es das erste psychologische Erklärungsmodell ist, das sich explizit auf den Online-Kontext bezieht (vgl. Barlett, 2017; Barlett & Gentile, 2012). Barlett (2017) hebt hervor, dass die bisherigen Theorien, die zur Erklärung von Cybermobbing herangezogen wurden wie beispielsweise die *Theorie des geplanten Verhaltens* (vgl. Heirman & Walrave, 2012), das *Allgemeine Modell der Aggression* (Kowalski, Giumetti, Schroeder & Lattanner, 2014) oder die kriminalsoziologische *General Strain Theory* (vgl. Patchin & Hinduja, 2011), nicht zwischen traditionellem Mobbing und Cybermobbing differenzieren, wodurch ihre Anwendbarkeit eingeschränkt scheint.

Das Barlett-Gentile-Modell basiert auf lernpsychologischen Erkenntnissen und soll erklären, welche psychischen Mechanismen bei der Entstehung von Cybermobbing involviert sind. Die Identifizierung dieser Prozesse ist sehr bedeutsam für die Entwicklung effektiver Präventions- und Interventionsprogramme, die zum Ziel haben, die Prävalenz von Cybermobbing zu reduzieren. Das Modell basiert auf Ergebnissen sozial-kognitiver Lerntheorien, die besagen, dass Erfahrungen mit oder die Exposition gegenüber irgendeinem Reiz immer eine Lernsituation für ein Individuum darstellt, in der es kognitive, affektive und erregungsbasierte Emotionen mit den sozialen und verhaltensbezogenen Ergebnissen dieses Stimulus in der unmittelbaren Situation paart (vgl. Barlett, 2017). Vereinfacht bedeutet dies, dass ein Mensch in einer spezifischen Situation auf eine bestimmte Art und Weise handelt oder reagiert und daraus, in Abhängigkeit des Erfolgs seiner Handlung sowie der Reaktion des sozialen Umfeldes, seine Lernerfahrungen gewinnt. Umso häufiger jemand für ähnliches Verhalten positiv verstärkt wird (z. B. durch Bekräftigung durch Andere) und eigene Vorteile durch sein Verhalten erlebt, ohne dass er negative Konsequenzen fürchten muss, desto eher entwickelt er auch positive Einstellungen gegenüber seinem gezeigten Verhalten. Dies fördert wiederum, dass das Verhalten häufiger und in ähnlichen Kontexten gezeigt und irgendwann zu einer automatischen Reaktion wird. Ein Beispiel in Infobox 3 soll verdeutlichen, wie dieser Prozess im alltäglichen Geschehen ablaufen könnte.

Infobox 3: Beispiel eines Lernprozesses

Lisa geht über den Schulhof und begegnet ihrer Mitschülerin Lara. Lisa mag Lara nicht wirklich und dies scheint auf Gegenseitigkeit zu beruhen. Als die beiden ins Gebäude gehen wollen, fangen sie an zu drängeln, weil keiner die andere vorlassen will *(Reiz)*. Daraufhin schubst Lisa ihre Mitschülerin kräftig zur Seite, sodass diese hinfällt. Lisa fühlt sich gut *(affektiv)* und denkt, dass Lara das endlich mal verdient habe *(kognitiv)*. Sie kann nun in Ruhe vor Lara das Gebäude betreten *(positives verhaltensbezogenes Ergebnis)*, während einige Mitschüler ihr zulachen *(positives soziales Ergebnis)*, weil sie die Situation lustig finden. Lisa fühlt sich cool und nimmt sich vor, Lara demnächst erst recht nicht mehr vorzulassen.

Dieses Beispiel verdeutlicht, wie soziale Lernprozesse ablaufen können und welchen Einfluss kognitive und affektive Komponenten sowie die Konsequenzen des Verhaltens haben. Wäre es in dem obigen Beispiel so, dass Lara aufstehen würde, um Lisa daraufhin zu hauen *(negatives verhaltensbezogenes Ergebnis)* oder hätte Lara einer Lehrkraft Bescheid gesagt, sodass Lisa Ärger bekommt *(negatives soziales Ergebnis)*, wäre die Wahrscheinlichkeit, dass Lisa in einer solchen Situation erneut aggressiv handelt, wesentlich geringer. Im obigen Beispiel ist es jedoch so, dass Lisa in ihrem Verhalten sogar von ihren Mitschülern positiv verstärkt wird. Sie lernt dadurch, dass sie durch aggressives Verhalten eher das bekommt, was sie will und zusätzlich auch noch die Anerkennung Anderer erhält.

Das BGCM baut auf diesem Ansatz auf und integriert die beiden Merkmale, die in der Literatur als die größten Unterschiede zwischen traditionellem Mobbing und Cybermobbing genannt werden: (1) Wahrgenommene Anonymität und (2) Irrelevanz der physischen Ausstattung einer Person (vgl. Vandebosch & Van Cleemput, 2008). Das Machtungleichgewicht, das beim traditionellen Mobbing häufig auf einem Unterschied der Muskelkraft zwischen Täter und Opfer beruht (Olweus, 1993), ist beim Cybermobbing in dieser Form nicht gegeben bzw. hat aufgrund der Distanz oder der Anonymität zwischen Täter und Opfer keinen entscheidenden Einfluss. Das Modell geht davon aus, dass ein Cyber-Täter nach der Ausübung der ersten Cyberattacke lernt, dass er wirklich anonym agieren kann und die Online-Welt jedem die Möglichkeit bietet, aggressiv zu handeln, da die eigene Körperkraft keine Rolle spielt (Barlett, 2017; Barlett, Chamberlin & Witkower, 2017a). Umso häufiger der Cyber-Täter andere cybermobbt, desto weiter bilden sich diese Überzeugungen aus und desto eher entwickelt er eine positive Einstellung gegenüber dem Cybermobbing. Diese Pro-Cybermobbing-Einstellung hat sich, wie bereits beschrieben, als eine der wichtigsten Prädiktoren sowohl für die Intentionsbildung eine Person zu cybermobben, als auch für die darauffolgende tatsächliche Cyber-Täterschaft gezeigt (vgl. Festl, 2016; Heirman & Walrave, 2012).

Insgesamt baut das BGCM auf vier Annahmen auf:

1. Bei jeder Cyberattacke lernt der Cyber-Täter, dass
   - er anonym ist.
   - körperliche Unterschiede keine Rolle spielen.

- Online-Aggression keine körperlichen Schäden (z. B. Narben) hinterlässt.
- er den verursachten Schaden beim Opfer nicht direkt sehen kann/muss.
- andere Personen (z. B. Eltern oder Lehrkräfte) ihn nur schwer identifizieren können, sodass er keine negativen Auswirkungen seines Handelns fürchten muss.

2. Nachdem die Überzeugungen internalisiert wurden und sich das Verhalten automatisiert hat, entstehen positive Einstellungen gegenüber dem Cybermobbing.
3. Die Pro-Cyberbullying-Einstellungen werden Teil der eigenen Persönlichkeit und sagen das darauffolgende Verhalten vorher.
4. Die Unterscheidung zwischen traditionellem Mobbing und Cybermobbing erscheint notwendig, da die Merkmale „wahrgenommene Anonymität" und „Irrelevanz der Muskelkraft" ausschließlich für Cybermobbing passen und sich daher auch die Lernprozesse der beiden Mobbingformen unterscheiden (Barlett, 2017; Barlett & Gentile, 2012).

Bei dem BGCM ist zu erkennen, dass auch dieses Modell davon ausgeht, dass vor allem die eigenen Einstellungen das nachfolgende Verhalten bedeutsam beeinflussen und vorhersagen können. Dies stimmt mit der vorausgehend vorgestellten Theorie des geplanten Verhaltens von Ajzen (1991) überein, bei der ebenfalls die Einstellungen die Intention und daraufhin das nachfolgende Verhalten beeinflussen (siehe Abschn. 3.5.1, Abb. 17). Hierbei berufen sich Barlett und Gentile (2012; Barlett, 2017) darauf, dass diverse Studien gezeigt haben, dass Einstellungen und Verhalten in einem positiven Zusammenhang stehen (für eine Meta-Analyse siehe Glasman & Albarracin, 2006) und im Konkreten, dass Pro-Cybermobbing-Einstellungen im Zusammenhang mit der Cybertäterschaft stehen (z. B. Barlett et al., 2017a; Festl et al., 2015).

Des Weiteren konnten Barlett und Gentile (2012) zeigen, dass die positiven Zusammenhänge zwischen Pro-Cybermobbing-Einstellungen und Cybermobbing signifikant höher waren, als die Korrelation zwischen den Pro-Cybermobbing-Einstellungen und dem traditionellen Mobbing. Dieses Ergebnis zeigte sich, obwohl traditionelles Mobbing und Cybermobbing ebenfalls eine starke Korrelation aufwiesen. Dieser Befund verdeutlicht, dass es wichtig ist, Modelle zur Erklärung von Cybermobbing heranzuziehen, die sich explizit auf den Online-Kontext beziehen und somit eine Differenzierung zwischen traditionellem Mobbing und Cybermobbing zulassen (Barlett, 2017).

Das Barlett-Gentile-Cybermobbing-Modell (Barlett & Gentile, 2012; Barlett, 2017; Barlett et al., 2017a) ist in Abbildung 18 noch einmal grafisch veranschaulicht. Die verschiedenen Komponenten konnten bereits in einer Quer- sowie in einer Längsschnittstudie an jungen Erwachsenen (Alter 18 bis 24 Jahre) empirisch überprüft und nachgewiesen werden (vgl. Barlett et al., 2017a; Barlett & Gentile, 2012). Eine Überprüfung, ob dieses Modell auch für Kinder und Jugendliche anwendbar ist

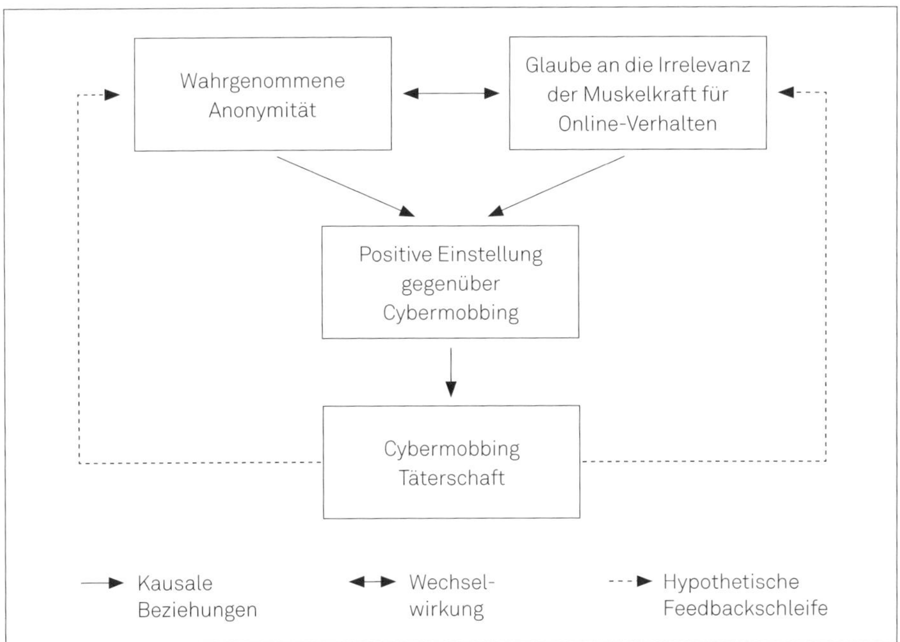

Abbildung 18: Das Barlett-Gentile-Cybermobbing Modell (eigene Darstellung modifiziert nach Barlett, 2017, S. 271)

und sich die Zusammenhänge auch bei dieser Zielgruppe finden lassen, steht bisher noch aus. Barlett (2017) gibt außerdem zu bedenken, dass das BGCM noch kein umfassendes Modell ist, da beispielsweise Persönlichkeitseigenschaften integriert werden müssten, die ebenfalls Einfluss auf die Einstellungen haben wie beispielsweise die Abkopplung von moralischen Werten und Normen (vgl. Chen et al., 2017). Außerdem erscheint es unrealistisch, dass die wahrgenommene Anonymität und die Irrelevanz der Muskelkraft die einzigen Lernergebnisse einer Cybermobbingattacke sind (Barlett, 2017). Daher gibt es auch hier noch weiteren Forschungsbedarf, um weitere Faktoren zu identifizieren, die ein Cyber-Täter aus seinen Handlungen lernt.

Hinweis

Das Barlett-Gentile-Cybermobbing-Modell (BGCM) ist das erste Modell, das sich explizit auf die Entstehung von Cybermobbing bezieht. Es baut auf den Erkenntnissen der Theorie des geplanten Verhaltens von Ajzen (1991) auf. Dabei stellen die eigenen positiven Einstellungen zum Cybermobbing den stärksten Prädiktor für die Cyber-Täterschaft dar. Diese werden von der wahrgenommenen Anonymität und der Irrelevanz der eigenen Muskelkraft im Internet beeinflusst. Diese beiden Faktoren sind explizit zur Erklärung von Cybermobbing herangezogen worden und sollen helfen, Cybermobbing von traditionellem Mobbing abzugrenzen.

Bisherige Studien zur Überprüfung des BGCM lassen offen, wieviel Varianz der Cyber-Täterschaft das Modell erklärt. Dadurch bleibt unklar, ob dieses Erklärungsmodell geeigneter ist als die Theorie des geplanten Verhaltens, um zuverlässig Cybermobbing vorherzusagen.

3.5.4 Die Theorie der Schutzmotivation

Im Gegensatz zur Theorie des geplanten Verhaltens (Ajzen, 1991) und dem Barlett-Gentile-Cybermobbing-Modell (Barlett & Gentile, 2012), die vor allem die Cyber-Täterschaft vorhersagen wollen, fokussiert die Theorie der Schutzmotivation von Ronald W. Rogers (1975, 1983) die Cyberviktimisierung. Das bedeutet, sie will nicht vorhersagen, warum jemand Cyber-Täter, sondern warum jemand zum Cyber-Opfer wird und welche Faktoren bedingen, dass derjenige eine Intention ausbildet, sich zu schützen.

Die Theorie ist mit ihren verschiedenen Komponenten in Abbildung 19 dargestellt. Sie besagt, dass die *Bedrohungseinschätzung* und die *Bewältigungseinschätzung* einer Person kognitive Prozesse darstellen, die aktiviert werden, sobald eine

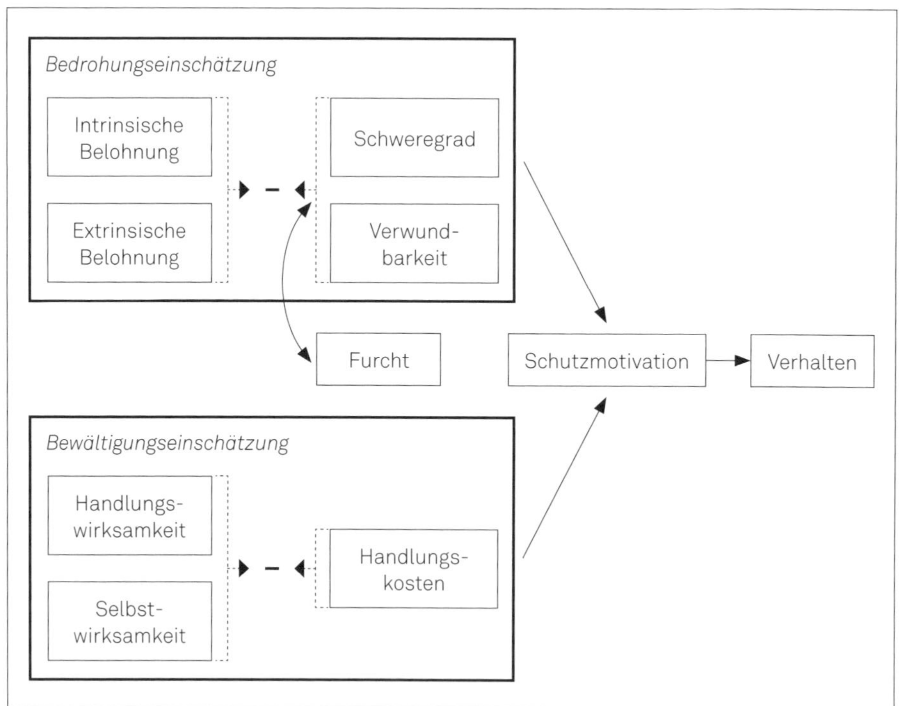

Abbildung 19: Die Theorie der Schutzmotivation von Rogers (1983, eigene Darstellung modifiziert nach Lippke & Renneberg, 2006, S. 39)

Bedrohung wahrgenommen wird. Dadurch bildet sich eine *Schutzmotivation* aus, die bewirkt, dass ein bestimmtes Verhalten gezeigt oder vermieden wird (Rogers, 1983). Die Bedrohungseinschätzung ergibt sich aus der Differenz zwischen der *intrinsischen* und *extrinsischen Belohnung* sowie dem wahrgenommenen *Schweregrad* der Bedrohung und der eigenen *Verwundbarkeit*. Die Bewältigungseinschätzung resultiert aus den beiden Faktoren *Handlungswirksamkeit* und *Selbstwirksamkeit*, von denen die wahrgenommenen *Handlungskosten*, im Sinne einer Kosten-Nutzen-Analyse, abgezogen werden (Lippke & Renneberg, 2006; Rogers, 1983).

Bei Cybermobbing wird diese Theorie verwendet, um das Sicherheitsverhalten der Kinder und Jugendlichen im Internet zu bestimmen, bzw. deren Motivation, sich sicher in der virtuellen Welt zu bewegen und sich mit den Sicherheitseinstellungen der verschiedenen Online-Dienste zu beschäftigen. Eine Schutzmotivation wird aktiviert, wenn der *Schweregrad* („Ich finde es schlimm, wenn jemand Dinge im Internet über mich veröffentlicht, um mir absichtlich zu schaden.") und die eigene *Verwundbarkeit* („Die Wahrscheinlichkeit ist groß, dass jemand Dinge im Internet über mich veröffentlicht, um mir absichtlich zu schaden.") hoch eingeschätzt werden. Davon werden die *intrinsische Belohnung* („Ich fühle mich wohler, wenn ich mich vor Cybermobbing schütze.") und die *extrinsische Belohnung* („Meine Eltern loben mich, wenn ich mich kompetent im Internet verhalte.") abgezogen. Des Weiteren wird eine Kosten-Nutzen-Analyse der eigenen *Handlungswirksamkeit* („Wenn ich keine privaten Daten von mir im Internet preisgebe, schützt mich das vor Cybermobbing.") und der eigenen *Selbstwirksamkeit* („Ich weiß, wie ich meine persönlichen Daten schützen kann.") mit den aufzubringenden *Handlungskosten* („Wenn ich mich verantwortungsvoll im Internet bewege, finden mich meine Freunde vielleicht weniger cool.") angestellt. Aus dieser Bedrohungs- und Bewältigungseinschätzung entsteht dann die *Schutzmotivation* („Ich habe die Absicht, keine privaten Daten von mir im Internet weiterzugeben.") und die *Verhaltensänderung* (sicheres und kompetentes Online-Verhalten; vgl. Lwin, Li & Ang, 2012).

Einige Autoren konnten die Theorie bereits erfolgreich auf den Cybermobbingkontext übertragen. In einer Studie an 537 Jugendlichen im Alter von 12 bis 19 Jahren zeigte sich, dass die Intention, sicheres Online-Verhalten zu zeigen, von

- dem wahrgenommenen Schweregrad des Cybermobbings,
- der wahrgenommenen Handlungswirksamkeit des Online-Schutzverhaltens sowie von
- der wahrgenommenen Selbstwirksamkeit bei der Durchführung des Verhaltens beeinflusst wurde (Lwin et al., 2012).

Damit konnten zumindest drei der vier wichtigen Hauptkomponenten der Theorie der Schutzmotivation (Rogers, 1975, 1983) als positive Prädiktoren identifiziert werden. Die eigene Verwundbarkeit war für die Ausbildung der Schutzmotivation nicht bedeutsam (Doane, Boothe, Pearson & Kelley, 2016; Lwin et al., 2012). Trotzdem scheinen Jugendliche im Rahmen von Cybermobbing ähnliche kognitive Bewertungsprozesse zu durchlaufen, wie es bei anderen gesundheitsgefährdenden Verhaltensweisen der Fall ist. Dies konnte von Doane und Kollegen (2016) bestätigt werden. In ihrer Studie waren ebenfalls der wahrgenommene Schweregrad, die eigene Handlungswirksamkeit sowie die eigene Selbstwirksamkeit positive Prädiktoren der Verhaltensabsicht, sich mehr im Internet zu schützen. Dies stand wiederum im Zusammenhang mit weniger riskantem Online-Verhalten und somit mit einer geringeren Wahrscheinlichkeit, Opfer von Cybermobbing zu werden. Dabei konnte die Theorie der Schutzmotivation ungefähr 30 % der Varianz der Cyberviktimisierung erklären (Doane et al., 2016).

Eine Metanalyse von Milne, Sheeran und Orbell (2000) ergab, dass die erlebte Selbstwirksamkeit den wichtigsten Prädiktor für die Ausbildung der Schutzmotivation darstellt. Lwin und Kollegen (2012) konnten weiterhin belegen, dass es dabei Unterschiede zwischen Jungen und Mädchen zu geben scheint. In ihrer Studie zeigten Jungen mit einer hohen Selbstwirksamkeit eine höhere Verhaltensabsicht, als Mädchen mit einer hohen Selbstwirksamkeit (Abb. 20). Dieser Zusammenhang war bei jüngeren Jugendlichen stärker als bei älteren.

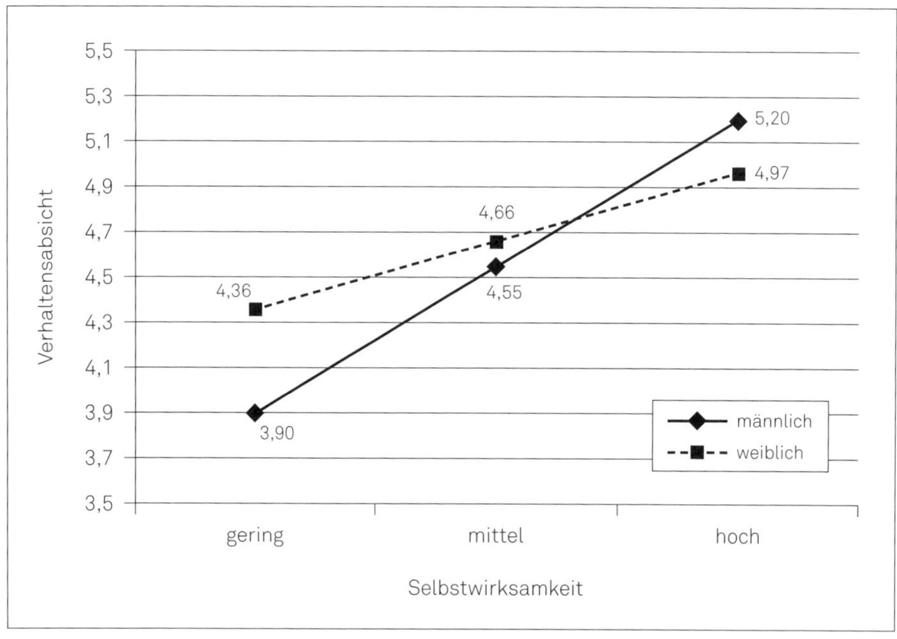

Abbildung 20: Interaktion zwischen wahrgenommener Selbstwirksamkeit, Geschlecht und Verhaltensabsicht (eigene Darstellung modifiziert nach Lwin et al., 2012, S. 38)

Aus diesen Ergebnissen lässt sich schließen, dass Programme, die darauf abzielen, das Sicherheitsverhalten der Kinder und Jugendlichen im Internet zu erhöhen, vor allem den Schweregrad von Cybermobbing betonen und Handlungsstrategien vermitteln sollten, um die Schutzmotivation zu erhöhen. Es sollten demnach auch die negativen Auswirkungen von Cybermobbing erläutert und diskutiert werden. Weiterhin empfiehlt es sich, die Bewältigungsfähigkeiten der Kinder und Jugendlichen zu fördern, sodass sie sich vor Cybermobbing schützen und in konkreten Situationen kompetent handeln können. Dies erhöht die Selbstwirksamkeits- und Handlungswirksamkeitserwartung, welches besonders bei jüngeren, männlichen Jugendlichen wichtig scheint.

Hinweis

Die Theorie der Schutzmotivation (Rogers, 1975, 1983) ist nicht speziell auf den Cyberkontext ausgerichtet. Dennoch scheint sie geeignet zu sein, um Cyberviktimisierung zu einem gewissen Anteil vorhersagen zu können (ca. 30 % Varianzaufklärung, Doane et al., 2016). Eine Vermittlung von Wissen über Cybermobbing, das sich beispielsweise auf die negativen Auswirkungen von Cybermobbing und die Vermittlung von (präventiven) Handlungsstrategien bezieht, scheint auf Grundlage der Theorie der Schutzmotivation vielversprechend, um einen sicheren Umgang im Internet zu fördern. Entsprechende Präventions- und Interventionsprogramme sollten früh implementiert werden, da jüngere, männliche Jugendliche dann besonders profitieren können (vgl. Lwin et al., 2012).

Interessant ist, dass in den vorgestellten Studien die eigene wahrgenommene Verwundbarkeit der Kinder und Jugendlichen keinen Einfluss auf die Ausformung der Schutzmotivation hatte. Das bedeutet, dass die meisten Jugendlichen davon ausgehen, dass sie nicht von Cybermobbing betroffen sein werden. Worauf diese Annahme gründet, konnten die aufgeführten Studien nicht explorieren. Dies sollte daher in zukünftigen Studien analysiert werden.

Es stellt sich die Frage, ob die wahrgenommene eigene Verwundbarkeit tatsächlich in keinem positiven Zusammenhang zur Schutzmotivation steht (wie bisherige Ergebnisse zeigen) oder ob bei den Kindern und Jugendlichen das Bewusstsein über ihre eigene Verwundbarkeit schlichtweg fehlt. Sollte letzteres der Fall sein, wäre dies ein wichtiger Ansatzpunkt für zukünftige Maßnahmen, die die Prävention von Cybermobbing und den Abbau riskanten Online-Verhaltens zum Ziel haben.

3.5.5 Die General Strain Theory

Die General Strain Theory (GST; Agnew, 1992) ist eine Theorie, die von dem US-amerikanischen Soziologen und Kriminologen Robert Agnew (*1953) entwickelt wurde und einen Erklärungsansatz für kriminelles Handeln darstellt. Er unterscheidet in seiner Theorie zwischen drei unterschiedlichen Typen sozialer Belastung *(strain)*:

(1) Das Unvermögen, positiv besetzte Ziele zu erreichen (z.B. zu wenig Geld, um sich materielle Wünsche zu erfüllen),
(2) der Wegfall angenehmer, positiver Zustände (z.B. Ende einer Partnerschaft) und
(3) die Konfrontation mit unangenehmen, negativen Zuständen (z.B. körperlicher Missbrauch; vgl. Patchin & Hinduja, 2011).

Aus diesen drei Belastungen können negative Emotionen wie Wut, Angst oder Enttäuschung entstehen, wenn ein Individuum nicht die nötigen Bewältigungsstrategien besitzt, um mit diesen Gefühlen funktional umzugehen. Dadurch werden dysfunktionale, externe Bewältigungsformen wie beispielsweise kriminelle Handlungen (hier: Cybermobbing) begünstigt (Agnew, 1992). Dieser Prozess der General Strain Theory ist in Abbildung 21 noch einmal veranschaulicht. An dieser Stelle wollen wir noch einmal hervorheben, dass die Theorie *nicht* davon ausgeht, dass Belastungen per se zu aggressivem Verhalten führen, sondern dass der Prozesscharakter der General Strain Theory beachtet werden muss (vgl. Agnew, 1992).

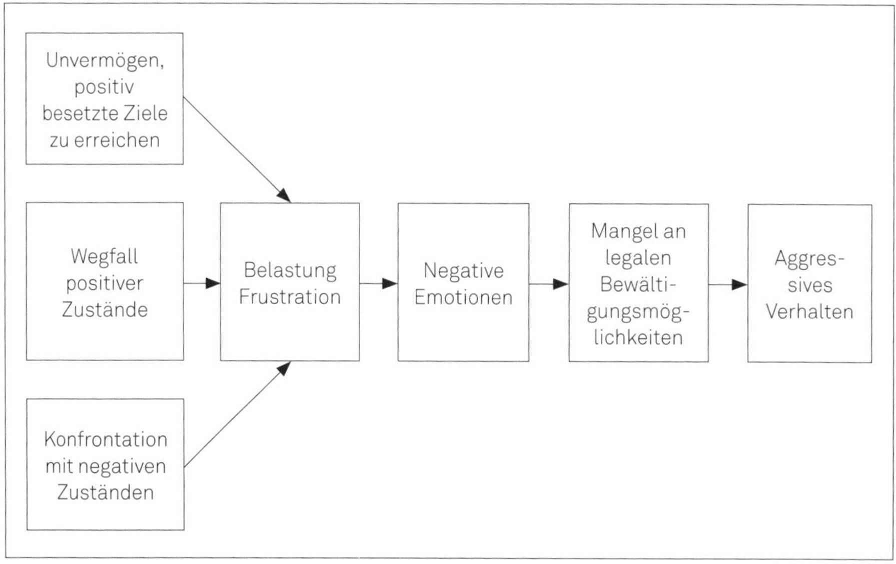

Abbildung 21: Modell der General Strain Theory (eigene Darstellung in Anlehnung an Agnew, 1992)

Jang, Song und Kim (2014) untersuchten den Zusammenhang zwischen der Opferschaft bei traditionellem Mobbing und Cybermobbing, basierend auf der General Strain Theory. Dabei gingen sie davon aus, dass traditionelle Viktimisierung negative emotionale Belastungen verursacht. Diese negative Belastung führt dazu, dass Jugendliche das Cybermobbing als externe Bewältigung der Belastung nutzen. Die Ausübung wird dabei als relativ einfach angesehen, da man im Internet sehr anonym agieren kann (Jang et al., 2014). Insgesamt soll die General Strain Theory den Zusammenhang zwischen traditionellem Mobbing und daraus resultierender Cyber-Täterschaft erklären. Die Ergebnisse von Jang und Kollegen (2014) sprechen für die Annahmen der GST, da sie in ihrer Studie (N=3.238) einen signifikanten Zusammenhang zwischen der traditionellen Viktimisierung und darauffolgender Cyber-Täterschaft finden konnten. Die Jugendlichen nutzten dabei das Cybermobbing, um ihre Belastungen abzubauen bzw. ihre Emotionen zu regulieren. Des Weiteren zeigte sich, dass umso mehr weitere Belastungen die Jugendlichen hatten (finanziell oder familiär), desto häufiger waren sie Cyber-Täter. Dies steht in Einklang mit den Annahmen der General Strain Theory.

Eine Studie von Patchin und Hinduja (2011) verfolgte denselben Ansatz. Die Autoren gingen davon aus, dass belastende Ereignisse unterschiedliche negative Emotionen hervorrufen, die dann dazu führen, dass einige Jugendliche Mobbingverhalten (traditionell und cyber) zeigen. Im Sinne der General Strain Theory stellt die Cyber-Täterschaft das delinquente Verhalten dar, das durch vorherige Belastungen und negative Emotionen ausgelöst wird. Patchin und Hinduja (2011) überprüften die Anwendbarkeit der GST an 1.963 US-amerikanischen Jugendlichen der 6. bis 8. Jahrgangsstufe. In ihrer Stichprobe gaben 21% der Jugendlichen an, in den letzten 30 Tagen Täter von Cybermobbing gewesen zu sein. Der Zusammenhang zwischen Belastungen und Cyber-Täterschaft konnte ebenfalls bestätigt werden. In Einklang mit der General Strain Theory steht ihr Ergebnis, dass die erlebten Belastungen zu negativen Emotionen, vor allem Wut und Frustration, führten. Allerdings stellten die negativen Gefühle keinen Mediator des Zusammenhangs zwischen Belastungen und Cybermobbing dar. Das bedeutet, dass Belastungen zu Cybermobbing führen können, auch wenn keine negativen Emotionen erlebt werden. Dieses Ergebnis steht im Widerspruch zu den Annahmen der General Strain Theory.

Hay, Meldrum und Mann (2010) wollten ebenfalls die GST im Rahmen von (Cyber-)Mobbing explorieren. Im Unterschied zu den beiden anderen Studien sahen sie das Cybermobbing nicht als Konsequenz vorausgehender Belastungen, sondern das Cybermobbing bzw. die Cyberviktimisierung selbst wurde als Belastung angesehen. Somit stellt es an dieser Stelle einen Auslöser für darauffolgendes Verhalten dar.

Hay und Kollegen (2010) gingen weiter davon aus, dass Belastungen nicht nur zu einer externalisierenden Bewältigung in Form von kriminellem Verhalten führen können, sondern auch internalisierende ungünstige Bewältigungsstrategien, wie beispielsweise Suizidgedanken oder selbstverletzendes Verhalten, beachtet werden sollten. Dies passt zu der Annahme der GST, dass Menschen auf unterschiedliche Art und Weise mit Belastungen umgehen (Agnew, 1992). Es ist nicht verwunderlich, dass diese Möglichkeit bisher kaum Beachtung gefunden hat, da es sich bei der GST um eine kriminalsoziologische Theorie handelt, die auf kriminelle Handlungen ausgerichtet ist, zu denen beispielsweise selbstverletzendes Verhalten nicht zu zählen ist. Bei der Anwendung der Theorie auf den Mobbing- und Cybermobbingkontext sollte dieser Aspekt jedoch definitiv beachtet werden, da es ansonsten passieren kann, dass einige Betroffene nicht richtig klassifiziert werden können und somit Ergebnisverzerrungen entstehen (vgl. Hay et al., 2010). Außerdem verändern sich je nach Bewältigungsform (externalisierend oder internalisierend) auch die dazu passenden Interventionsstrategien.

Die Studie von Hay et al. (2010) an 400 US-amerikanischen Kindern und Jugendlichen im Alter von 10 bis 21 Jahren konnte bestätigen, dass bei Cybermobbing eine internalisierende (selbstverletzendes Verhalten und Suizidgedanken) und eine externalisierende Bewältigung (Delinquenz) stattfindet. Dabei nutzten die Teilnehmerinnen und Teilnehmer bedeutsam häufiger internalisierende als externalisierende Bewältigungsstrategien und dies trat vermehrt bei den Jungen auf (Hay et al., 2010). Dieser Befund ist überraschend, da Jungen üblicherweise eher zu externalisierenden (aggressiven) Verhaltensweisen neigen, während mehr Mädchen internalisierende Symptome aufweisen. Hay und Kollegen (2010) erklären ihr Ergebnis damit, dass das Cybermobbing gerade bei männlichen Jugendlichen zu einer sozialen Isolation führt, die sie immer mehr aus ihrer Gleichaltrigengruppe ausschließt. Dies wiederum begünstigt dann internalisierende Bewältigungsformen. Eine weitere Erklärung wäre, dass Mobbing und Cybermobbing bei Jungen meistens schwerwiegendere Ausprägungen aufweisen und es dadurch häufiger und schneller zu einem sozialen Rückzug (z. B. aus Angst) kommt und somit eine internalisierende Bewältigung begünstigt wird (vgl. Hay et al., 2010).

Hinweis

Die sozialkriminologische General Strain Theory von Agnew (1992) wird in der Literatur sowohl als Entstehungsmodell für Cybermobbing (Täterschaft) verwendet als auch zur Erläuterung, warum Cybermobbing zu delinquentem Verhalten führen kann. Für die vorgestellten Studien erscheinen beide Ansätze plausibel. Der dadurch entstehende Interpretationsspielraum verdeutlicht, dass dringend Längsschnittstudien benötigt werden, um kausale Zusammenhänge erklären zu können.

Zwei wesentliche Erkenntnisse sind hervorzuheben:

- Wenn die GST zur Erklärung des Zusammenhangs von Cybermobbing und darauffolgenden destruktiven (delinquenten) Verhaltensweisen genutzt wird, sollte im Rahmen von Cybermobbing beachtet werden, dass Menschen sich ihren Bewältigungsformen unterscheiden. In bisherigen Forschungen zur GST wurden vor allem kriminelle Verhaltensweisen als Bewältigungsform des Cybermobbings betrachtet, während internalisierende Bewältigungsformen (z.B. Suizidgedanken oder selbstverletzendes Verhalten) nicht integriert wurden. Diese treten jedoch besonders im Zusammenhang mit Cybermobbing auf (vgl. Hay et al., 2010).

- Außerdem sollten Präventions- und Interventionsprogramme auf Basis der vorgestellten Ergebnisse besonders auf die Emotionsregulations- und Bewältigungsfertigkeiten von Kindern und Jugendlichen abzielen. Damit könnte verhindert werden, dass Belastungen und ggfs. entstehende negative Emotionen durch delinquentes Verhalten reguliert werden. Hier würden sich beispielsweise Stress-Management-Trainings empfehlen sowie eine Schulpolitik, die ein offenes und vertrauensvolles Klima fördert. Dadurch kann es Kindern und Jugendlichen einfacher gemacht werden, sich einer Vertrauensperson gegenüber zu öffnen und somit die durch Belastungen entstehenden negativen Emotionen nicht alleine bewältigen zu müssen.

Zusammenfassung

Bereits jüngere Kinder können Erfahrungen mit Cybermobbing machen. Das frühzeitige Erkennen und Wahrnehmen von psychischen Risikofaktoren und Symptomen im Zusammenhang mit Cybermobbing ist daher wichtig, da Erwachsene (Lehrkräfte, Eltern, Erzieher etc.) dadurch schon frühzeitig mögliche Täter oder Opfer identifizieren und rechtzeitig eingreifen können (vgl. Kowalski et al., 2012b; Sourander et al., 2010).

Prädiktoren für Cybermobbing sind beispielsweise eine riskante Internetnutzung, eine frühere Beteiligung an (Cyber-)Mobbing oder eine starke Abkopplung von moralischen Werten und Normen. Zusätzlich sollte bedacht werden, dass Kinder und Jugendliche mit einer körperlichen oder psychischen Beeinträchtigung ein zusätzlich erhöhtes Risiko haben, Opfer oder Täter von Cybermobbing zu werden. Zudem existieren einige Faktoren, die das Auftreten von Cybermobbing verhindern oder zumindest verzögern können. Zu diesen zählen beispielsweise eine vertrauensvolle Eltern-Kind-Beziehung sowie eine gut ausgeprägte Medienkompetenz.

Die Motive der Kinder und Jugendlichen für Cybermobbing können sehr unterschiedlich sein. Einige nutzen es als Möglichkeit, sich an anderen zu rächen, während andere es nur aus Langeweile oder Spaß ausüben. Des Weiteren bietet das Internet eine Welt, in der Anonymität herrscht, sodass das eigene aggressive Verhalten der Kinder von Bezugspersonen unentdeckt bleiben kann. Zusätzlich kann es eine Möglichkeit bieten, sich den Problemen in der Realität zu entziehen.

In diesem Kapitel wurden außerdem verschiedene Entstehungsmodelle für Cybermobbing vorgestellt. Dabei unterscheiden sie sich darin, ob sie die Cyber-Täterschaft oder die Cyber-Opferschaft erklären wollen. Während die Theorie des geplanten Verhaltens von Ajzen (1991) und das Barlett-Gentile-Cybermobbing-Modell (Barlett & Gentile, 2012) zu erklären versuchen, warum jemand zum Cyber-Täter wird, konzentriert sich die Theorie der Schutzmotivation von

Rogers (1975, 1983) darauf, welche Faktoren die Entstehung von Cyberviktimisierung begünstigen. Die General Strain Theory von Agnew (1992) bietet einen weiteren Ansatz, da sie nicht nur versucht, die Entstehung von Cybermobbing zu erklären, sondern von einigen Forschern auch als Erklärungsmodell für aggressives Verhalten durch vorausgehende Cyberviktimisierung genutzt wird.

Ob Cybermobbing auftritt oder nicht, hängt entscheidend von den eigenen Einstellungen gegenüber Cybermobbing ab (z. B. Barlett, 2017; Festl, 2016) sowie von negativen Emotionen, die über die Ausübung von Cybermobbing reguliert und abgebaut werden (z. B. Jang et al., 2014). Bei der Vorhersage von Cybermobbing können die unterschiedlichen Modelle bisher nur bis zu ungefähr 30 % der Gesamtvarianz erklären (z. B. Heirman & Walrave, 2012). Dies deutet darauf hin, dass es in dieser Hinsicht noch einigem Forschungsaufwand bedarf, bevor ein umfassendes Erklärungsmodell postuliert werden kann. Hierbei scheint es wichtig, dass die besonderen Eigenschaften der virtuellen Welt, wie die vorherrschende Anonymität sowie die Irrelevanz der Muskelkraft, in entsprechende Modelle und Theorien integriert werden.

Kapitel 4
Auswirkungen von Cybermobbing

Cybermobbing und Cyberviktimisierung stehen im Zusammenhang mit der Entstehung von verschiedenen psychischen und psychosomatischen Problemen. Dies konnte vor allem bei denjenigen Betroffenen festgestellt werden, die gleichzeitig Cyber-Täter und Cyber-Opfer (Cyber-Täter-Opfer) sind (Gualdo et al., 2015; Sourander et al., 2010; Uusitalo-Malmivaara & Lehto, 2016). Einige Studien kommen zu dem Ergebnis, dass Opfer von Cybermobbing mehr internalisierende und externalisierende Symptome zeigen als traditionelle Mobbingopfer (Waasdorp & Bradshaw, 2015). Es muss jedoch beachtet werden, dass die Auswirkungen von Cybermobbing und ihr Schweregrad auch von der Wahrnehmung und Bewertung des Opfers abhängen. Des Weiteren berichten vor allem Jugendliche, die gleichzeitig Opfer von traditionellem und Cybermobbing sind, von schwerwiegenderen Auswirkungen und mehr Betroffenheit als Jugendliche, die beispielsweise nur reine Cyber-Opfer sind (Cross et al., 2015).

4.1 Einflussfaktoren auf den Schweregrad von Cybermobbing

Corby und Kollegen (2016) untersuchten in einer Studie an 156 Kindern und Jugendlichen im Alter von 10 bis 17 Jahren, welche Gründe Opfer von Mobbing und Cybermobbing angeben, um zu beschreiben, welche der beiden Formen des Mobbings für sie schlimmer war. Die Ergebnisse zeigen, dass die meisten Jugendlichen (59 %) traditionelles Mobbing und nur 15 % Cybermobbing als am schlimmsten wahrnahmen. Ein weiterer Teil der Befragten (26 %) bewertete Mobbing und Cybermobbing als gleich schlimm. In der Studie wurde daraufhin der Frage nachgegangen, an welchen Faktoren die Kinder und Jugendlichen festmachten, welche Art des Mobbings für sie schlimmer war. Die resultierenden Merkmale sind in Tabelle 8 näher beschrieben.

Tabelle 8: Faktoren, die den erlebten Schweregrad eines Cybermobbingvorfalls beeinflussen können (in Anlehnung an Corby et al., 2016)

Faktoren	Wirkung abhängig von:
Beziehung zum Täter	• Anonymität des Täters • Meinung des Opfers über den Charakter des Täters
Erreichtes Publikum	• Vorhandensein von und Menge der Personen, die das (Cyber-)Mobbing mitbekommen
Art des Cybermobbingvorfalls	• Intensität des Mobbings (Härte und „Gemeinheitsgrad")
Emotionale Folgen/ Betroffenheit	• Negative Emotionen als Reaktion auf die Viktimisierung • Gleichgültigkeit gegenüber der (Cyber-)Viktimisierung
Reaktionsmöglichkeit	• Mangel an Handlungsstrategien und daraus resultierendes Gefühl der Hilf- und Machtlosigkeit • Ausreichend Handlungsstrategien sowie Reaktionsmöglichkeiten und dadurch Kontrollierbarkeit der Situation

Ein wichtiger Befund war, dass sich die Jugendlichen teilweise in der Bewertung dieser Merkmale unterschieden. Für einige war es beispielsweise schlimm, dass sie den Cyber-Täter nicht kannten (Anonymität), da sie sich dadurch verunsichert fühlten, während es anderen dadurch einfacher fiel, das Cybermobbing zu ignorieren. Weiterhin wurde das Cybermobbing wesentlich bedrohlicher wahrgenommen, wenn die Opfer den Täter kannten und dieser jemand aus ihrem Freundeskreis war (Corby et al., 2016). Für die Jugendlichen scheinen vor allem Beziehungsaspekte und die Auswirkungen des Cybermobbings auf bestehende Freundschaften wichtig zu sein (Schultze-Krumbholz et al., 2014a). Die Unwissenheit über die Identität der Cyber-Täter ruft beispielsweise Misstrauen und Unsicherheit gegenüber den eigenen Freunden hervor. Insgesamt weisen die Ergebnisse von Corby und Kollegen (2016) darauf hin, dass ein und derselbe Faktor je nach subjektiver Einschätzung des Opfers eine unterschiedliche (negative vs. neutrale) Wirkung haben kann und dass viele weitere Einflussfaktoren bei einer Beurteilung eines Cybermobbingvorfalls beachtet werden müssen (siehe Klassifikationsschema Abschn. 1.2).

Diese Annahme wird in einer aktuellen Studie von Palladino et al. (2017) bestätigt. Die Autoren untersuchten, welchen Einfluss die Kriterien (1) Absicht, (2) Wiederholung, (3) Machtungleichgewicht, (4) Anonymität und (5) Öffentlichkeit auf die Schweregradbeurteilung des Cybermobbings hatten. Die Auswahl dieser Kriterien erscheint äußerst sinnvoll, da sie in der Literatur immer wieder diskutiert werden und ebenfalls Bestandteil einiger Definitionen sind (vgl. Langos, 2012;

Peter & Petermann, 2018; Schultze-Krumbholz et al., 2014a; Smith et al., 2008; Tokunaga, 2010). Die Studie wurde in vier verschiedenen Ländern (Italien, Estland, Deutschland, Türkei) an insgesamt 1.964 Jugendlichen im Alter von 12 bis 20 Jahren durchgeführt. Dabei mussten die Teilnehmerinnen und Teilnehmer verschiedene Cybermobbingvorfälle bewerten. Es zeigte sich, dass in allen vier Ländern dieselben Kriterien bei der Einschätzung genutzt wurden (Palladino et al., 2017). Bei der Schweregradbeurteilung war für die Jugendlichen am wichtigsten, ob zwischen dem Cyber-Täter und dem Cyber-Opfer ein Machtungleichgewicht herrschte. In Deutschland war allerdings das Merkmal der Anonymität das wichtigste Beurteilungskriterium, da dieses bei den Befragten vor allem Unsicherheit und Angst hervorrief. Die anderen vier Faktoren spielten ebenfalls eine wichtige Rolle, allerdings im Vergleich zum Faktor „Machtungleichgewicht" weniger ausgeprägt.

Ein ebenfalls wichtiger Befund – der in Einklang mit dem von uns postulierten Klassifikationsschema in Kapitel 1 steht – war, dass sich die verschiedenen Merkmale gegenseitig beeinflussten. Das Kriterium der *Absicht* war beispielsweise mit der Anonymität und der Wiederholung verknüpft. Des Weiteren zeigte sich, dass die *Wiederholung* einen Einfluss auf den wahrgenommenen Schweregrad der Situation hatte, wenn es mit der *Absicht* Schaden zu verursachen kombiniert wurde (Palladino et al., 2017). Lediglich das Merkmal „Öffentlichkeit des Cybermobbings" beeinflusste die Schweregradbeurteilung nicht. Dies erklärten die Autoren damit, dass das Merkmal im Vergleich zu den anderen Kriterien eine eher untergeordnete Rolle zu spielen schien. Dies steht im Kontrast zu anderen Befunden, bei denen die Öffentlichkeit des Cybermobbings einen wichtigen Faktor darstellte (z. B. Schultze-Krumbholz et al., 2014a). Allerdings scheint es naheliegend, dass Jugendliche öffentliches Cybermobbing bei der Schweregradbeurteilung für wichtig halten, wenn sie aufgefordert werden, nur zwischen öffentlichem und privatem Cybermobbing zu unterscheiden. Werden weitere Kriterien hinzugezogen, wie in der Studie von Palladino und Kollegen (2017), kann es durchaus sein, dass andere Kriterien wie beispielsweise das Machtungleichgewicht eine wichtigere Rolle spielen. Um dies näher zu klären, bedarf es zum jetzigen Zeitpunkt noch weiterer Studien.

Weitere interessante Befunde liefern Gualdo und Kollegen (2015). Sie belegen, dass sich Cyber-Täter und Cyber-Opfer oft in ihrer Bewertung des Cybermobbings unterscheiden. In ihrer Stichprobe an 12- bis 20-jährigen spanischen Jugendlichen (N=1.353) zeigte sich, dass die Cyber-Täter dazu neigten, die negativen Konsequenzen des Cybermobbings für ihre Opfer zu überschätzen. Dies steht bisherigen Aussagen gegenüber, dass sich Cyber-Täter nicht bewusst sind, welchen Schaden sie ihrem Opfer zufügen (z. B. Hinduja & Patchin, 2015). Aus diesen widersprüchlichen Befunden lässt sich schließen, dass es auf jeden Fall einen Unterschied in der Bewertung des Cybermobbings zwischen Tätern und Opfern gibt, welches nicht verwunderlich ist, wenn man bedenkt, dass zwischen den online interagierenden Personen kein direkter Kontakt besteht. Sowohl der Cyber-Täter als auch das Cyber-Opfer haben während des Cybermobbings nur einen Bildschirm vor sich, der es nicht erlaubt, nonverbale Signale zu deuten oder die Konsequenzen des Handelns direkt zu erfahren. Während die Cyber-Täter der spanischen Stichprobe davon ausgingen, dass sich ihre Opfer verängstigt und verletzt fühlen würden, berichteten die Betroffenen davon traurig zu sein oder sich abgelehnt zu fühlen. Ein besonders hoher emotionaler negativer Affekt trat bei Jugendlichen auf, die gleichzeitig Opfer von traditionellem Mobbing sowie von Cybermobbing waren (Gualdo et al., 2015).

Der Schweregrad der Cyberviktimisierung hat einen Einfluss auf die individuellen Bewältigungsstrategien der Kinder und Jugendlichen. Navarro und Kollegen (2016) unterschieden in ihrer Studie zwischen regelmäßigen Cyber-Opfern, gelegentlichen Cyber-Opfern und Unbeteiligten. Es zeigte sich, dass Cyber-Opfer im Vergleich zu den Unbeteiligten vermehrt ungünstige Bewältigungsstrategien verwendeten. Die Cyberviktimisierung stand dabei in einem positiven Zusammenhang mit den *ungünstigen* Strategien

- Vermeidung (z.B. das Problem ignorieren),
- destruktive Konfliktbewältigung (z.B. aggressiv reagieren) und
- emotionalem Rückzug (z.B. Gefühle für sich behalten).

Des Weiteren zeigte sich, dass beide Opfer-Gruppen weniger *günstige* Problemlösestrategien einsetzten, wie

- Hilfe suchen (soziale Unterstützung und Beratung),
- positiv denken oder
- Ablenkung (z.B. etwas unternehmen, um nicht mehr an den Vorfall zu denken).

Diese ungünstigen Muster waren insbesondere bei denjenigen zu beobachten, die besonders stark von Cybermobbing betroffen waren (Navarro et al., 2016).

Diese Ergebnisse passen zu den verschiedenen Befunden, die belegen, dass Kinder und Jugendliche, die Opfer von Cybermobbing sind, verschiedene Probleme sowohl mit der eigenen Emotionsregulation und dem Umgang mit diesen Emotionen haben, als auch eher selten in Kontakt mit anderen Personen treten, um sich helfen zu lassen. Dies mag darin begründet sein, dass den Betroffenen die nötigen konstruktiven Bewältigungsstrategien von Anfang an fehlen (Risikofaktor), oder dass sie aufgrund des Cybermobbings ungünstige Strategien entwickelt haben (Auswirkung). Bisher lassen sich über die kausale Wirkungsweise erneut nur Vermutungen anstellen, da aussagekräftige Längsschnittstudien noch ausstehen.

Insgesamt lässt sich aus den verschiedenen Befunden schließen, dass bei jedem Cybermobbingvorfall sehr genau auf das Opfer geschaut werden muss, da die Beurteilung des Schweregrads und wie sehr sich das Opfer geschädigt fühlt, stark von der eigenen Bewertung abhängt und diese sich bei Kindern und Jugendlichen deutlich unterscheidet (Gualdo et al., 2015; Navarro et al., 2016; Palladino et al., 2017). Des Weiteren ist das Risiko für langfristige Folgen durch Cybermobbing bei kontinuierlichen, andauernden aggressiven Handlungen höher, als wenn diese nur unregelmäßig stattfinden (Tokunaga, 2010). Allerdings können auch einmalige, schwere Formen des Cybermobbings zu schwerwiegenden gesundheitlichen und sozialen Problemen führen (vgl. Tokunaga, 2010; von Marées & Petermann, 2012).

Es sollte weiterhin bedacht werden, dass die Gleichaltrigengruppe insbesondere im Jugendalter eine wichtige Bezugsgruppe ist, die für die Identitätsbildung einen wesentlichen Anker darstellt. Es ist daher nachvollziehbar, dass Cybermobbing (u.a. in der Kombination mit traditionellem Mobbing) bei den Kindern und Jugendlichen die Angst hervorruft, sich nicht in diese Gruppe integrieren zu können oder von ihr ausgestoßen zu werden (vgl. Uusitalo-Malmivaara & Lehto, 2016). Dadurch können die Betroffenen in eine Krise geraten, die sie alleine nur schwer bewältigen können.

Einige der möglichen Folgen von Cybermobbing und Cyberviktimisierung werden in den nachfolgenden Abschnitten dargestellt und in internalisierende und somatische, externalisierende sowie weitere Auswirkungen aufgegliedert.

Überblick

Die bisherigen Ausführungen in diesem Buch haben verdeutlicht, dass Cybermobbing ein sehr komplexes Phänomen bildet. Es ist nicht verwunderlich, dass auch die Beurteilung des Schweregrads eines Cybermobbingvorfalls eine Herausforderung darstellt. Cybermobbing ist ein soziales Phänomen, das in Interaktion mit mindestens einer anderen Person entsteht und individuelle Bewältigungsstrategien auslöst, die von vielen verschiedenen Faktoren beeinflusst werden. Einige dieser Merkmale, die empirisch gut belegt sind, werden nachfolgend noch einmal zusammengefasst.

Kriterien, die die Schweregradbeurteilung von Cybermobbing beeinflussen:
- Anonymität
- Beziehungsaspekte zwischen Täter und Opfer
- Öffentlichkeit (Größe des Publikums)
- Intensität des Vorfalls („Gemeinheitsgrad“)
- Eigene Betroffenheit (Negative emotionale Reaktion vs. Gleichgültigkeit)
- Eigenes Handlungsrepertoire (Bewältigungsstrategien)
- Machtungleichgewicht
- Motivation des Täters (Absichtlichkeit)
- Häufigkeit des Cybermobbings (Wiederholung)
- *Ferner:* Eigene Rolle (Täter vs. Opfer)

Es gilt zu beachten, dass der Schweregrad des Cybermobbings einen Einfluss auf die Bewältigungsstrategien der Kinder und Jugendlichen haben kann. Häufig betroffene Jugendliche neigen dazu, eher ungünstige Strategien zu wählen (z. B. emotionalen Rückzug) und damit ihre Situation noch zu verschlimmern. Dieser Aspekt sollte demnach unbedingt beachtet werden, wenn ein Kind berichtet, dass es sehr häufig von Cybermobbing betroffen ist. Eine entsprechende Intervention sollte günstige Bewältigungsstrategien aufbauen und fördern.

4.2 Internalisierende und somatische Auffälligkeiten

Cybermobbing kann zu vielen negativen Auswirkungen für die Betroffenen führen. Wie in Abschnitt 4.1 verdeutlicht, kann das Ausmaß des Schweregrads dabei von verschiedenen Faktoren beeinflusst werden. Menschen bewältigen Belastungen auf unterschiedliche Art und Weise. Dabei wählen einige Personen internalisierende Lösungswege, was bedeutet, dass sie das Erlebte in das Innere ihrer Person verlagern und dort versuchen es zu bewältigen.

Ein weiterer Punkt, der bei der Betrachtung der Auswirkungen von Cybermobbing beachtet werden muss, besteht darin, dass traditionelles Mobbing und Cybermobbing häufig gleichzeitig auftreten. Eine Studie, die nur Cybermobbing und beispielsweise depressive Symptome erfasst, kann verfälschte Ergebnisse aufweisen, da die negativen Auswirkungen möglicherweise durch das gleichzeitige traditionelle Mobbing hervorgerufen wurden und nicht durch die Cyberviktimisierung. Demnach stellt sich die Frage, ob internalisierende Probleme auch alleinig durch Cyberviktimisierung hervorgerufen werden können. Diese Fragestellung wurde in der aktuellen Metaanalyse von Gini, Card und Pozzoli (2017) verfolgt. Sie wollten explorieren, ob der Zusammenhang zwischen internalisierenden Auffälligkeiten und Cyberviktimisierung auch besteht, wenn für traditionelle Viktimisierung kontrolliert wird, das bedeutet, wenn diese Effekte herausgerechnet werden. Ihre Metaanalyse umfasste insgesamt 90.877 Kinder und Jugendliche im Alter von 11 bis 19 Jahren. Die gefundenen Ergebnisse können bestätigen, dass Cyberviktimisierung in einem signifikanten Zusammenhang zu internalisierenden Problemen steht und dass dieser Zusammenhang unabhängig von traditioneller Viktimisierung besteht. Demnach stellt Cyberviktimisierung einen bedeutsamen Risikofaktor für die Entstehung psychosozialer Probleme bei Kindern und Jugendlichen dar (Gini et al., 2017). Diese Befunde konnten in einer weiteren Metaanalyse von Fisher, Gardella und Teurbe-Tolon (2016) bestätigt werden, da auch hier ein signifikanter Zusammenhang zwischen Cyberviktimisierung und internalisierenden Problemen gefunden werden konnte. Weiterhin zeigte sich die

Tendenz, dass dieser Zusammenhang mit steigendem Alter der Kinder und Jugendlichen stärker wurde. Das bedeutet, dass ältere Kinder anscheinend mehr zu internalisierenden Verhaltensweisen neigen als jüngere.

Welche konkreten internalisierenden Auswirkungen zeigen sich?

Bonanno und Hymel (2013) untersuchten 399 kanadische Jugendliche der 8. bis 10. Jahrgangsstufe und konnten belegen, dass Cybermobbing und Cyberviktimisierung in Zusammenhang mit der Entstehung von depressiven Symptomen sowie von Suizidgedanken stehen. Dieser Effekt trat unabhängig von traditionellen Mobbingformen, die ebenfalls in der Studie erhoben wurden, auf. Ein weiterer wichtiger Befund war, dass vor allem Teilnehmerinnen und Teilnehmer mit einer depressiven Symptomatik vermehrt suizidale Gedanken aufwiesen. Dies betraf besonders die Gruppe der weiblichen Jugendlichen. Jedoch muss erwähnt werden, dass auch einige traditionelle Mobbingformen in Zusammenhang mit depressiven Symptomen und Suizidgedanken standen und verbales traditionelles Mobbing sogar den besten Prädiktor darstellte (Bonanno & Hymel, 2013). In einer anderen Studie wurden wiederum in der Gruppe der Cyber-Opfer tendenziell mehr depressive Symptome beobachtet als bei den Opfern traditionellen Mobbings (Uusitalo-Malmivaara & Lehto, 2016). Aus den uneinheitlichen Ergebnissen lässt sich schließen, dass Cybermobbing und traditionelles Mobbing nicht getrennt voneinander betrachtet werden sollten, da beide einen bedeutsamen Risikofaktor für die Entstehung internalisierender Störungen wie Depressionen und Suizidgedanken darstellen.

Machmutow und Kollegen (2012) führten eine Langzeitstudie durch, um herauszufinden, ob Cyberviktimisierung einen Langzeitrisikofaktor für die Entstehung von depressiven Symptomen ist, der unabhängig von traditionellen Viktimisierungsformen existiert. Sie untersuchten 765 schwedische Jugendliche der siebten Jahrgangsstufe (Alter $M_{t1}=13{,}18$ Jahre) und konnten feststellen, dass sowohl Opfer traditionellen Mobbings sowie Cyber-Opfer mehr depressive Symptome berichteten. Über die Zeit hinweg zeigte sich, dass Cyberviktimisierung längerfristig die depressive Symptomatik vorhersagen konnte. Die Befunde von Cole et al. (2016) konnten dies bestätigen. In ihrer 12-monatigen Langzeitstudie in den USA an 827 Kindern im Alter von acht bis 13 Jahren ($M=10{,}9$) konnte Cyberviktimisierung signifikante Veränderungen in selbstbezogenen, negativen Kognitionen, kognitiven Reaktionen sowie die Entwicklung depressiver Symptome vorhersagen.

Eine Überblicksarbeit von Nixon (2014) verdeutlichte, dass Opfer von Cybermobbing öfter unter depressiven Symptomen, Angst und Einsamkeit leiden. Auch Mitchell und Kollegen (2016) konnten nachweisen, dass ein erhöhtes Ausmaß an Cybermobbingerfahrungen zu mehr depressiven Symptomen führte, welche wiederum in Verbindung mit vermehrt auftretenden Suizidgedanken standen. In einer anderen Studie berichteten die Betroffenen von somatischen Beschwerden wie vermehrten Kopfschmerzen und Schlafproblemen (Sourander et al., 2010).

Studien an deutschen Kindern und Jugendlichen weisen ähnliche Ergebnisse auf. Sie deuten auf die Entstehung von emotionalen Problemen durch Cybermobbing hin. Die Kinder und Jugendlichen berichten davon, dass sie sich von den Cyberangriffen verletzt fühlen und es sie auch wütend oder ängstlich macht. Es ist bedenklich, dass die Auswirkungen nicht immer verschwinden, sobald das Cybermobbing aufhört, sondern die Jugendlichen sich längerfristig belastet fühlen (Bündnis gegen Cybermobbing e. V., 2017). Dies führt nicht selten dazu, dass es bei den Betroffenen zu einem erhöhten Alkohol- oder Tablettenkonsum kommt, um die Geschehnisse und damit verbundenen Belastungen abzumildern oder zu verdrängen. Es ist daher kaum verwunderlich, dass Kinder und Jugendliche, die sich nicht zu helfen wissen und eine Ohnmacht gegenüber dem Cybermobbing empfinden, lebensverneinende Gedanken entwickeln.

Der Zusammenhang zwischen Cybermobbing und sozialer Ängstlichkeit konnte in einer Studie von Landoll, La Greca, Lai, Chan und Herge (2015) gefunden werden. An der Längsschnittstudie (über 6 Wochen) nahmen 839 Jugendliche zwischen 14 bis 18 Jahren teil. Es wurde deutlich, dass Cyber-Opfer signifikant mehr depressive und sozial-ängstliche Symptome aufwiesen (Fahy et al., 2016; Landoll et al., 2015). Weiterhin beeinflusste die Cyberviktimisierung die depressive Symptomatik unabhängig von traditionellen Mobbingformen (Landoll et al., 2015). Demnach stellt auch hier die Cyberviktimisierung einen eigenständigen Risikofaktor für die Entstehung von depressiven Symptomen bei Kindern und Jugendlichen dar. Für die soziale Ängstlichkeit zeigte sich relationales traditionelles Mobbing als entscheidender Einflussfaktor. Bei dieser Form des Mobbings werden Kinder und Jugendliche beispielsweise ausgegrenzt und von gemeinsamen Aktivitäten ausgeschlossen. Es scheint durchaus nachvollziehbar, dass dies auf Dauer die Entwicklung einer sozialen Ängstlichkeit begünstigt. Die Cyberviktimisierung trat dabei als ergänzender Einflussfaktor auf.

Des Weiteren konnte Cyberviktimisierung mit einer Abnahme der allgemeinen und der schulbezogenen Zufriedenheit in Zusammenhang gebracht werden sowie erneut mit einem Anstieg depressiver Symptome (Uusitalo-Malmivaara & Lehto, 2016). Es zeigte sich der Trend, dass Cyber-Opfer geringfügig mehr depressive Symptome aufwiesen, als Jugendliche, die Opfer traditionellen Mobbings waren. Aufgrund des Querschnittsdesigns ist es jedoch auch hier nicht möglich zu bestimmen, ob das Cyberbullying zu den beschriebenen Auffälligkeiten führt, oder ob beispielsweise eine bereits geringe allgemeine Zufriedenheit sowie vermehrte depressive Symptome zu einer Vulnerabilität für (Cyber-)Viktimisierung führen, welche dann die schulbezogene Zufriedenheit negativ beeinflusst (Uusitalo-Malmivaara & Lehto, 2016).

Die nachfolgende Tabelle 9 gibt einen Überblick über ausgewählte Studien zu den internalisierenden Auffälligkeiten, die durch Cybermobbing entstehen können.

Tabelle 9: Übersicht ausgewählter Studien zu internalisierenden Auffälligkeiten bei Cybermobbing

Autor/-en	Design	Internalisierende Auffälligkeiten
Bonanno & Hymel (2013)	Querschnitt	• Depressive Symptome • Suizidgedanken
Cole et al. (2016)	Längsschnitt	• Depressive Symptome • Selbstbezogene, negative Kognitionen • Selbstbezogene, negative Reaktionen
Cross et al. (2015)	Längsschnitt	• Emotionale Probleme
Garaigordobil (2017)	Querschnitt	• Neurotizismus • (Sozialer) Rückzug • Angst • Psychosomatische Probleme • Weniger Empathie (bei Tätern) • Geringerer Selbstwert (Täter)
Machmutow et al. (2012)	Längsschnitt	• Depressive Symptome
Landoll et al. (2015)	Längsschnitt	• Depressive Symptome • Soziale Ängstlichkeit
Mitchell et al. (2016)	Querschnitt	• Depressive Symptome • Suizidgedanken
Nixon (2014)	Review	• Depressive Symptome • Angst • Gefühle von Einsamkeit • Suizidgedanken
Porsch & Pieschl (2014)	Querschnitt	• Wut • Verzweiflung • Hilflosigkeit • Fühlten sich verletzt • Schlafmangel • Kopf- und Bauchschmerzen
Schultze-Krumbholz, Jäkel, Schultze & Scheithauer (2012a)	Längsschnitt	• Depressive Symptome • Einsamkeit
Uusitalo-Malmivaara & Lehto (2016)	Querschnitt	• Weniger Zufriedenheit („happiness“) • Weniger Zufriedenheit mit der Schule („school happiness“) • Depressive Symptome

Vor dem Hintergrund dieser vielseitigen negativen Auswirkungen des Cybermobbings ist es nicht verwunderlich, dass die beteiligten Kinder und Jugendlichen im Vergleich zu Unbeteiligten von einem weniger stark ausgeprägtem allgemeinen Wohlbefinden berichten. Dies kann bei den Cyber-Opfern, aber auch bei Kindern und Jugendlichen, die gleichzeitig Täter und Opfer sind, beobachtet werden (Fahy et al., 2016).

Wie diese Ausführungen unterstreichen, sind internalisierende Auffälligkeiten wie Depression, Angst oder Einsamkeit/Trauer (siehe Tab. 9) Symptome, die eher verdeckt auftreten und dadurch schwerer von anderen Personen (z.B. Eltern oder Lehrkräften) beobachtbar sind (Bilz, 2008; Propp, Schilder, Hahlweg, Hannighofer & Schulz, 2014). Des Weiteren ergeben sich vor dem Hintergrund, dass viele Opfer von Cybermobbing gar nicht erst von der Viktimisierung berichten (z.B. Kowalski & Toth, 2017), drei Gefahren:

(1) Bezugspersonen der Betroffenen werden nicht in die Problemlösung miteinbezogen,
(2) wenn Bezugspersonen involviert werden, können internalisierende Auffälligkeiten ggfs. übersehen werden und
(3) wenn Betroffene nicht von der Viktimisierung erzählen und internalisierende Symptome entwickeln, ist es schwerer für Bezugspersonen, entsprechende Warnsignale frühzeitig zu erkennen.

Treten die genannten Gefahren auf, ist das betroffene Kind oder der Jugendliche mit der Situation und seinen Problemen alleine und kann sie eventuell nicht erfolgreich lösen oder die entstehenden Emotionen nicht funktional bewältigen. Dies verdeutlicht, warum es umso wichtiger ist, frühzeitig allen beteiligten Bezugspersonen die Bedeutung von Kommunikation zu verdeutlichen und präventive Maßnahmen beispielsweise in den Schulkontext zu integrieren.

Hinweis

Es liegt insgesamt eine ziemlich gut gesicherte Befundlage hinsichtlich des Zusammenhangs von Cyberviktimisierung und der Entstehung von depressiven Symptomen vor. Diese werden dabei ausschließlich durch die Cyberviktimisierung verursacht und nicht durch traditionelle Mobbingformen. Dies konnte in diversen Studien belegt werden. Die Prävention von Cybermobbing könnte somit auch die Wahrscheinlichkeit reduzieren, dass Kinder und Jugendliche Suizidgedanken oder selbstverletzendes Verhalten entwickeln und generell die Entstehung bestimmter Ängste (z.B. soziale Ängstlichkeit) verhindern.

4.3 Externalisierende Auffälligkeiten

Während sich der vorausgegangene Abschnitt mit internalisierenden Auffälligkeiten beschäftigte, soll im Folgenden auf externalisierende Auffälligkeiten, die durch Cybermobbing entstehen können, eingegangen werden. So konnte belegt werden, dass Cybermobbing die Entstehung aggressiver Verhaltensweisen begünstigen kann. Schultze-Krumbholz und Kollegen (2012a) untersuchten in einer Längsschnittstudie Jugendliche der 7. bis 10. Jahrgangsstufe in Deutschland hinsichtlich möglicher emotionaler Probleme und Verhaltensauffälligkeiten im Zusammenhang mit Cybermobbing. Für Cyberviktimisierung konnte ein Anstieg externalisierender Verhaltensweisen bei Mädchen vorhergesagt werden. Des Weiteren trat bei Mädchen, die häufiger Cyber-Täter waren, mehr (reaktive) Aggression auf. Bei den Jungen zeigte sich weder ein Anstieg in externalisierenden Auffälligkeiten, noch vermehrte emotionale Probleme oder Verhaltensauffälligkeiten. Im Vergleich zu Unbeteiligten berichteten die Cyber-Opfer ebenfalls mehr *instrumentelle Aggression* (Schultze-Krumbholz et al., 2012a). Diese Aggressionsform bezeichnet aggressive Verhaltensweisen, die dazu eingesetzt werden, um eigene Ziele zu erreichen. Unter *reaktiver Aggression* versteht man ein auffälliges Verhalten, das häufig als Folge einer sozialen Zurückweisung durch Gleichaltrige auftritt (Petermann & Petermann, 2015, S. 13). Der Unterschied dieser beiden Aggressionsformen besteht darin, dass instrumentelle Aggression ein geplantes Verhalten und keine Reaktion auf etwas darstellt.

Fisher und Kollegen (2016) untersuchten in einer Metanalyse den Zusammenhang zwischen Cyberviktimisierung bei Jugendlichen und den damit in Verbindung stehenden internalisierenden und externalisierenden Problemen. Sie konnten 55 Studien in ihre Analyse einbeziehen, die die Befunde von 257.678 überwiegend US-amerikanischen Jugendlichen im Alter von 12 bis 18 Jahren zusammenfassten. Es wurde deutlich, dass Cyberviktimisierung in bedeutsamem Zusammenhang mit diversen internalisierenden und externalisierenden Problemen stand. Die externalisierenden Probleme bezogen sich dabei hauptsächlich auf aggressives oder delinquentes Verhalten sowie Tabletten-, Alkohol- und Drogenkonsum.

Hinweis

Die Metanalyse von Fisher und Kollegen (2016) weist einen interessanten Befund auf, den es in zukünftigen Studien zu beachten gilt. Es trat ein negativer Zusammenhang zwischen Cyberviktimisierung und externalisierenden Symptomen auf, wenn den Teilnehmerinnen und Teilnehmer vor der Durchführung eine Definition von Cybermobbing präsentiert wurde. Das bedeutet, dass Jugendliche, die vorher erläutert bekommen hatten, was genau eine Cybermobbinghandlung charakterisiert, von weniger externalisierenden Problemen berichteten. Dies verdeutlicht, wie wichtig es ist, dass eine allgemeingültige Definition von Cybermobbing entsteht, die in Studien verwendet werden kann (und muss), damit man zu validen Ergebnissen gelangt (vgl. Kap. 1 dieses Buches) und es nicht zu ungewollten Verfälschungen der Ergebnisse kommt.

4.4 Suizidale Gedanken und Suizid

Der Suizid ist wohl die schlimmste mögliche Folge von Cybermobbing (Nixon, 2014). Die Anzahl der durch Cybermobbing in den Suizid getriebenen Jugendlichen ist zwar gering, dennoch begründet schon die bloße Tatsache, dass jemand durch Geschehnisse in der virtuellen Welt in den Tod getrieben werden kann, Handlungsbedarf genug. Das Bündnis gegen Cybermobbing e.V. (2017) berichtet in seiner Studie an knapp 1.500 deutschen Schülerinnen und Schülern, dass jeder fünfte Betroffene ($n = 201$) Suizidgedanken beschreibt. Diese Zahlen sind äußerst besorgniserregend und machen eine frühzeitige Prävention unabdingbar.

In einer Metaanalyse von van Geel, Vedder und Tanilon (2014) konnten nur drei Studien identifiziert werden, die sich mit Suizidgedanken im Zusammenhang mit Cybermobbing beschäftigten und deren Effektgrößen in die Analyse mit einbezogen werden konnten. Die ersten Ergebnisse belegen, dass Cyberviktimisierung nicht nur gleichermaßen mit Suizidgedanken in Verbindung steht wie traditionelles Mobbing, sondern dass der Zusammenhang hier noch wesentlich ausgeprägter zu sein scheint.

Insgesamt scheint der Freitod von Jugendlichen durch Cybermobbing ein weltweit bekanntes Thema zu sein. Einer der bekanntesten Fälle kommt aus Kanada von der 15-jährigen Amanda Todd, die den Freitod wählte, nachdem sie vor einem Fremden ihren Oberkörper entblößt hatte und danach von diesem erpresst wurde. Der Fremde verbreitete das Bild von Amanda öffentlich, was zur Folge hatte, dass sie in der Schule gemobbt wurde. Nach Schulwechseln, Selbstverletzungen und einem gescheiterten Suizidversuch veröffentlichte Amanda ein 9-minütiges Video auf der Plattform YouTube (verfügbar unter: https://www.youtube.com/watch?v=Au0cemUHTGA), in dem sie ihre aussichtslose Situation schweigend über handgeschriebene Notizen darstellte. Am 10. Oktober 2012 entschied sie sich gegen dieses Leben und beging Suizid (vgl. Wikipedia, 2018c).

Auch in den USA wurden die 16-jährige Jessica Laney im Jahr 2012 und der 14-jährige Matthew Burdette im Jahr 2013 durch andauerndes Cybermobbing in den Suizid getrieben. Ähnliche Fälle finden sich auch in den Niederlanden, wo sich in 2012 der 20-jährige Tim Ribberink und 2017 ein 15-jähriger Junge selbst töteten. Joshua Unsworth (15 Jahre) und Hannah Smith (14 Jahre) wurden 2013 Opfer von Cybermobbingattacken mit anschließendem Suizid in Großbritannien. In Irland kam es ebenfalls zu den tragischen Selbstmorden von Erin Gallagher (13 Jahre) und der 15-jährigen Ciara Pugsley in 2012. Der 13-jährige Joël aus Österreich sah es 2010 als einzigen Weg aus dem Cybermobbing, sich das Leben zu nehmen. In Deutschland sind derzeit keine öffentlich bekannten Fälle von Suizid aufgrund von Cybermobbing dokumentiert. Dies könnte dem Pressekodex geschuldet sein, der Zurückhaltung bei der Berichterstattung über Suizide fordert, um dem sogenannten Werther-Effekt vorzubeugen. Dieser wird zwar kontrovers diskutiert, besagt aber, dass ein kausaler Zusammenhang zwischen in den Medien ausführlich berichteten Selbstmorden und einer Erhöhung der Suizidrate in der Bevölkerung besteht (Scherr & Steinleitner, 2015).

4.5 Negative Auswirkungen auf Seiten der Cyber-Täter

Wenn man an die Auswirkungen von Cybermobbing denkt, dann kommen einem vor allem die Cyber-Opfer in den Sinn. Es gerät schnell außer Acht, dass auch die Cyber-Täter von negativen Auswirkungen betroffen sein können. Dies wird jedoch deutlich, wenn man beachtet, dass Kinder und Jugendliche, die regelmäßiges Cybermobbing ausüben, damit immer wieder aggressives (Online-)Verhalten zeigen. Dieses aggressive Verhalten wird somit immer mehr zum festen Bestandteil ihres eigenen Handlungs- und Reaktionsrepertoires. Man kann sich gut vorstellen, dass es dadurch zu vermehrten Konflikten in der Schule, mit den Eltern, Gleichaltrigen und weiteren Personen kommen kann. Dadurch wird das ungünstige Verhalten immer weiter ausgebaut und gefestigt, wodurch langfristige Schwierigkeiten entstehen können, wenn es zum Beispiel um den Übergang in eine Ausbildung oder den Beruf geht.

Einige Studien konnten bestätigen, dass die Cyber-Täterschaft in Verbindung steht mit

- regelmäßigem Tabak-, Alkohol- und Tablettenkonsum,
- Hyperaktivität,
- einem geringeren prosozialen Verhalten,
- Aggression und
- delinquenten Verhaltensweisen (Bündnis gegen Cybermobbing e.V., 2017; Nixon, 2014; Sourander et al., 2010).

Garaigordobil (2017) konnte bestätigen, dass Cyber-Täter (und Cyber-Opfer) mehr aggressives Verhalten zeigten und mehr psychopathologische Störungen aufwiesen. Insgesamt verdeutlichen diese Ergebnisse, dass Cybermobbing nicht nur negative Auswirkungen auf die Opfer, sondern auch auf die Cyber-Täter haben kann.

4.6 Weitere Auswirkungen

Neben den vorgestellten psychischen Problemen, existieren noch weitere negative Konsequenzen, die durch Cybermobbing bedingt werden können. Hierzu zählt beispielsweise, dass betroffene Kinder und Jugendliche häufiger von Schwierigkeiten mit Gleichaltrigen berichten (Sourander et al., 2010).

Für den Schulkontext und die dortigen Beziehungen konnte auch festgestellt werden, dass die Betroffenen oftmals das Gefühl haben, von den Lehrkräften in der Schule nicht beachtet zu werden (Sourander et al., 2010). Dies ist natürlich sehr problematisch, da sie sich dadurch mit ihrem Problem alleingelassen fühlen und sich sehr wahrscheinlich keine Hilfe bei den Lehrkräften suchen. In der dreijährigen Längsschnittstudie von Cross, Lester und Barnes (2015) konnte weiterhin belegt werden, dass Opfer von Cybermobbing häufiger nicht mehr zur Schule gehen und dass dies insbesondere bei den betroffenen Mädchen zu beobachten ist. Die Autoren stellten aber auch heraus, dass diese Gruppe oftmals gleichzeitig Opfer von Cyberviktimisierung und traditionellem Mobbing sei. Nicht verwunderlich ist, dass Cybermobbing in Verbindung mit schlechteren Schulleistungen steht (Garaigordobil, 2017).

Hinzukommt, dass Cyber-Opfer auch von einem Verlust ihres eigenen Sicherheitsgefühls berichten. Dies kann im schlimmsten Fall zu einer Traumatisierung führen. Das Sicherheitsgefühl kann zerstört werden, wenn es sich um mehrere Täter gleichzeitig handelt, der Täter ein Erwachsener oder eine unbekannte Person ist. Dadurch wird ein viel größeres Machtungleichgewicht vom Cyber-Opfer wahrgenommen, als wenn die Schädigung durch Gleichaltrige geschieht (Sourander et al., 2010).

González-Cabrera et al. (2017) bieten einen ganz neuen Ansatz, wenn es um die Erhebung der Auswirkungen von Cybermobbing geht. Sie fokussieren sich dabei auf das erhöhte Stresserleben, das durch Cybermobbing bedingt ist. Dabei wollen sie Stress nicht mit subjektiven Messverfahren (z.B. Fragebögen) erheben, sondern durch einen objektiven biologischen Marker: dem Cortisollevel. Dieses wurde in einer Studie zu mehreren Zeitpunkten mit Hilfe von Speichelproben bestimmt. Ziel war es, die biologischen Auswirkungen von Cybermobbing auf die verschiedenen Rollen (Täter, Opfer, Mitläufer, Zuschauer) zu untersuchen (González-Cabrera et al., 2017). Die Autoren führten ihre Studie über einen Zeitraum von vier Monaten (Längsschnitt) mit zwei Messzeitpunkten an 60 Schülerinnen und Schülern im Alter von 14 bis 18 Jahren durch. Es fanden sich Hinweise darauf, dass ein Zusammenhang zwischen Cyberviktimisierung und psychophysiologischem Stresserleben besteht. Cyber-Opfer und Cyber-Täter-Opfer wiesen höhere Cortisollevel auf, als die Cyber-Täter und Zuschauer. Die niedrigsten Werte zeigten sich bei den Cyber-Tätern, das bedeutet, dass diese durch ihre Handlungen vermutlich weniger Stress erlebten (González-Cabrera et al., 2017).

Hinweis

Cybermobbing kann nicht nur dazu führen, dass Kinder und Jugendliche beispielsweise depressive Symptome oder aggressive Verhaltensweisen entwickeln. Es zeigen sich auch Auswirkungen auf die Umweltbedingungen, da auch der Kontakt zu Bezugspersonen (Eltern, Lehrkräfte) gestört werden kann. Des Weiteren kann es zu

Schulabsentismus kommen, vor allem, wenn das Cybermobbing nur eine Erweiterung des traditionellen Mobbings darstellt und der Betroffene versucht, die belastenden Situationen zu vermeiden. Die Anonymität der Cyber-Täter kann sowohl das eigene Sicherheitsgefühl als auch die Beziehung zu den eigenen Freunden zerstören. Wenn jemand nicht weiß, von wem er cybergemobbt wird, kann generelles Misstrauen gegenüber den Gleichaltrigen entstehen, wodurch Beziehungen geschädigt werden können.

Bei der Betrachtung der Auswirkungen von Cybermobbing auf die Opfer und Täter muss beachtet werden, dass nur selten tatsächliche kausale Zusammenhänge berichtet werden können. Es handelt sich maßgeblich um Querschnittsstudien, da die einschlägigen Längsschnittstudien noch weitestgehend ausstehen. Daher können auch bisherige Metaanalysen nur die Ergebnisse querschnittlicher Studien zusammentragen (z.B. Fisher et al., 2016; Kowalski et al., 2014). Es besteht demnach die Möglichkeit, dass internalisierende und externalisierende Probleme der Kinder und Jugendlichen dazu führen, dass sie Täter oder Opfer von Cybermobbing werden und sich dadurch die Eingangsproblematik nur verschärft. Es könnte sich demnach durchaus um eine wechselseitige Beziehung handeln (vgl. Landoll et al., 2015).

Zusammenfassung

Cybermobbing steht in Zusammenhang mit verschiedenen internalisierenden und externalisierenden Problemen sowie weiteren negativen Auswirkungen bei Kindern und Jugendlichen. Der Schweregrad der Auswirkungen sowie die wahrgenommene Betroffenheit der Cyber-Opfer werden dabei von verschiedenen Faktoren beeinflusst. Zu diesen zählt unter anderem die Beziehung zwischen dem Cyber-Täter und dem Cyber-Opfer sowie ob der Cyber-Täter anonym oder dem Opfer bekannt ist. Die Beurteilung eines Cybermobbingvorfalls sollte immer auf den Einzelfall bezogen und unter Berücksichtigung der verschiedenen Bewertungsmuster des Betroffenen geschehen. Das Ausmaß des Cybermobbings kann dabei auch einen Einfluss auf die Bewältigungsstrategien haben, weshalb eine Exploration dieser einen wesentlich Bestandteil bei der Wahl einer geeigneten Intervention einnehmen sollte.

Ein durch Längsschnittstudien gesichertes Ergebnis ist, dass Cybermobbing das Risiko für die Entwicklung depressiver Symptome erhöht. Weitere Zusammenhänge zwischen internalisierenden und externalisierenden Symptomen und Cybermobbing beruhen bisher hauptsächlich auf Querschnittsstudien, wodurch keine kausalen Zusammenhänge angenommen werden können. Dennoch zeigt sich ein Zusammenhang zwischen Cybermobbing und weiteren internalisierenden Problemen wie z.B. Angst, Einsamkeit oder suizidalen Gedanken sowie externalisierenden Problemen wie aggressives Verhalten oder erhöhter

Konsum von Alkohol, Drogen oder Tabletten. Dabei gilt es zu beachten, dass nicht nur Cyber-Opfer von negativen Auswirkungen betroffen sein können, sondern auch die Cyber-Täter. Durch Cybermobbing kann sich aggressives Verhalten in anderen Lebensbereichen entwickeln und diese ungünstig beeinflussen.

Neuere Forschungsansätze weisen darauf hin, dass Cybermobbing auch biologische Auswirkungen zeigt, da Cyber-Opfer erhöhte Level an Speichelcortisol aufweisen, was einem erhöhtem Stresserleben zuzuschreiben ist. Hier fehlen jedoch weitere Studien, mit anderen Methoden zum längerfristigen Nachweis des erhöhten Cortisollevels (z. B. Haarproben).

Kapitel 5

Prävention und Handlungsstrategien

Aus den vorangegangenen Kapiteln wird deutlich, dass Cybermobbing eine neue Facette des Mobbings darstellt, die

- schwer einheitlich zu definieren ist,
- sehr unterschiedliche, komplexe Formen annehmen kann,
- eine bedeutsame Zahl an Kindern und Jugendlichen betrifft,
- bei jüngeren und älteren Kindern und Jugendlichen vorkommt,
- bei Jungen und Mädchen gleichermaßen auftritt,
- durch unterschiedlichste Motive entsteht und
- weitreichende Konsequenzen haben kann.

Umso deutlicher wird auch der Bedarf an geeigneten Präventions- und Interventionsmethoden, um Cybermobbing zu verhindern oder zumindest zu reduzieren. Es sind meistens Eltern und Lehrkräfte, die in den Medien dazu aufgerufen werden, den Kindern und Jugendlichen „Medienkompetenz" zu vermitteln, den Handy- bzw. Internetkonsum einzuschränken und einen sicheren, kompetenten Umgang im Internet beizubringen. Dieser Aufruf stellt für viele Personen eine Überforderung dar, da kaum Informationen bereitgestellt werden, wie sie mit dieser Aufgabe umgehen sollen. Des Weiteren kann es sich (noch) um Menschen handeln, die nicht mit den digitalen/sozialen Medien aufgewachsen sind und somit einen entsprechenden Umgang auch nicht explizit vermittelt bekommen haben.

Wir wollen in den nachfolgenden Abschnitten einen Überblick über einige Präventions- und Interventionsmöglichkeiten geben, der sich sowohl auf schon bestehende Programme bezieht als auch auf konkrete Handlungsempfehlungen für Eltern, Lehrkräfte und die Betroffenen selbst. Dabei wird zwischen präventiven Handlungen und Handlungsmöglichkeiten bei akutem Cybermobbing unterschieden.

An dieser Stelle wollen wir noch einmal betonen, dass man Cybermobbing natürlich niemals völlig verhindern kann. Trotzdem ist es wichtig, dass gerade Kindern und Jugendlichen verdeutlicht wird, welches Ausmaß die entsprechenden Handlungen annehmen und welchen Schaden diese verursachen können. Es geht demnach vornehmlich um die Aufklärung über Cybermobbing, um ein Bewusstsein für die Problematik zu schaffen. Dies könnte potenzielle Cyber-Täter daran hindern, dass sie zu tatsächlichen Cyber-Tätern werden, womit dem Einen oder Anderen schlimme Erfahrungen im Internet erspart blieben. Natürlich geht es auch darum zu vermitteln, welche Maßnahmen präventiv und im Problemfall ergriffen werden und wie Cyber-Opfer mit den Vorfällen und deren Auswirkungen umgehen können.

Zych, Ortega-Ruiz und Del Rey (2015) versuchten herauszufinden, wie gut die verschiedenen Programme gegen Mobbing und Cybermobbing wirken. Dafür fassten sie die Ergebnisse von 66 systematischen Reviews und Metaanalysen zusammen. Es wurde deutlich, dass die Programme methodisch sehr unterschiedlich waren und sich die meisten auf die Prävention von traditionellem Mobbing bezogen. Die Wirksamkeit konnte in den meisten Fällen eher als gering (maximal mittelmäßig) eingeschätzt werden (Zych et al., 2015). Tanrikulu (2017) verfasste ein aktuelles systematisches Review zu Präventions- und Interventionsprogrammen für Cybermobbing an Schulen. In seine Analysen wurden 17 Studien einbezogen, von denen nur acht die Wirksamkeit ihres Programmes über einen längeren Zeitraum bzw. mittels eines Follow-Up-Messzeitpunktes überprüften. Dabei zeigten die Programme starke methodische Unterschiede hinsichtlich ihrer Dauer, der zugrundeliegenden Theorie, dem Forschungsdesign und den benutzten Messinstrumenten. Das übergeordnete Ziel der Maßnahmen war jedoch immer dasselbe: Cybermobbing verhindern oder reduzieren. Nach Tanrikulu (2017) wird dieses Ziel von der Mehrheit der Programme erreicht und dies unabhängig von ihrer Dauer. Dieses Ergebnis stellt einen interessanten Befund dar, da es die Frage aufwirft, ob die Wirkung eines Programmes im Wesentlichen durch spezifische Inhalte geprägt wird und nicht durch seine Laufzeit. Wie hoch die Wirksamkeit der einzelnen Programme ausfällt, wird leider nicht berichtet.

Obwohl Zych und Kollegen (2015) eher von einer geringen Wirksamkeit sprechen, stimmen sie mit unserer Aussage überein, dass die möglichen Auswirkungen von Cybermobbing so folgenschwer sein können, dass selbst eine Prävention, die nur ein paar Kinder und Jugendliche davon abhält Cyber-Täter zu werden, durchaus als nützlich und wertvoll anzusehen ist.

5.1 Präventionsprogramme gegen Cybermobbing

Cybermobbing ist ein Problem, das auch den Schulkontext betrifft. Obwohl in manchen Schulen ein Handyverbot herrscht, werden dennoch Streitereien, die beispielsweise am Wochenende in WhatsApp-Gruppen zwischen Schülern entstanden sind, auf dem Schulgelände ausgetragen. Des Weiteren kann es sein, dass Kinder und Jugendliche nicht mehr zur Schule kommen, weil sie durch das Cybermobbing schwere depressive Symptome oder Ängste vor bestimmten Klassenkameraden entwickelt haben. Dies sind nur ein paar Beispiele, warum auch Lehrkräfte ein ausreichendes Wissen über Cybermobbing und entsprechende Handlungsmöglichkeiten haben sollten.

Die Schule bietet einen idealen Ort für die Durchführung von Programmen, da eine Vielzahl von Schülerinnen und Schülern verschiedener Altersklassen, Schulformen, Herkunft sowie aus verschiedenen sozio-ökonomischen Verhältnissen erreicht werden. Es ist oftmals so, dass von Präventions- oder Interventionsprogrammen nicht nur die Schüler profitieren, sondern auch das Lehrpersonal, welches die verschiedenen Übungen durchführt. Somit erwerben alle Beteiligten ein entsprechendes Wissen und werden für die entsprechende Problematik sensibilisiert. Dies kann sehr hilfreich sein, wenn es darum geht, gefährdete Schülerinnen und Schüler möglichst frühzeitig zu erkennen.

Es existieren manualisierte Präventions- und Trainingsprogramme, die das Ziel verfolgen, die Entstehung von Cybermobbing zu verhindern und Kindern und Jugendlichen ein entsprechendes Wissen sowie angemessene Handlungsstrategien zu vermitteln. Im Folgenden werden Einblicke in zwei deutschsprachige Präventionstrainings und ein kurzer Überblick über weitere Programme gegeben.

5.1.1 Das *Surf-Fair* Programm

Das *Surf-Fair* Programm von Pieschl und Porsch (2012) richtet sich an Schülerinnen und Schüler der fünften bis siebten Jahrgangsstufe. Im Vergleich zu anderen Programmen kann es über einen sehr kurzen Zeitraum von den Lehrkräften selbst durchgeführt werden. Die Kurzversion des Trainings dauert 90 Minuten und die Langversion nimmt 180 Minuten ein und wird über zwei Wochen jeweils einmal die Woche in 90 Minuten durchgeführt (Pieschl & Urbasik, 2013). Es beschäftigt sich intensiv mit dem medienspezifischen Teil des Cybermobbings und stellt die traditionelle Form des Mobbings der des Cybermobbings gegenüber (Pieschl & Porsch, 2012). Bei dem Programm bekommen die Schülerinnen und Schüler ein authentisches und komplexes Beispiel für Cybermobbing im Videoformat präsentiert. Der Ausgang der Geschichte wird hierbei nicht vorgegeben, sodass eine eigene Lösung (z.B. in Form von Gruppenarbeiten) erarbeitet werden muss. Auf Basis dieses Beispiels erhalten die Schülerinnen und Schüler verschiedene Aufgaben. Hervorzuheben ist, dass die durchführende Lehrkraft kein Experte in diesem Themenbereich sein muss, da die Kinder und Jugendlichen dazu angehalten werden, selbst das Problem zu definieren, Lösungswege zu suchen sowie ihre eigenen Einstellungen zu Cybermobbing und ihr eigenes Online-Verhalten zu reflektieren (Pieschl & Urbasik, 2013; Pieschl & Porsch, 2012).

In ihrer Studie an 87 Schülerinnen und Schülern der 6. Jahrgangsstufe konnten Pieschl und Urbasik (2013) belegen, dass in ihrer Kontrollgruppe die Prävalenz von Cybermobbing zunahm, während sie bei den Teilnehmerinnen und Teilnehmern der Kurzintervention stabil blieb und in der Langversion (Täter- und Opferschaft) sogar signifikant abnahm. Jedoch zeigte sich keine bedeutsame Auswirkung des Trainings auf die Bewältigungsfertigkeiten der Kinder und Jugendlichen im Umgang mit Cyberviktimisierung (Pieschl & Urbasik, 2013). Dies ist nicht verwunderlich, wenn man bedenkt, dass es einiger Zeit bedarf, um neues Verhalten zu erlernen und es dann auch in einer entsprechenden Situation zu zeigen. Um solche Effekte zu erhalten, bedarf es einem Vorgehen, das länger als eineinhalb oder drei Stunden dauert.

In einer weiteren Studie wurde überprüft, inwieweit die Durchführung des Surf-Fair Programms durch Lehrkräfte möglich ist und ob ebenfalls eine Reduktion des Cybermobbings erreicht wird (Pieschl, Kourteva & Stauf, 2017). Dies stellt einen wichtigen Ansatzpunkt dar, da eine aktuelle Metaanalyse zur deutschsprachigen Wirksamkeitsforschung verdeutlicht, dass (Trainings-)Effekte oftmals höher sind, wenn das Programm-Personal die Durchführung übernimmt und sich die Erfolge verringern, wenn die Umsetzung durch andere Personen (hier: Lehrkräfte) erfolgt (Beelmann, Pfost & Schmitt, 2014). Um dies auszuschließen, wurde das Surf-Fair Programm über einen Zeitraum von drei Jahren an einem deutschen Gymnasium in seiner Langversion durchgeführt (Pieschl et al., 2017). Im ersten Jahr wurde es von Programm-Personal durchgeführt und in den darauffolgenden Jahren von Lehrkräften. Insgesamt nahmen an der Studie 289 Schülerinnen und Schüler ($M_{\text{Alter}} = 10{,}51$) eines deutschen Gymnasiums teil. Es zeigte sich, dass das Training zu *keiner* signifikanten Reduktion des Cybermobbings führte und erneut keine Effekte auf die Bewältigungsstrategien gefunden werden konnten. Es fanden sich allerdings auch keine Unterschiede zwischen den Lehrkräften und dem Programm-Personal (Pieschl et al., 2017). Die Autoren erklärten ihre Ergebnisse damit, dass ihre Stichprobe aus Schülerinnen und Schülern bestand, die vermutlich nicht repräsentativ waren, da sie sich auf dem formal höchsten Schulzweig (Gymnasium) befanden. Des Weiteren hatten sie keine Kontrollgruppe, mit der sie die Befunde vergleichen konnten. Die Studien zur Evaluation von Surf-Fair weisen bisher keine großen Stichproben auf, allerdings handelt es sich um eine sogenannte *Prozessevaluation*, bei der es vorrangig darum geht, das Programm weiter zu optimieren und eventuelle Schwachstellen zu beseitigen (vgl. Pieschl et al., 2017).

Insgesamt weisen die Ergebnisse zu diesem Programm noch einige Schwachstellen auf, die in zukünftigen Studien bereinigt werden müssen. Die Wirksamkeit des Programms scheint noch nicht hinreichend belegt, da die großangelegten Wirksamkeitsstudien bisher fehlen. Trotzdem ist das Surf-Fair Programm sehr ökonomisch und einfach in den Schulalltag zu integrieren. Lehrkräfte können dieses Programm problemlos selbst durchführen, da die verschiedenen Bausteine in einem Manual beschrieben werden.

In den bisherigen Studien konnte gezeigt werden, dass

- das Programm eine hohe Akzeptanz bei den Schülerinnen und Schülern aufweist,
- diese es als interessant und lehrreich bewerten,
- Lehrkräfte in der Durchführung genauso gut sind wie das Programm-Personal und
- eine positive Tendenz in der Reduktion von Cybermobbing zu erkennen ist (vgl. Pieschl et al., 2017; Pieschl & Urbasik, 2013).

5.1.2 Das *Medienhelden* Programm

Das Präventionsprogramm *Medienhelden* von Schultze-Krumbholz und Kollegen (2012b) verfolgt die folgenden Ziele:

- Förderung von schützenden Online-Fertigkeiten,
- Prävention bzw. Verminderung von Cybermobbing,
- Vermittlung von Wissen und Handlungskompetenzen zur Reduzierung von Online-Risiken und Erhöhung der Internetsicherheit,
- Förderung von Empathie und Perspektivübernahmefähigkeiten sowie
- Sensibilisierung von Eltern, Lehrkräften und Lernenden.

Das Programm richtet sich an Jugendliche in der Sekundarstufe I und wird während der regulären Unterrichtszeit über einen Zeitraum von 10 Wochen einmal wöchentlich in 90 Minuten von fortgebildeten Lehrkräften durchgeführt. Insgesamt werden dabei sieben Themenmodule bearbeitet. Des Weiteren wurde eine Variante des Trainings entwickelt, die sich über einen einzigen Projekttag erstreckt und somit für Schulen attraktiv ist, die keine längerdauernde Maßnahme in ihren Schulalltag integrieren können. An diesem Projekttag werden vier Themenblöcke bearbeitet, die jeweils 90 Minuten dauern (Scheithauer, 2016; Schultze-Krumbholz et al., 2014b).

Das Programm ist theoretisch fundiert und baut auf der Theorie des geplanten Verhaltens von Ajzen (1991; siehe Abschn. 3.5.1) auf. Es sollen soziale und emotionale Fähigkeiten der Schülerinnen und Schüler gefördert werden, wodurch Einstellungen, Werte sowie die eigentliche Handlungsbereitschaft beeinflusst werden. Das Programm besteht aus verschiedenen Modulen, in denen das komplexe Thema Cybermobbing von allen Seiten beleuchtet wird. Dabei haben die Kinder und Jugendlichen beispielsweise die Möglichkeit, sich selber zu reflektieren, Verhaltensweisen in Rollenspielen zu erproben oder neue Handlungsstrategien zu erlernen (Schultze-Krumbholz et al., 2012b).

Medienhelden ist eines der ersten Programme, das eine theoretische Fundierung aufweist und auf seine Wirksamkeit hin überprüft wurde. Beispielhaft sei die Studie von Schultze-Krumbholz, Zagorscak, Wölfer und Scheithauer (2014b) angeführt, an der 590 Schülerinnen und Schüler im Alter von 11 bis 16 Jahren teilnahmen. Es wurde sowohl die Lang- als auch die Kurzversion (Projekttag) des Programmes durchgeführt und mit einer Kontrollgruppe, die keine Intervention erhielt, verglichen. Die Lehrkräfte erhielten vor der Durchführung eine Fortbildung zum Programm. Die Ergebnisse zeigten, dass sich die Kontrollgruppe über die Zeit hinweg ungünstig entwickelte, was bedeutet, dass die Kinder und Jugendlichen mehr Cybermobbing und Aggression zeigten. In der Gruppe, die die Kurzversion des Programmes durchführte, traten keine Veränderungen auf – weder positive, noch negative. Demnach konnte die Kurzintervention bewirken, dass die Schülerinnen und Schüler nicht *mehr* aggressives Verhalten und Cybermobbing entwickelten, sondern dass der Projekttag für eine Stabilisation des Verhaltens sorgte und gegebenenfalls entwicklungsbedingten Verschlechterungen vorbeugte. Im Gegensatz dazu, konnten in der Langversion des Programmes deutliche positive Veränderungen beobachtet werden. Die Schülerinnen und Schüler dieser Gruppe berichteten bedeutsam weniger Bereitschaft zu Cybermobbing sowie Cybermobbing an sich. Wie in der Kurzintervention traten keine negativen Veränderungen hinsichtlich der Aggressionsformen auf (Schultze-Krumbholz et al., 2014b). In einer weiteren Studie, an der ebenfalls Schülerinnen und Schüler der 7. bis 10. Jahrgangsstufe teilnahmen (N=593) konnten diese Befunde bestätigt werden: Jugendliche der Kontrollgruppe waren zum letzten Messzeitpunkt mehr von Cybermobbing betroffen als diejenigen, die am Medienhelden Programm teilnahmen (Wölfer et al., 2014).

Chaux, Velásquez, Schultze-Krumbholz und Scheithauer (2016) wollten den Aspekt aufgreifen, dass traditionelles Mobbing und Cybermobbing häufig gemeinsam auftreten und einige Gemeinsamkeiten aufweisen. Sie nahmen daher an, dass das Medienhelden Programm ebenfalls zu einem Abbau des traditionellen Mobbings führen müsste. Um dies zu überprüfen wurden 722 Kinder und Jugendliche zwischen 11 bis 17 Jahren zufällig den drei Gruppen (1) Langversion, (2) Projekttag und (3) Kontrollgruppe zugeordnet. Die Ergebnisse können tatsächlich bestätigen, dass das Training, vor allem in seiner Langversion, zu einer Reduktion der traditionellen Mobbing-Täterschaft führte. Überraschenderweise konnte in keiner der drei Gruppen eine Verringerung der (Cyber-)Mobbing-Opferschaft gefunden werden. Dies könnte dadurch erklärt werden, dass die Schülerinnen und Schüler von Personen gemobbt wurden, die nicht an der Intervention teilgenommen haben. Dabei könnte es sich um gänzlich fremde Menschen oder auch um Kinder und Jugendliche von anderen Schulen gehandelt haben. Es ist ebenso möglich, dass das Training für eine Sensibilisierung gegenüber Cybermobbing geführt hat, wodurch die Jugendlichen dieses nun eher erkannten und mitteilten, wenn sie betroffen waren (Chaux et al., 2016).

Insgesamt deuten diese Ergebnisse darauf hin, dass es durchaus gemeinsame Komponenten der beiden Mobbingphänomene gibt, wodurch eine Prävention, die beide Mobbingformen gleichzeitig berücksichtigt, eine positive Wirkung haben kann.

5.1.3 Weitere Programme

Das Programm *Bloßgestellt im Netz – Planspiel Cybermobbing* (Aktion Jugendschutz Bayern e. V., 2016) richtet sich an Kinder und Jugendliche im Alter von 12 bis 16 Jahren und ist für die 7. bis 10. Klasse angedacht. Eine Broschüre mit einer Beschreibung des Vorgehens und den entsprechenden Kopiervorlagen kann sehr günstig erworben werden. Das Ziel des Programmes ist es, einen Cybermobbingvorfall für die Schülerinnen und Schüler mittels eines Planspiels erfahrbar zu machen. Dadurch soll ihnen die Thematik verdeutlicht und eigene Reflexionsprozesse angeregt werden. Daher dient das Programm der Förderung eines sorgsamen Umgangs der Jugendlichen im Internet untereinander sowie der Prävention von Cybermobbing (Aktion Jugendschutz Bayern e. V., 2016). Nach unserer Kenntnis existieren für dieses Programm bisher keine Wirksamkeits- bzw. Evaluationsstudien.

Eine andere Altersgruppe wird mit dem Programm *Bekloppt gemobbt – Mit Rudi dem Biber Cyber-Mobbing auf der Spur* von der Initiative Partners in Learning der Firma Microsoft angesprochen (Stelzer & Monz, 2011; online verfügbar unter: www.sicherheit-macht-schule.de). Dieses richtet sich an Schülerinnen und Schüler der 4. bis 6. Klasse und bezieht damit Kinder im Grundschulalter mit ein. Das Training wird innerhalb von zwei Unterrichtsstunden durchgeführt und ist ebenfalls online frei verfügbar. Die Kinder werden spielerisch über eine Geschichte in die Thematik „Cybermobbing" eingeführt und mit den verschiedenen Begriffen vertraut gemacht. Dabei werden unterschiedliche Ziele verfolgt:

- Situationen von Cyber-Tätern und Cyber-Opfern kennenlernen und verstehen,
- Verhaltensregeln innerhalb der Klasse gemeinsam erarbeiten,
- Reflexion und Diskussion über die gelernten Inhalte sowie
- Erstellung eines eigenen Verhaltenskodex zur Prävention von Cybermobbing (vgl. Stelzer & Monz, 2011).

Zu diesem Programm sind uns ebenfalls keine Wirksamkeitsstudien bekannt. Trotzdem stellt es eines der wenigen Programme dar, die bereits im jungen Kindesalter ansetzen und somit Cybermobbing thematisieren, bevor es zum ersten Mal auftritt (im Sinne einer *Primärprävention*).

Das Programm *Bekloppt gemobbt – Mit Rudi dem Biber Cyber-Mobbing auf der Spur* (Stelzer & Monz, 2011) bietet für junge Kinder (Alter: 10–12 Jahre) einen spielerischen Einstieg in die Thematik und ist von den Lehrkräften oder Erzieherinnen und Erziehern selbstständig und einfach durchführbar.

Aktuell liegen schon vielfältige Ansätze vor, um Cybermobbing zu verhindern oder die Auswirkungen abzuschwächen, indem ein differenziertes Wissen sowie geeignete Handlungsstrategien vermittelt werden. Bisher liegt der Fokus von Präventions- und Interventionsmaßnahmen deutlich auf der Altersgruppe der 12- bis 16-Jährigen (Tanrikulu, 2017), was ungefähr dem Zeitpunkt entspricht, an dem das Cybermobbing am häufigsten auftritt (vgl. Tokunaga, 2010). Demnach werden besonders in diesem Alter Kompetenzen benötigt, um mit Cybermobbing angemessen umgehen zu können. Des Weiteren sollte das Auftreten reduziert und potenzielle Cyber-Täter von entsprechenden Cybermobbinghandlungen abgehalten werden. Ein Fokus sollte darauf liegen, dass eine Anti-(Cyber-) Mobbing-Politik an der entsprechenden Schule sowie in den einzelnen Klassen herrscht und Cybermobbing von den Schülerinnen und Schülern als „uncool" bewertet wird.

Es ist deutlich erkennbar, dass die Prävention von Cybermobbing schon früher ansetzen sollte, da bereits im Grundschulalter einige Kinder von Erfahrungen mit Cybermobbing berichten (vgl. DePaolis & Williford, 2015; MpFS, 2017). Diese Altersklasse wird in bisherigen Programmen vernachlässigt (Tanrikulu, 2017). Es ist denkbar, dass die Schwierigkeit bei jüngeren Kindern darin besteht, passende Materialien und einen geeigneten Einstieg in die Thematik zu entwickeln.

Die vorangegangenen Kapitel veranschaulichen, dass es sich bei Cybermobbing um ein sehr komplexes Problem handelt, das nicht nur eine Person selbst, sondern auch die soziale Umwelt beeinflusst. Das Auftreten und die Auswirkungen des Cybermobbings sind oftmals von der sozialen Umwelt des Betroffenen abhängig. Daher sollte sich eine effektive Prävention nicht nur auf die Kinder und Jugendlichen konzentrieren, sondern gleichzeitig ihre Bezugspersonen integrieren. *Einerseits* bedeutet dies, dass Kindern vermittelt werden muss, wie sie sich vor Cybermobbing schützen oder wie sie in solchen Situationen handeln können. *Andererseits* sollten gleichzeitig Eltern in Präventions- und Interventionsprogrammen angesprochen werden, da zum Beispiel das elterliche Monitoring sich mehrfach als einer der wichtigsten Schutzfaktoren vor Cybermobbing herauskristallisiert hat (z. B. Chen et al., 2017; Hinduja & Patchin, 2013; Hood & Duffy, 2017). Genauso wichtig scheint eine gute Eltern-Kind-Beziehung zu sein, da auch diese das Risiko für Cybermobbing/Cyberviktimisierung reduziert (Davis & Koepke, 2016; Fanti et al., 2012). Außerdem ist es für Opfer von Cybermobbing besonders wichtig, eine gute Beziehung zu mindestens einer Bezugsperson zu haben, damit sie wissen, an wen sie sich im Zweifelsfall wenden können, um nach Hilfe zu fragen, und um sich dies überhaupt zu trauen. Hierbei stellt eine tragfähige und vertrauensvolle Beziehung eine Grundvoraussetzung dar, wobei sich diese nicht nur auf die Eltern beschränkt, sondern beispielsweise auch die Lehrer-Schüler-Beziehung meint.

Hinweis

Pieschl und Kollegen (2017) weisen auf die Problematik hin, dass Schulen (noch) selbst dafür verantwortlich sind, zu entscheiden, ob und welches Präventionsprogramm sie gegen Mobbing oder Cybermobbing durchführen. Gleichzeitig stehen viele verschiedene Programme zur Auswahl, von denen viele nicht auf ihre Wirksamkeit hin überprüft wurden. Ein interessanter Gedanke der Autoren ist, dass einige Schulen gar nicht erst nach entsprechenden Präventionstrainings suchen, um zu vermeiden, dass der Eindruck entsteht, dass an ihrer Schule ein Problem mit Cybermobbing herrscht (Pieschl et al., 2017). Dieser Gedanke ist grundlegend falsch, da es bei vielen Programmen um die *Prävention* von Cybermobbing geht: Das heißt, es soll dem erstmaligen Auftreten vorgebeugt werden. Dies wiederum kann nur im Interesse von Eltern, Lehrkräften und Lernenden sein. Einige Schulen argumentieren, dass sie kein mehrwöchiges Training implementieren können, da sie dadurch zu viel Unterrichtszeit verlieren würden. Hierfür bieten die vorgestellten Programme *Medienhelden* (Schultze-Krumbholz et al., 2012b) und *Surf-Fair* (Pieschl & Porsch, 2012) gute Alternativen, da sie in unterschiedlich umfassenden Versionen vorliegen. Außerdem ist ein weiterer Vorteil, dass beide Programme manualisiert sind, wodurch die Lehrkräfte keine besondere Expertise mitbringen müssen, um das Training mit ihren Schülerinnen und Schülern ordnungsgemäß und effektiv durchführen zu können.

Eine weitere Alternative stellt das aktuelle Trainingshandbuch „Was tun bei (Cyber) Mobbing? Systemische Intervention und Prävention in der Schule" dar, welches vom Mehr-Ebenen-Programm Konflikt-KULTUR und der EU-Initiative Klicksafe gemeinsam entwickelt wurde. Es steht auf der Internetseite von Klicksafe frei verfügbar und kostenlos zum Download bereit (siehe www.klicksafe.de). Für dieses Training existieren nach unserer Kenntnis zum jetzigen Zeitpunkt ebenfalls noch keine Wirksamkeitsstudien.

Aus der Erkenntnis, dass Programme gegen Cybermobbing auch gegen traditionelles Mobbing wirken können (vgl. Chaux et al., 2016), ergibt sich die Frage, ob sich spezifische Unterschiede zwischen den beiden Phänomenen identifizieren lassen, sodass gezielte Präventions- und Interventionsprogramme für die eine oder die andere Form entwickelt werden können. Dies wäre durchaus hilfreich, um bei z.B. einer aktuellen (Cyber-)Mobbingproblematik möglichst effektiv intervenieren zu können.

5.2 Präventionsmaßnahmen für Schulen und Lehrkräfte

An deutschen Schulen wird hinsichtlich möglicher Handlungs- und Verhaltensstrategien bei Cybermobbing sowie der Risiken und der Gefahren im Internet kaum aufgeklärt. Weniger als ein Drittel der Schulen (29 %), die vom Bündnis gegen Cybermobbing e.V. (2017) in allen 16 Bundesländern befragt wurden, vermitteln ihren Schülerinnen und Schülern Handlungskompetenzen im Umgang mit Cybermobbing und nur 14 % bieten Workshops zum Nutzen und den Gefahren des Internets an.

Schulen sind jedoch auch in der Pflicht, im Falle von Cybermobbing zu handeln bzw. einzugreifen. Es ist wichtig, dass das Thema in der Schule allen Beteiligten präsent ist und nicht heruntergespielt wird. Daher sollte das Ziel einer Schule sein, jeden einzelnen Cybermobbingvorfall aufzuklären und sich aktiv damit auseinanderzusetzen. Dafür ist es wichtig, dass alle Beteiligten in die Problemlösung miteinbezogen werden. Das bedeutet unter anderem, dass Cyber-Täter und Cyber-Opfer gemeinsam eine Lösung vereinbaren sollten und eine Wiedergutmachung stattfindet.

Für das Opfer kann es wichtig sein, dass sich auch etwas innerhalb der Klassengemeinschaft verändert und beispielsweise Klassenkameraden von der Lehrkraft aktiviert werden, um dem Cyber-Opfer beizustehen und es wieder zu integrieren. Da Cybermobbing die Kinder und Jugendlichen vor allem zu Hause erreicht, ist es besonders wichtig, die Eltern oder andere Bezugspersonen mit einzubeziehen, sie über die Vorfälle sowie allgemein über Cybermobbing zu informieren und ihnen den Ernst der Lage zu verdeutlichen. Auch Schulen ist es möglich, bei besonders schweren Fällen von Cybermobbing (z. B. Erpressung, Drohungen, Nötigung) die Polizei zu informieren und sich beispielsweise beim Jugendamt Hilfe zu suchen (Bündnis gegen Cybermobbing, 2014a).

Das Thema „Digitale und soziale Medien“ sollte allgemein in den regulären Schulunterricht integriert werden. Dabei empfiehlt es sich am besten schon in der Grundschule anzusetzen, da viele Kinder in diesem Alter bereits erste Erfahrungen mit den neuen Medien gesammelt haben (vgl. DePaolis & Williford, 2015; MpFS, 2017). Für Schulen ist es oft schwer, zusätzliche Themen oder Projekte in den Regelunterricht zu integrieren. In diesem Fall können Projektwochen oder -tage zu diesem Thema veranstaltet werden. Dafür bietet sich beispielsweise die Orientierung am schon genannten Medienhelden-Programm von Schultze-Krumbholz und Kollegen (2012b, s. Abschn. 5.1.2) an, da dieses sowohl über einige Wochen als auch in Form eines Projekttages durchführbar ist.

Der fachgerechte, ordnungsgemäße und kompetente Umgang mit den digitalen Medien steht in engem Zusammenhang mit anderen Themen, die innerhalb der Schule vermittelt werden. Mit Medien kompetent umgehen können bedeutet immer, auch ein entsprechendes Maß an Wissen zu haben, um diese überhaupt einsetzen zu können. Wissen ist demnach ein grundlegendes Element des kompetenten Medieneinsatzes und -umgangs. Wissensvermittlung steht im Mittelpunkt jeder Schule und daher scheint eine Verknüpfung dieser beiden Themen äußerst sinnvoll.

Des Weiteren sollte es in der Schule klare Regeln für den Umgang mit Cybermobbing geben sowie einen *Verhaltenskodex* (Bündnis gegen Cybermobbing e. V.,

2014a), der konkret vorgibt, wie und ob digitale Medien (Handys, Smartphones, Tablets etc.) auf dem Schulgelände benutzt werden dürfen. Um Cybermobbingvorfällen wie Happy Slapping (Abschn. 1.3ff.) vorzubeugen, sollte generell das Filmen (unabhängig vom Medium) innerhalb der Schule untersagt werden. Diese Regeln und die zugehörigen Konsequenzen bei Nichteinhaltung, sollten in der Schulordnung festgehalten werden, um

- den Lehrkräften und allen weiteren pädagogischen Fachkräften mehr Sicherheit für den Umgang mit Cybermobbing zu bieten,
- für die Schülerinnen und Schüler offen und transparent zu sein,
- eine Null-Toleranz gegenüber Cybermobbing und Präsenz zu signalisieren und
- dadurch die Hemmschwelle potenzieller Cyber-Täter zu erhöhen (vgl. Bündnis gegen Cybermobbing, 2014a; Hinduja & Patchin, 2013).

Durch diese verschiedenen Handlungsweisen kann erreicht werden, dass innerhalb der Schule ein positives Klima herrscht und das Vorgehen gegen Cybermobbing deutlich wird. Diese beiden Faktoren können nachweislich die Wahrscheinlichkeit für das Auftreten von Cybermobbing verringern (vgl. Azaredo et al., 2015; Casas et al., 2013; Festl et al., 2015). Hinduja und Patchin (2013) konnten weiterhin zeigen, dass Schülerinnen und Schüler, die eine Konsequenz von Seiten der Eltern oder auch der Schule befürchteten, signifikant seltener in Cybermobbingvorfälle involviert waren. Sie schlagen außerdem vor, dass Schulen die Kinder und Jugendlichen in die Etablierung einer allgemeinen Anti-Cyberbullying-Politik integrieren sollten, indem die Schülerinnen und Schüler selbst als Vorbilder fungieren. Dafür können einige von ihnen ausgewählt und zum Thema „Cybermobbing" ausgebildet werden, um dann ihre Mitschüler zu diesem Phänomen zu informieren und auch eingreifen zu können (sogenannte *Peer-Mentoring-Programme*). Dieser Ansatz erscheint sehr vielversprechend, da Kinder und Jugendliche, spätestens mit dem Beginn der Pubertät, immer mehr nach Autonomie streben, ihre eigene Identität ausbilden und Anschluss bei Gleichaltrigen finden wollen. Sie suchen demnach auch nach (Verhaltens-)Modellen, an denen sie sich orientieren können. An diesem Punkt könnten die ausgebildeten Mitschülerinnen und Mitschüler eine attraktive Gruppe darstellen, die Werte, Normen und positive Verhaltensweisen vermittelt und dadurch die anderen Kinder und Jugendlichen bei der Ausformung ihrer (sozialen) Identität unterstützt (vgl. Hinduja & Patchin, 2013).

Es gibt diverse Hinweise, dass die Betroffenen in vielen Fällen nicht von dem (Cyber-)Mobbing berichten (vgl. Glew et al., 2005; Nixon, 2014; Tokunaga, 2010). Es könnte demnach hilfreich sein, wenn Schulen ein entsprechendes Informationssystem einführen. Dieses liefert konkrete Anweisungen, wie Cybermobbing gemeldet werden kann. Hierbei ist darauf zu achten, dass es mindestens eine geschulte Person gibt, die bei entsprechenden Problemen kompetent handeln kann (z.B. in Form von Schulpsycholog/-innen). Außerdem sollte es die Möglichkeit geben, anonym von einem Vorfall berichten zu können (z.B. über das Internet oder einen anonymen Briefkasten), damit Schülerinnen und Schüler es frühzeitig melden können, ohne dass sie die Befürchtung haben müssen, selbst Opfer zu werden (Bündnis gegen Cybermobbing e.V., 2014a). Weiterhin darf ein Opfer keine Angst vor persönlichen Konsequenzen haben, sobald es einen Cybermobbingvorfall meldet.

Eine schulinterne Regelung und ein entsprechendes Kommunikations- und Informationssystem bieten sowohl für die Schülerinnen und Schüler eine Chance, sich einer Bezugsperson anzuvertrauen, als auch den Lehrkräften und anderen Personen die Möglichkeit, Mobbing und Cybermobbing wahrzunehmen und entsprechend handeln zu können. Durch diese Maßnahmen könnte weiterhin das Sicherheitsgefühl der Kinder und Jugendlichen erhöht werden, welches ebenfalls in Verbindung mit einer Reduktion von Cybermobbingvorfällen steht (vgl. Casas et al., 2013).

Hinweis

Cybermobbing stellt ein Thema dar, das auch Schulen betrifft. Zwar findet es oftmals nach der Schule statt, die entstandenen Konflikte und Probleme können sich allerdings auch auf den Schulalltag auswirken und dort Schwierigkeiten verursachen. Es empfiehlt sich, dass eine Anti-Cybermobbing-Politik in der gesamten Schule etabliert und von allen Beteiligten (Schülerinnen und Schüler, pädagogische Fachkräfte etc.) gelebt wird. In einem Kontext, in dem kein Cybermobbing geduldet wird, kommen entsprechende Vorfälle seltener vor. Um ein solches Konzept einzuführen, bedarf es einer guten Organisation und Absprache. Dabei sollten mindestens die folgenden Fragen geklärt werden:

- Wie soll generell mit digitalen Medien (z.B. Smartphones) auf dem Schulgelände oder in Klassenräumen umgegangen werden (Verhaltenskodex)?
- Was ist Cybermobbing?
- Welche (angemessenen) Konsequenzen gibt es und wann werden welche eingeleitet?
- Wie kann ein Cybermobbingvorfall gemeldet werden (öffentlich vs. anonym)?
- Wer ist Ansprechpartner für Betroffene?
- Ist es möglich, Cybermobbing und Medienkompetenz in den Regelunterricht zu integrieren?

5.2.1 Wie können pädagogische Fachkräfte präventiv handeln?

Obwohl viele Schulen die Nutzung des Internets und Smartphones reglementieren oder komplett verbieten, bleiben sie von den Auswirkungen von Cybermobbing nicht verschont. Dies ist vor allem damit zu begründen, dass traditionelles

Mobbing, das häufig in der Schule stattfindet, über die neuen digitalen Medien erweitert und durch diese fortgesetzt wird (vgl. Kowalski et al., 2012b; Mishna et al., 2012; Modecki et al., 2014; Petermann & von Marées, 2013; Waasdorp & Bradshaw, 2015). Demnach sind viele (nicht alle) Opfer von Cybermobbing gleichzeitig auch Opfer von traditionellem Mobbing, wodurch die betroffenen Kinder ununterbrochen dem (Cyber-)Mobbing ausgesetzt sind (Chaux et al., 2016). Was morgens in der Schule anfängt, wird zu Hause über das Internet (durch PCs, Tablets oder Smartphones) weitergeführt und dann am nächsten Tag erneut in der Schule fortgesetzt. Dadurch können sich Schulen nicht aus der Verpflichtung nehmen, sich an der Prävention von Cybermobbing und an der Vermittlung von Handlungskompetenzen mit den digitalen und sozialen Medien zu beteiligen.

Für pädagogische Fachkräfte, wie beispielsweise Lehrkräfte oder Erzieher, stellt sich also auch immer häufiger die Frage, wie sie Cybermobbing erkennen und vor allem, wie sie im Falle von Cybermobbing handeln können. Nach unserer Kenntnis stellen Fort- oder Weiterbildungen zu diesem Thema leider (noch) eine Seltenheit dar. Dies führt dazu, dass viele Lehrkräfte die Faszination der Kinder und Jugendlichen an sozialen Medien nicht nachvollziehen und verstehen können. Sie kennen sich oftmals selbst nicht gut genug mit der neuen digitalen Welt aus, um den Betroffenen unterstützend zur Seite stehen oder ihnen einen kompetenten und verantwortungsvollen Umgang mit den digitalen und sozialen Medien vermitteln zu können.

Einen ersten Ansatz bietet das Bündnis gegen Cybermobbing (2014a), indem es neun Warnsignale beschreibt, auf die Lehrkräfte achten können, um Opfer von Cybermobbing frühzeitig zu erkennen:

- Bedrückte Stimmung,
- Aufmerksamkeits- und Konzentrationsprobleme,
- schlechter werdende Leistungen in der Schule,
- Verschlossenheit bzw. plötzlicher sozialer Rückzug,
- vermehrtes Fehlen im Unterricht,
- Wut- oder Angstzustände,
- somatische Symptome wie häufig auftretende Kopf- oder Bauchschmerzen,
- geistige Abwesenheit und/oder Rückzug in eine andere Welt.

Es ist erkennbar, dass diese Merkmalsliste auch auf eine Menge anderer Schwierigkeiten von Kindern und Jugendlichen passen könnte und sie sich nicht ausschließlich auf Auffälligkeiten bei Cyber-Opfern beziehen lässt. Trotzdem ist es ratsam, einen Schüler oder eine Schülerin, die eines oder mehrere der genannten Merkmale zeigt, in Ruhe darauf anzusprechen und ihm/ihr Hilfe anzubieten. Es sollte dann im Gespräch vorsichtig geklärt werden, durch was die entsprechende Auffälligkeit bedingt ist, um dann *gemeinsam* das weitere Vorgehen zu planen.

5.2.2 Wie können pädagogische Fachkräfte in akuten Krisen handeln?

Es kann passieren, dass auch Lehrkräfte direkt mit Cybermobbingvorfällen konfrontiert werden. Dies ist zum Beispiel der Fall, wenn Schülerinnen und Schüler allgemein oder nur in den Pausen ihre Handys/Smartphones benutzen dürfen. Ein Cyber-Opfer könnte dann auf dem Schulgelände beleidigende Nachrichten erhalten, ein kompromittierendes Video oder Bilder zugeschickt bekommen oder feststellen, dass jemand über es eine Hass-Website erstellt hat. Sollte einer der genannten Fälle eintreten, muss eine Lehrkraft kompetent eingreifen und handeln können.

Lehrkräfte sollten:

- dem betroffenen Kind oder Jugendlichen raten, *nicht auf die Angriffe zu reagieren*, da er/sie dadurch selbst zum Cyber-Täter wird und gegebenenfalls nur weitere Cybermobbingattacken provoziert. Stattdessen sollte überprüft werden, ob der Cyber-Täter dem Opfer bekannt ist und anschließend *aus den Kontaktdaten gelöscht* werden. Dies ist hilfreich, da bei einigen sozialen Medien, wie beispielsweise WhatsApp, der Zugriff auf die eigenen Statusmeldungen oder das Profilbild auf die eigenen Kontakte eingeschränkt ist. Diese – völlig korrekte – Einstellung ist jedoch hinfällig, sobald sich der Cyber-Täter in der eigenen Kontaktliste des entsprechenden Mediums (Smartphone, Tablet, ...) befindet.
- dem Betroffenen helfen, „Beweise“ zu sichern, z. B. in Form von Screenshots von den diffamierenden Inhalten. Diesbezüglich könnte eine weitere Lösung sein, das Mobiltelefon vorerst zu verwahren, bis die Eltern des betroffenen Kindes oder Jugendlichen da sind, da Lehrkräfte die Inhalte von Schüler-Smartphones nicht gegen deren Willen und ohne Genehmigung ihrer Eltern einsehen dürfen (Bündnis gegen Cybermobbing e. V., 2014a).
- den Betroffenen dazu anleiten, die kompromittierenden Bilder, Videos oder Kommentare zu löschen (nachdem sie gespeichert wurden) oder diese dem Betreiber der jeweiligen Online-Dienste zu melden.
- in schwerwiegenden Fällen von Cybermobbing nicht zögern, auch die Polizei zu informieren und ggfs. Anzeige zu erstatten (Bündnis gegen Cybermobbing, 2014a).

Allgemein gilt, dass dem betroffenen Kind oder Jugendlichen signalisiert werden muss, dass es nicht alleine vor dem Problem steht, sondern dass es Personen gibt, die ihm helfen können. Es ist immer notwendig, dem Betroffenen ein Gespräch und Hilfe anzubieten und ihm dadurch als Unterstützung zur Seite zu stehen. Besonders wichtig ist auch, dass nicht ohne das Wissen oder gegen den Willen des Cyber-Opfers gehandelt wird, da sich dadurch die Situation noch verschlimmern kann. Wenn Kinder und Jugendliche nicht in die Problemlösung eingebunden, sondern bevormundet oder übergangen werden, kann es passieren, dass sich der/die Betroffene verschließt und sich oder weitere Vorfälle nicht mehr mitteilt. Dadurch besteht die Gefahr, dass sich die Situation weiter verschlimmert und sich das Kind oder der Jugendliche ausschließlich alleine mit der Problematik auseinandersetzt und versucht, sie ohne fremde Hilfe zu bewältigen.

Hinweis

Neben einer entsprechenden Schulpolitik ist es auch wichtig, dass pädagogische Fachkräfte ein differenziertes Wissen sowie entsprechende Handlungskompetenzen im Umgang mit Cybermobbing erwerben. Dazu gehören unter anderem das Erkennen bestimmter Frühwarnsignale bei den Schülerinnen und Schülern sowie ein einfühlsames Vorgehen im Gespräch. Es ist wichtig, dass zwischen den Lehrkräften und den Kindern und Jugendlichen eine vertrauensvolle Beziehung herrscht. Diese fördert, dass sich Cyber-Opfer trauen, von dem Cybermobbingvorfall zu berichten. Eine weitere wichtige Voraussetzung ist, dass auch Lehrkräfte Interesse oder zumindest Wissen über die digitalen Medien haben, um von den Heranwachsenden als kompetente Ansprechpartner wahrgenommen zu werden.

Um einen Einblick in die Erlebenswelt der Schülerinnen und Schüler im Hinblick auf ihre Nutzung von sozialen Medien sowie über ihr Wissen und ihre Erfahrungen mit Cybermobbing zu bekommen, würden sich Projekttage oder -wochen zu diesem Thema anbieten. Dabei könnten Lehrkräfte und Lernende vorher gemeinsam einen Themenbereich festlegen und zu diesem gemeinsam Fragestellungen und Aufgaben entwerfen, die bearbeitet werden sollen. Dadurch können sich die Kinder und Jugendlichen mit einem für sie interessanten Thema auseinandersetzen und zum Beispiel ihr eigenes Online-Verhalten reflektieren. Der Lehrer oder die Lehrerin kann sich erklären lassen, was die Kinder an der digitalen Welt interessiert und ggfs. Problembereiche identifizieren und diese später aufgreifen. Des Weiteren bietet diese Vorgehensweise den Vorteil, dass die Schülerinnen und Schüler die Experten/-innen sind und ihren Klassenkameraden sowie Lehrkräften etwas beibringen oder erklären können.

5.3 Was können Eltern tun?

5.3.1 Was können Eltern präventiv tun?

Wie in den vorangegangenen Kapiteln beschrieben, besitzen Kinder und Jugendliche immer früher eigene Smartphones, haben Zugang zum Internet, müssen sich aktiv mit der digitalen Welt auseinandersetzen und sich kompetent in ihr bewegen und handeln. Um das alles überhaupt leisten zu können, müssen jedoch Wissensinhalte und Handlungskompetenzen vermittelt werden, damit Kinder schon frühzeitig die Gefahren der digitalen und sozialen Medien einschätzen lernen sowie auch die positiven Aspekte zu nutzen wissen. Daraus lässt sich schließen, dass vorerst Eltern in der Pflicht und Verantwortung sind, ihren Kindern diesen angemessenen, kompetenten Umgang beizubringen, bevor es zu beispielsweise Cybermobbing kommt.

Eine frühe *Medienerziehung* (siehe Kap. 6) findet in der Familie statt, wobei die folgenden Punkte beachtet werden sollten.

Eltern sollten:

- ihr Kind keinesfalls zu früh mit digitalen Medien konfrontieren, da sich diese, besonders im Säuglings- und Kleinkindalter, negativ auf die Entwicklung auswirken können (vgl. Spitzer, 2015b). Eine Empfehlung für *Bildschirmzeiten* findet sich in Abschnitt 6.2.
- sich ihrer eigenen Vorbildfunktion im Umgang mit Medien immer bewusst sein, da Kinder ihr eigenes Medienverhalten oft an dem ihrer Eltern orientieren. Ganz konkret bedeutet dies, dass auch Eltern beispielsweise
  - ihr Smartphone oder Tablet nicht am Essenstisch haben sollten,
  - während Freizeitaktivitäten dem Smartphone nicht mehr Aufmerksamkeit schenken als anderen Dingen oder es am besten zu Hause lassen sollten sowie
  - sich selbst an Regelungen, wie z.B. „keine Smartphone- oder Internetnutzung nach 20 Uhr", halten sollten. Die Infobox 4 „Hashtag: #Unserkleinerliebling" zeigt ein aktuelles Beispiel, warum es nicht unbedingt selbstverständlich und einfach ist, in der heutigen Zeit ein geeignetes Vorbild im Umgang mit digitalen Medien und dem Internet zu sein.
- die ersten selbstständigen Medienhandlungen ihres Kindes begleiten, indem sie beispielsweise altersgemäße Angebote auswählen, durch welche die Kinder z.B. die Funktionsprinzipien sozialer Medien kennenlernen können. Des Weiteren ist es hilfreich, sich als Elternteil selbst bei den sozialen Medien anzumelden und sich mit dem eigenen Kind zu vernetzen, um einen Überblick über dessen Online-Aktivitäten, Online-Verhaltensweisen sowie über die Online-Bekanntschaften zu behalten (Wagner, 2017).
- ihrem Kind schon früh den verantwortungsvollen Umgang mit digitalen Medien vermitteln und diesen mit ihm üben. Dafür ist es wichtig, dass sie sich selbst informieren und sich mit den Technologien und sozialen Diensten, die ihr Kind nutzt, auskennen. Des Weiteren kann es auch hilfreich sein, vor allem bei jüngeren Kindern, wenn konkrete Regeln für den Umgang mit den digitalen Medien mit dem Kind besprochen werden. Diese können sich auf die allgemeine Art und Weise der Nutzung sowie auf die Dauer (siehe Kap. 6) beziehen. Die Beschränkung der Nutzungsdauer erscheint besonders sinnvoll, da diese einen entscheidenden Risikofaktor darstellt (z.B. Porsch & Pieschl, 2014).

Infobox 4: Hashtag: #Unserkleinerliebling

Medienerziehung findet insbesondere in der Familie statt. Kinder werden von Geburt an mit digitalen Medien konfrontiert, da so gut wie alle Eltern oder Geschwister diese nutzen. Viele Kinder landen bereits im Säuglingsalter per Bild, Video oder Sprachdatei im Internet. Dies löst bei vielen vermutlich Empörung aus, aber wer kennt folgende Gründe nicht:

- Familie, Freunde und Verwandte geben sich meistens große Mühe, jede kleine Bewegung des neuen Erdenbürgers zu dokumentieren.
- Stolze Eltern oder Geschwister veröffentlichen erste Bilder des Nachwuchses bei WhatsApp als Statusmeldung oder bei Facebook, um allen anderen von der Neuigkeit zu berichten und sie an dem Familienglück teilhaben zu lassen.
- Profilbilder werden geändert, zu Bildern, auf denen man selbst mit Kind zu sehen ist.
- Videos der ersten Greifbewegungen oder des ersten Lächelns werden gemacht und ebenso veröffentlicht.

Diese Beispiele zeigen, dass bereits ein junger Mensch im Alter von ein paar Tagen oder Wochen bereits ein Internetstar werden kann – ohne gefragt zu werden. Die möglichen Konsequenzen werden dabei meistens nicht reflektiert und die generelle Notwendigkeit dieser öffentlichen Zurschaustellung wird ebenfalls nicht in Frage gestellt.

Hinduja und Patchin (2013) betonen die Bedeutsamkeit einer offenen, nicht strafenden Kommunikation zwischen dem Kind und den Eltern. Diese sollte regelmäßig stattfinden, damit die Eltern einen gewissen Überblick über die Online-Aktivitäten ihres Kindes behalten und damit sich ein Kind im Falle von Cybermobbing auch traut, davon zu berichten. Außerdem haben Studien gezeigt, dass die Betroffenen, die sich Hilfe holen, sich vor allem an ihre Eltern wenden, um dem Problem nicht alleine gegenüber zu stehen (Kowalski & Toth, 2017).

5.3.2 Was können Eltern in akuten Krisen tun?

Der allerwichtigste Punkt für Eltern und alle weiteren Bezugspersonen ist, dass sich das Kind oder der Jugendliche dem Cybermobbing nicht hilflos ausgeliefert fühlt. Dementsprechend ist es wichtig, Unterstützung und Hilfe anzubieten sowie dem Kind Rückhalt zu geben (Bündnis gegen Cybermobbing e.V., 2017). Es sollte nichts gegen den Willen des Opfers entschieden werden. Daher ist es wichtig, mit ihm über die Geschehnisse zu sprechen und seine Sicht der Dinge zu integrieren und zu verstehen. Es sollten weitere Personen an der Problemlösung beteiligt werden. Hierbei empfiehlt es sich Lehrkräfte, Betreuungspersonen oder Beratungsstellen aufzusuchen, um sich Ratschläge für das konkrete Vorgehen geben zu lassen und gemeinsam eine Lösung zu finden.

Cybermobbing ist, vor allem unter Schülerinnen und Schülern, oftmals nur eine Fortsetzung des traditionellen Mobbings, das in der Schule stattfindet (z.B. Antoniadou & Kokkinos, 2015; Kowalski et al., 2012b). Daher ist es nicht verwunderlich, dass sich Cyber-Täter und Cyber-Opfer auch im wirklichen Leben kennen, vielleicht sogar dieselbe Schule besuchen und somit (offline) miteinander interagieren (Kowalski et al., 2012b; Waasdorp & Bradshaw, 2015). Ist dies der Fall, sollte der Betroffene mit dem Cyber-Täter in Kontakt treten und ihn darum bitten mit dem Cybermobbing aufzuhören. Das bedeutet, dass Eltern ihr Kind dazu ermutigen sollten, diesen Schritt zu gehen, um dann mit ihm gemeinsam zu besprechen, wie das Gespräch verlaufen sollte.

Es kann hierbei helfen, wenn gemeinsam ein Brief an den Cyber-Täter geschrieben wird, indem die Unterlassung des konkret formulierten Verhaltens gefordert wird. Eine beispielhafte Formulierung bietet Petermann (2017), die in Kasten 1 wiedergegeben wird.

Kasten 1: Aufforderung auf Unterlassung des Cybermobbings (Schülerversion; aus Petermann, 2017, S. 80)

Liebe/-r ____________________,

ich möchte dich mit diesem Brief darum bitten, dass du aufhörst, mich im Internet zu mobben. Ganz konkret meine ich, dass du aufhören sollst

____

____

____.

Vielleicht weißt du gar nicht, wie sehr du mich damit verletzt. Auf jeden Fall möchte ich, dass du *jetzt* damit aufhörst. Wir müssen keine besten Freunde werden, aber wir sollten uns wenigstens in Ruhe lassen.

Ich hoffe, dass wir uns so einigen können und ich keine weiteren Schritte unternehmen muss. Cybermobbing ist nämlich auch gesetzlich verboten und kann Konsequenzen haben – soweit sollten wir es nicht kommen lassen!

Vielen Dank!

Freundliche Grüße

____

Sollte das Cybermobbing daraufhin nicht aufhören, können auch die Eltern des Cyber-Täters mit einbezogen werden. Es sollte entweder ein gemeinsames Gespräch mit allen Beteiligten stattfinden oder die Eltern können ebenfalls per Anschreiben dazu aufgerufen werden, dass ihr Kind das entsprechende Verhalten unterlässt (Formulierungsvorschlag in Kasten 2).

Kasten 2: Aufforderung auf Unterlassung des Cybermobbings (Elternversion; aus Petermann, 2017, S. 81)

Sehr geehrte Familie ____________________,

wir mussten leider feststellen, dass Ihr Sohn/Ihre Tochter ________________ (Name-Täter) unser Kind ________________ (Name-Opfer) des Öfteren über das Internet oder Handy mobbt. ________________ (Name-Opfer) leidet sehr unter diesen Angriffen und wir möchten, dass dies nun ein Ende hat. Ganz konkret möchten wir, dass Ihr Kind aufhört

____

____

____.

Cybermobbing ist keine schöne Sache und kann ggfs. auch rechtliche Konsequenzen haben. Soweit möchten wir es aber nicht kommen lassen! Bitte sprechen Sie mit Ihrem Kind und sorgen Sie dafür, dass solche Vorfälle in Zukunft nicht mehr passieren.

Vielen Dank!

Mit freundlichen Grüßen

Familie ________________________

Bei der Formulierung des Anschreibens sollte bei beiden Versionen darauf geachtet werden, dass

- die *Beendigung des Cybermobbings* gefordert wird,
- genau benannt wird, *welches konkrete Verhalten* bzw. welche Cybermobbinghandlungen aufhören sollen. Dadurch soll sichergestellt werden, dass dem Cyber-Täter bewusst wird, welche seiner Online-Aktivitäten dem Opfer schaden, falls er sich unter der allgemeinen Aufforderung zur Unterlassung des Cybermobbings nichts vorstellen kann.
- die emotionalen *Auswirkungen auf das Opfer und dessen Leidensdruck* beschrieben werden. Manchmal handeln Cyber-Täter aus niederen Motiven heraus, wie

beispielsweise Langeweile oder Spaß (Bündnis gegen Cybermobbing e.V., 2017), und sind sich nicht bewusst, dass sie ihrem Opfer (emotionalen) Schaden zufügen.

- die *Strafbarkeit* von Cybermobbing erwähnt wird. Die rechtlichen Konsequenzen, die Cybermobbing haben kann, sind vielen Kindern und Jugendlichen nicht bewusst. Das Wissen über diese Konsequenzen kann zukünftiges Cybermobbing verhindern.
- eine *gemeinsame Lösung* und keine Eskalation angestrebt wird. Daher sollte das Anschreiben dahingehend formuliert werden, dass rechtliche Konsequenzen nicht bevorzugt (aber auch nicht gescheut!) werden und eine gegenseitige *Akzeptanz und Toleranz* das gemeinsame Ziel ist.

Die folgenden *Sofortmaßnahmen* können Eltern oder andere Bezugspersonen mit dem betroffenen Kind oder Jugendlichen *gemeinsam* vornehmen:

- Beweismaterial sichern (beleidigende Nachrichten oder verunstaltete Bilder sollten z.B. über die Screenshot-Funktion von Smartphones oder Tablets gesichert werden).
- Nach dem Sichern sollten die kompromittierenden Medieninhalte gelöscht bzw. dem Anbieter gemeldet werden. Auf keinen Fall sollte auf diese Inhalte reagiert werden, auch wenn dies dem Cyber-Opfer oder nahestehenden Personen schwerfällt.
- Ist der Cyber-Täter bekannt, sollte dessen Nummer gelöscht und blockiert werden. Generell sollten alle Verbindungen zu der Person auf allen digitalen Medien und sozialen Netzwerken beendet werden.
- Bei besonders schwerwiegenden Fällen (z.B. ernsthafte Drohung, sexuelle Belästigung, Nötigung) ist zu erwägen, ob direkt dic Polizci informiert werden sollte, damit gegebenenfalls eine Anzeige erstattet werden kann (vgl. Bündnis gegen Cybermobbing e.V., 2017; Klicksafe, 2018).

Des Weiteren kann es nötig sein, dass die Online-Aktivitäten des Kindes erst einmal eingeschränkt bzw. eine gemeinsame Nutzung (je nach Alter) in Erwägung gezogen wird, um weiteren Cybermobbingvorfällen vorzubeugen, die Situation erst einmal zu beruhigen und sie zu klären (Bündnis gegen Cybermobbing e.V., 2017).

Hinweis

Eltern sind die erste Instanz, die dafür verantwortlich ist, dass ein Kind einen kompetenten und sicheren Umgang mit digitalen Medien erlernt. Dabei müssen sich Eltern vor allem über ihre Vorbildfunktion bewusst sein: Eltern leben ihren Kindern vor, wie oft und wie lange ein bestimmtes Medium genutzt wird. Sie vermitteln ihrem Kind dadurch, welche Priorität beispielsweise ein Smartphone im Alltag hat (vgl. Knop & Hefner, 2018). Bekommt ein Smartphone dauerhaft mehr Aufmerksamkeit, lernt das Kind, dass der Gegenstand von ungemeiner Bedeutung ist und immer beachtet werden muss.

Eltern sollten gemeinsam mit ihrem Kind die digitale Welt entdecken. Dabei ist es wichtig, die Aktivitäten des Kindes im Auge zu behalten und ggfs. im ersten Lebensjahrzehnt zu beschränken (siehe Kap. 6).

5.3.3 Abgestuftes Konsequenzsystem

Aus den vorausgegangenen Ausführungen wird deutlich, dass es bei Cybermobbing einige Handlungsmöglichkeiten gibt, die Eltern mit ihrem Kind gemeinsam ergreifen können. Dabei stellt sich die Frage, wann man was genau unternimmt und ob eine bestimmte Reihenfolge eingehalten werden sollte. Allgemein gilt, dass die ergriffenen Konsequenzen *angemessen* sein sollten. Für ein Kind oder einen Jugendlichen ist es am besten, wenn das Cybermobbing möglichst „unkompliziert" beendet werden kann. Das bedeutet, dass es eine unangemessene Reaktion wäre, direkt bei der ersten Wiederholung eines Cybermobbingvorfalls die Polizei zu verständigen (selbstverständlich unter Abwägung des Ausmaßes und des Schweregrades des Vorfalls!). Dies würde unter anderem sehr viel Aufmerksamkeit auf die Problematik lenken, was für den Betroffenen sehr unangenehm sein kann und im schlimmsten Fall das Cybermobbing noch verstärkt.

Eines ist klar: Wenn ein Kind oder ein Jugendlicher Opfer von Cybermobbing wird und dieses nicht von alleine aufhört, müssen verschiedene Maßnahmen ergriffen werden. Die Informationsplattform iRights.info hat zusammen mit der EU-Initiative Klicksafe.de eine Abfolge möglicher Handlungsmöglichkeiten bei Cybermobbing erstellt, die Eltern und Betroffene gemeinsam ergreifen können (Weitzmann, 2017).

Die verschiedenen Schritte sind als eine Art Konsequenzenabfolge zu betrachten, da mit jedem weiteren Schritt der Aufforderung, das Cybermobbing zu unterlassen, mehr Nachdruck verliehen wird. Die Abfolge ist in Abbildung 22 dargestellt.

Beim *ersten Schritt* handelt es sich um eine *informelle Aufforderung*. Das Cyber-Opfer fordert den Cyber-Täter auf, das Cybermobbing zu unterlassen. Dies kann im Gespräch, per Telefon, Textnachricht, E-Mail oder Ähnlichem erfolgen (Weitzmann, 2017). In manchen Fällen reicht schon diese alleinige Aufforderung, um das Cybermobbing zu beenden. Wichtig ist dabei, dass eine bestimmte Frist genannt wird, bis zu der entsprechende Nachrichten, Kommentare oder Bilder gelöscht werden müssen. Besonders bei jüngeren Kindern reicht meistens schon diese Form der Aufforderung. Eine weitere Möglichkeit ist, dass manchen Cyber-Tätern gar nicht bewusst ist, dass sie durch ihre Handlungen ihr Online-Gegenüber verletzen. Durch die Aufforderung werden sie jedoch darauf aufmerksam gemacht, sodass ihnen die Auswirkungen ihrer Handlungen bewusst werden. Sollte das Cybermobbing nach dieser Aufforderung mit Setzung einer Frist nicht aufhören, kann dem Cyber-Täter auf jeden Fall eine Absicht hinter seinen Handlungen unterstellt werden.

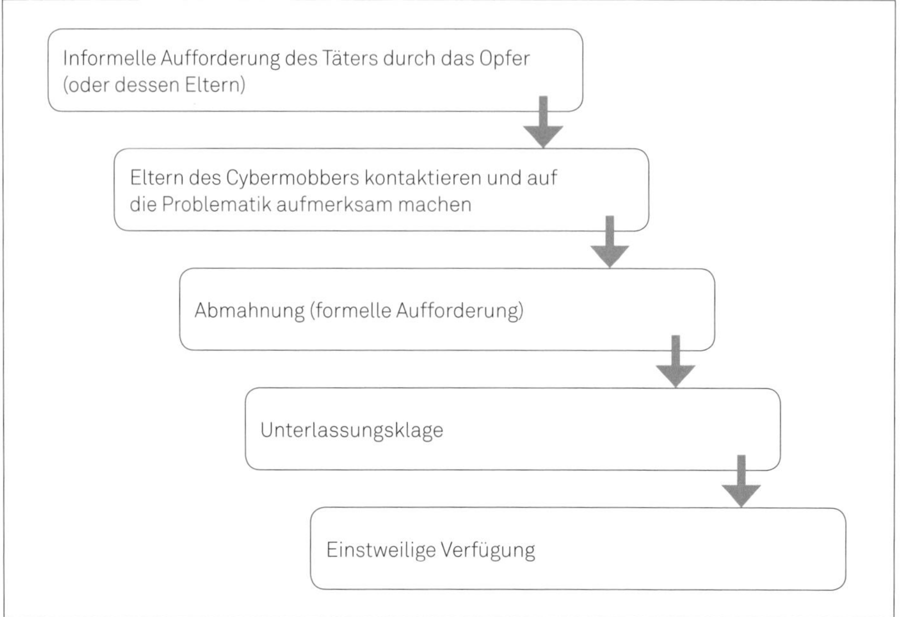

Abbildung 22: Abgestuftes Konsequenzsystem bei Cybermobbing (eigene Darstellung in Anlehnung an Weitzmann, 2017)

Der *zweite Schritt* setzt voraus, dass der Cyber-Täter bekannt ist. Ist dies der Fall, bietet es sich an die *Eltern des Cyber-Täters zu kontaktieren*, sie auf die Problematik aufmerksam zu machen und ebenfalls die Beendigung des Cybermobbings zu fordern (Petermann, 2017). Es kann sich hierbei ebenfalls um eine (fern-)mündliche Kontaktaufnahme handeln, die noch auf informeller Ebene stattfindet.

Der *dritte Schritt* ist die Abmahnung des Cyber-Täters. Dabei handelt es sich um eine *formale Aufforderung* in Form eines Briefes, in dem der Cyber-Täter dazu aufgefordert wird, das explizit formulierte Verhalten zu unterlassen und/oder entsprechende diffamierende Online-Inhalte bis zu einem festgesetzten Datum zu löschen (Weitzmann, 2017). Einen Vorschlag für eine Formulierung in Schüler- und Elternversion bietet Petermann (2017), welche in Kasten 1 und 2 (Abschn. 5.3) dargestellt sind. Bei diesen Vorschlägen handelt es sich noch nicht um eine konkrete Abmahnung, sondern um eine Art Zwischenstufe zwischen informeller und formeller Aufforderung. In den beiden Vorgehensweisen müsste noch eine Frist zur Beendigung des Verhaltens hinzugefügt werden sowie eine Aufforderung an den Cyber-Täter, eine rechtsverbindliche Erklärung abzugeben, dass er das entsprechende Verhalten unterlässt (Unterlassenserklärung; vgl. Weitzmann, 2017).

Im *vierten Schritt* werden rechtliche Schritte eingeleitet und zwar in der Form, dass der Cyber-Täter vor dem zuständigen Gericht angeklagt wird *(Unterlassungsklage)*. Wird der Anklage stattgegeben und das Urteil rechtskräftig, muss der angeklagte

Cyber-Täter die in der Abmahnung geforderten Verhaltensweisen unterlassen, um weiteren strafrechtlichen Konsequenzen zu entgehen (vgl. Weitzmann, 2017).

Der letzte, *fünfte Schritt* besteht in der Beantragung einer *einstweiligen Verfügung*, nachdem vorher eine Abmahnung ausgesprochen wurde. Diese wird außergerichtlich beantragt und ist dazu gedacht, das Cyber-Opfer schnellstmöglich vor dem Cybermobbing bzw. den ernsthaften Auswirkungen zu schützen, ohne dass erst ein langwieriger Prozess stattfinden muss. Daher kann sie auch nur innerhalb eines bestimmten Zeitraumes nach Kenntnis des Cybermobbings beantragt werden (vgl. Weitzmann, 2017). Sie stellt eine Übergangslösung dar, bevor das eigentliche Hauptsacheverfahren stattfindet.

Hinweis

Im Falle von Cybermobbing ist es wichtig, das Kind oder den Jugendlichen in alle weiteren Schritte mit einzubeziehen. Es sollte nichts ohne die Kenntnis des Betroffenen oder ohne dessen Einwilligung unternommen werden. Weigert sich ein Kind oder ein Jugendlicher entsprechende Maßnahmen zu ergreifen, obwohl die Auswirkungen des Cybermobbings ersichtlich schwer sind, muss ihm über einfühlsame Gespräche die Ernsthaftigkeit der Situation verdeutlicht werden, um seine Einsicht zu fördern.

Wird das Cyber-Opfer übergangen, besteht die Gefahr, dass es mit der Situation überfordert ist und die vertrauensvolle Beziehung zu seiner Bezugsperson geschädigt wird. Dies sollte immer vermieden werden. Wenn das Cybermobbing nach informeller und formeller Aufforderung nicht beendet wird, können auch rechtliche Schritte eingeleitet werden.

Für konkretere Beschreibungen empfehlen wir die Themenreihe „Rechtsfragen im Netz" von iRights.info und Klicksafe sowie die Internetseite von Klicksafe (www.klicksafe.de), auf der die entsprechenden Gesetze ausgeführt sind, die im Falle von Cybermobbing greifen (weitere rechtliche Informationen finden sich auch bei Katzer, 2014, Abschn. 2.3).

5.3.4 Handlungsempfehlungen bei Cyber-Täterschaft

Die meisten Handlungsempfehlungen finden sich für die Betroffenen von Cybermobbing. Dabei ist es ebenso wichtig, dass Bezugspersonen darüber informiert werden, was zu tun ist, wenn sie mitbekommen, dass ein Kind oder ein Jugendlicher Cybermobbing einsetzt. Es gilt auch hier, dass nicht weggeschaut werden darf, sondern dass man aktiv eingreifen muss, damit das Cybermobbing schnellstmöglich beendet wird. Dabei sind die folgenden vier Schritte zu empfehlen:

(1) Zunächst ist mit dem Kind oder Jugendlichen zu sprechen, um herauszufinden, was ihn zum Cybermobbing motiviert und woher seine Aggressionen stammen.

(2) Der Täter muss *sofort* aufgefordert werden, die Handlungen zu unterlassen. Eine Wiedergutmachung ist zentral. Diese kann beispielsweise darin bestehen, dass sich das Kind oder der Jugendliche bei seinem Opfer höflich entschuldigt und diesem einen Entschuldigungsbrief schreibt.
(3) Der Täter ist über die Konsequenzen und Auswirkungen des Cybermobbings für das Opfer aufzuklären. Es ist zu verdeutlichen, dass Cybermobbing keine Kleinigkeit darstellt und nichts, dass man nur „zur eigenen Belustigung" ausüben sollte. Neben den Folgen für das Opfer sollte dem Täter auch verdeutlicht werden, dass Cybermobbing eine Straftat darstellen kann, die entsprechende strafrechtliche Konsequenzen nach sich zieht.
(4) Nach einem Cybermobbingvorfall muss die Kontrolle über die Internetaktivitäten des Kindes verstärkt werden, um sicher zu sein, dass es keine weiteren Übergriffe gibt und dass das Kind verstanden hat, warum sein Verhalten falsch war (vgl. Bündnis gegen Cybermobbing e.V., 2014b).

Vor allem der erste Punkt (Klärung der Ursache) sollte intensiv bearbeitet werden. Die Grundlage dafür stellt erneut eine vertrauensvolle Beziehung zwischen der Bezugsperson (Elter, Lehrkräfte etc.) und dem Kind oder Jugendlichen dar. Das Motiv des Kindes oder des Jugendlichen muss herausgearbeitet werden, um das Cybermobbing tatsächlich zu beenden. Ansonsten kann es passieren, dass das Cybermobbing nur für eine gewisse Zeit eingestellt wird und es sich im schlimmsten Fall in traditionelles Mobbing umwandelt. Des Weiteren ist dieser Punkt von Bedeutung, da Cybermobbing oftmals von (Cyber-)Mobbing-Opfern genutzt wird, um sich an ihrem Täter zu rächen (Bündnis gegen Cybermobbing e.V., 2017; Compton et al., 2014). Die primäre Ursache des Cybermobbings wäre demnach keine eigene Aggression, sondern die eigene Opferschaft, die mit dem Wunsch verbunden ist, dass das (Cyber-)Mobbing aufhört. Das Cybermobbing wäre demnach kein primär aggressives Verhalten, sondern eine ungünstige Bewältigungsstrategie, die gewählt wird, um auf die eigene Cyberviktimisierung zu reagieren. In diesem Fall bestünde die Intervention darin, Maßnahmen zu ergreifen, damit das Kind nicht mehr (cyber-)gemobbt wird, sodass es keinen Grund mehr hat, selbst zum Cyber-Täter zu werden. Selbstverständlich müssen die Punkte 2 bis 4 ebenfalls aufgegriffen werden, da Cybermobbing – unabhängig vom Motiv – nicht in Ordnung ist und keine angemessene Problemlösestrategie darstellt.

5.4 Wie können sich Kinder und Jugendliche selbst schützen?

Die Folgen und Auswirkungen von Cybermobbing können für die Betroffenen sehr schwerwiegend sein (siehe Kap. 4). Daher sollte das primäre Ziel von Eltern, Lehrkräften und allen weiteren Bezugspersonen sein, die Kinder und Jugendlichen vor diesen Cybermobbingvorfällen bestmöglich zu schützen. Dabei geht es insbesondere darum, sie bei der Entwicklung einer verantwortungsvollen Handhabung der digitalen Medien zu unterstützen. Die *präventiven* Maßnahmen, die die Kinder und Jugendlichen ergreifen können, sind ähnlich zu den Möglichkeiten, die Eltern und Lehrkräfte haben (siehe Abschn. 5.3ff.), weshalb im Folgenden nur eine kurze Beschreibung dieser Handlungsmöglichkeiten erfolgt, um unnötige Wiederholungen zu vermeiden.

Das Ziel ist es, dass sich die Kinder und Jugendlichen selbst im Internet vor potenziellen Gefahren schützen können und dass sie Strategien und Fertigkeiten entwickeln, um sich in der virtuellen Welt sicher zu bewegen. Es geht beispielsweise darum, dass

- Sicherheitseinstellungen in den verschiedenen digitalen und sozialen Medien vorgenommen werden, d.h. beispielswiese auf dem Smartphone selbst sowie im nächsten Schritt in den Online-Diensten wie WhatsApp oder Facebook,
- Passwörter sicher sind und nicht weitergegeben werden,
- keine anzüglichen Bilder online veröffentlicht werden,
- nicht mit fremden Personen kommuniziert wird,
- keine privaten, persönlichen Daten (z.B. Passwörter, Adressen) weitergeben oder mit anderen geteilt werden und
- nur altersangemessene Online-Dienste und Plattformen genutzt werden (Vorgaben stehen in den jeweiligen AGB; vgl. Petermann, 2017).

Es ist gut nachvollziehbar, dass ein Kind oder ein Jugendlicher verletzt ist und nicht weiß, was er tun soll, wenn er wiederholt im Internet oder auf dem Smartphone beleidigt wird oder beschämende Bilder online von ihm veröffentlicht werden. Eine solche Bloßstellung kann dazu führen, dass sich der Betroffene hilflos fühlt und seine Gedanken nur noch um das Problem kreisen. Es ist demnach besonders wichtig, dass das Kind oder der Jugendliche versucht *ruhig zu bleiben*. Außerdem sollten Dinge unternommen werden, die ihm Spaß machen und ihn *ablenken* (Klicksafe, 2018). Dies kann das Schauen von lustigen YouTube-Videos sein sowie angenehme Aktivitäten mit Freunden oder der Familie.

Gleichzeitig ist es wichtig, dass auf die beleidigenden Kommentare oder Nachrichten *nicht* (aggressiv) *geantwortet* wird (Bündnis gegen Cybermobbing e.V., 2014c). Dies stellt eine Herausforderung dar, da dies sehr viel eigener Emotionsregulation und Selbstkontrolle bedarf. Es ist natürlich, dass jemand, der beleidigt und verletzt wird, sich wehren möchte. Das Problem, das dadurch entsteht, ist jedoch, dass es den Cyber-Täter in seinen Handlungen noch weiter verstärkt und sich das Cybermobbing noch weiter verschlimmert. Es muss bedacht werden, dass der Cyber-Täter in der Situation die (emotionale) Reaktion seines Opfers nicht direkt mitbekommt, sondern nur (auf seinem Bildschirm) sieht, dass derjenige auf seine Handlungen reagiert. Dies kann von einigen Cyber-Tätern als eine Genugtuung empfunden werden, insbesondere dann, wenn andere die Kommentare „liken" und den Täter damit positiv verstärken. Trotzdem kann es ratsam sein, dass sich der Betroffene in der Form verteidigt, als dass er konkret und direkt äußert, dass die entsprechenden Beleidigungen *sofort* aufhören sollen. Dabei bietet es sich an, dass die Unterstützung von Freunden in Anspruch genommen oder auf die Strafbarkeit des Cybermobbings hingewiesen wird (Klicksafe, 2018). Beispielsweise stellt das ungefragte Verbreiten von Bildern oder Videos eine Verletzung des „Rechts am eigenen Bild" nach § 22 KunstUrhG (Gesetz betreffend des Urheberrechts an Werken der bildenden Künste und der Photographie) dar. Ebenso muss man es sich nicht gefallen lassen, wenn man von einer anderen Person beschimpft und beleidigt wird. Dies stellt den Straftatbestand der „Beleidigung" nach § 185 des Strafgesetzbuches dar (vgl. Katzer, 2014; Klicksafe, 2018).

Als nächstes ist es wichtig, dass die kompromittierenden Bilder, Videos oder Chatverläufe *gespeichert werden*, damit sie gegebenenfalls als Beweismittel dienen können. Betroffene neigen schnell dazu, alle verletzenden Inhalte sofort zu löschen, da der Vorfall ihnen peinlich ist (vgl. Klicksafe, 2018; Petermann, 2017). Weiterhin geht es ihnen durch das Löschen der gemeinen oder beschämenden Inhalte kurzfristig besser.

Nachdem die Inhalte gesichert wurden, sollte der Cyber-Täter auf allen sozialen Medien und bei allen Online-Diensten vom Opfer *blockiert werden*. Des Weiteren bieten Dienste wie WhatsApp, Instagram, Facebook, Snapchat etc. die Möglichkeit, *Inhalte und Nutzer zu melden*, damit diese blockiert und gelöscht werden und somit keinen Schaden mehr verursachen können (vgl. Klicksafe, 2018; Petermann, 2017).

Handelt es sich um eine leichtere Form des Cybermobbings, kann zuerst der *Cyber-Täter kontaktiert* und um die Löschung der entsprechenden Inhalte gebeten werden. Sollte keine entsprechende Handlung erfolgen, kann das Cyber-Opfer den Betreiber der Internetseite oder des Online-Dienstes *darum bitten, dass die entsprechenden Beiträge gelöscht werden*. Hierbei gilt zu beachten, dass dies nur bedeutet, dass beispielsweise ein beschämendes Bild von Instagram entfernt wird. Der Cyber-Täter, der dieses Bild veröffentlicht hat, besitzt das Foto trotzdem noch auf seinem Medium (z. B. Smartphone) und kann es immer noch beliebig verbreiten.

Um einer eigenen Cyber-Täterschaft aus Rache vorzubeugen, empfiehlt es sich, die entsprechende Plattform, auf der das Cybermobbing stattgefunden hat, zu verlassen und den entsprechenden *Account zu löschen* oder aus den Gruppen auszutreten. Weiterhin sollten die Nicknames (z. B. bei Instagram oder in Online-Spielen) und Anmeldeinformationen geändert werden, damit man für den Cyber-Täter nicht mehr erkennbar ist. Gleichzeitig kann die *E-Mail-Adresse gelöscht* und sich eine Neue angelegt werden (Petermann, 2017). Diese darf dann natürlich nicht beliebig weitergegeben werden, da sonst die Wahrscheinlichkeit hoch ist, dass das Cybermobbing fortgesetzt wird (falls es per E-Mail ausgeübt wurde).

Einige Kinder und Jugendliche geben an, dass sie nichts unternommen haben, als sie Opfer von Cybermobbing waren (vgl. Kowalski & Toth, 2017; Navarro et al., 2016). Diese Reaktion erscheint bei einzelnen Vorfällen durchaus richtig und sinnvoll, wird allerdings nicht empfohlen, wenn es sich um längerfristige Cyberattacken handelt. An dieser Stelle sei noch einmal betont, dass es sich bei einzelnen Vorkommnissen nicht um Cybermobbing handelt, da das Definitionskriterium der Wiederholung nicht gegeben ist (vgl. Peter & Petermann, 2018). Um angemessen reagieren zu können, müssen die Kinder und Jugendlichen schon vorher darüber informiert worden sein (wie oben beschrieben), wie sie in solchen Situationen überhaupt reagieren können.

Hinweis

Die verschiedenen Ausführungen heben noch einmal hervor, wie wichtig eine Prävention von Cybermobbing und ein verantwortungsvoller Umgang im Internet sind. Wenn ein anzügliches Bild erst einmal in Umlauf gekommen und auf mehreren Smartphones unterschiedlicher Personen gespeichert ist, wird es sehr schwer, die komplette Löschung des Fotos zu erreichen. Umso wichtiger ist es, dass Kinder und Jugendliche besonders diesen Aspekt verstehen und dadurch erst gar keine freizügigen oder andere provokanten Bilder oder Videos von sich im Internet veröffentlichen oder mit anderen Personen teilen – egal wie groß die Versuchung oder der soziale Druck ist!

Kommt es zu Cybermobbing, können die Betroffenen verschiedene Maßnahmen ergreifen, um die Wahrscheinlichkeit für eine Beendigung zu erhöhen. Eine Garantie kann hierfür jedoch nicht gegeben werden. Wichtig ist, dass betroffene Kinder oder Jugendliche nicht versuchen, das Problem gänzlich alleine zu lösen. Es ist immer ratsam, sich Unterstützung von Freunden oder der Familie zu holen. Dies gibt dem Betroffenen mehr Sicherheit, verringert Gefühle von Hilflosigkeit und erhöht die Wahrscheinlichkeit, dass das Cybermobbing aufhört.

5.4.1 Spezialfall: Schutz vor dem Kontakt mit fremden Personen

In diesem Abschnitt werden verschiedene Maßnahmen berichtet, die Kinder und Jugendliche ergreifen können, um sich vor Cybermobbing oder vorausgehenden Gefahren zu schützen.

Eine der Gefahren des Internets und der sozialen Medien besteht darin, dass fremde Personen relativ einfach untereinander Kontakt aufnehmen können. Dies kann besonders für Kinder und Jugendliche problematisch sein, die sehr leichtsinnig mit der Erweiterung ihrer „Freundesliste“ umgehen. Die nachfolgenden

Tipps können helfen, um einen unerwünschten Kontakt mit Fremden von vornherein zu verhindern:

- Private Daten wie E-Mail-Adresse, Handy-/Privatnummer, Benutzernamen oder richtige Namen sollten niemals weitergegeben oder online veröffentlicht werden.
- Die Privatsphäre-Einstellungen in den sozialen Medien sollten die höchste Sicherheitsstufe aufweisen.
- Nachrichten von fremden Personen sollten nicht beantwortet und direkt gelöscht werden. Wenn man sich nicht sicher ist, ob man die Person kennt, kann man sich an bestimmten Merkmalen orientieren, die in der Infobox 5 „Wie Jugendliche mit der Kontaktaufnahme durch fremde Personen umgehen – Das ‚Fremden Check-Up'" näher beschrieben werden.
- (Freundschafts-)Anfragen von unbekannten Personen sollten nicht angenommen werden – auch nicht nur aus Neugier für kurze Zeit, da dadurch schon ein Zugriff auf das eigene Profil (Informationen, Bilder, Videos etc.) möglich wird.

Infobox 5: Wie Jugendliche mit der Kontaktaufnahme durch Fremde umgehen – Das „Fremden Check-Up"

In einer niederländischen Studie von Groenestein, Baas, van Deursen und de Jong (2017) fühlten sich die meisten, vor allem älteren Mädchen zwischen 12 und 17 Jahren, in der Lage, sich selbst zu schützen, wenn jemand mit böswilligen Absichten sie (online) kontaktiert. Die Mädchen wurden qualitativ befragt, anhand welcher Merkmale sie eine fremde Person einstuften und woran sie deren Alter festmachten. Die Ergebnisse der Studie bieten eine gute Hilfestellung für Kinder und Jugendliche, um anhand einfacher Signale zu einer Einschätzung ihres unbekannten Gesprächspartners zu kommen. Die verschiedenen Merkmale sowie eine entsprechende Erläuterung dazu, finden sich in Tabelle 10. Es ist zu beachten, dass Groenestein et al. (2017) zu dem Befund kamen, dass die Mädchen zwar das Gefühl hatten, dass sie die Situationen kontrollieren könnten, sie das Alter der Chatpartner allerdings oftmals falsch einschätzten oder sich zumindest unsicher waren.

Hieraus lässt sich schließen, dass die Merkmale (Tab. 10) einem Kind oder Jugendlichen zwar helfen können, bedrohliche Kontaktaufnahmen von Fremden zu erkennen, sie aber keine korrekte Einschätzung garantieren. Dieser Befund ist naheliegend, da Online-Kommunikation sehr subjektiv ist und nonverbale Hinweisreize komplett fehlen.

Die verschiedenen Merkmale verdeutlichen, dass Fremde mit negativen Absichten dazu neigen, ihrem Opfer zu schmeicheln, sich für sie zu interessieren und ihnen viel Aufmerksamkeit zu schenken. Daher sind insbesondere Jugendliche (Mädchen) gefährdet, die wenig Selbstvertrauen und Selbstwert besitzen, sich einsam fühlen oder nach Zuwendung suchen (vgl. Groenestein et al., 2017).

Tabelle 10: Merkmale anhand derer Mädchen im Teenageralter fremde Online-Personen einschätzen (eigene Darstellung modifiziert nach Groenestein et al., 2017, S. 7)

Merkmal	Analysetechnik/Auffälligkeiten
Vorgehen des Fremden	• Die bloße Tatsache, dass jemand einfach eine Freundschaftsanfrage stellt, sollte einen misstrauisch machen. Die meisten Jugendlichen fragen direkt, woher derjenige sie kennt und warum sie seine Anfrage annehmen sollten.
Verdächtige Inhalte	Der Fremde • macht sexuelle Andeutungen, sehr viele Komplimente oder fragt direkt nach Fotos, • ignoriert persönliche Fragen, • wirkt übertrieben interessiert, • gibt sich auffällig viel Mühe, wie ein Freund zu wirken, • will sofort in eine private Online-Umgebung wechseln (z. B. Privatchat), • fragt sehr schnell nach einem Offline-Treffen, • belästigt einen, indem er unaufhörlich Kommentare zu den eigenen Bildern veröffentlicht, Chatnachrichten schickt oder Freundschaftsanfragen stellt, • schreibt in einem bedrohlichen Stil oder schickt bedrohliche Inhalte.
Fremder aus dem Ausland	• Die Nachricht/Freundschaftsanfrage kommt von jemandem, der augenscheinlich nur Englisch spricht oder den Google-Übersetzer benutzt hat.
Auffällige Bilder	(Profil-)Bilder des Fremden, • die zu professionell aussehen, als dass sie echt sein könnten und über Suchmaschinen zu finden sind, • auf denen deutlich zu erkennen ist, dass er älter als angegeben ist, • die auf seiner Profilseite zu finden sind und aus denen sich das wahre Alter erschließen lässt.
Soziales Netzwerk	Ein Fremder ist vertrauenswürdiger, wenn • er viele „Freunde" hat, • unter diesen Freunden nicht nur jugendliche Mädchen sind, • in seiner Online-Freundesliste bekannte eigene Freunde sind, • welche der eigenen Freunde ihn kennen und wissen, wer er ist.
Seltsame Nutzernamen	• Man sollte vorsichtig sein, wenn der Fremde Namen aufweist wie „loverboy73" oder „Zauberstab56".
Versenden von (anstößigen) Bildern	• Der Fremde schickt einem sofort und ungefragt Bilder von sich – teilweise auch sexueller Natur.

5.4.2 Tipps zur Einstellung der Privatsphäre am Beispiel einiger sozialer Medien

Die Prävention von Cybermobbing besteht aus technischer Sicht hauptsächlich darin, die entsprechenden Einstellungen in den verschiedenen Online-Diensten wie WhatsApp, Instagram, Facebook oder Snapchat vorzunehmen. Wie bereits erläutert, stellt dies oftmals eine Hemmschwelle für Erwachsene, aber auch für Kinder und Jugendliche dar, da sich die Möglichkeiten zum Schutz der eigenen Privatsphäre stark unterscheiden. Die Informationsbeschaffung sowie das Aneignen der Fertigkeiten nehmen einige Zeit in Anspruch.

Um dies zu erleichtern, haben wir im Folgenden eine Übersicht zu den wichtigsten Sicherheitseinstellungen innerhalb der am häufigsten genutzten sozialen Medien (Facebook, WhatsApp, Instagram, Snapchat) erstellt. Unser Fokus liegt dabei darauf, die Kinder und Jugendlichen vor dem Kontakt mit fremden Personen zu schützen.

5.4.2.1 Sicherheitseinstellungen bei Facebook

Das soziale Netzwerk Facebook bietet mittlerweile ein großes Repertoire an Einstellungen zur Beschränkung des eigenen Profils sowie diverse Informationen rund um das Thema Cybermobbing für Eltern, Jugendliche und Pädagogen (siehe https://www.facebook.com/safety). Um nicht unerwünscht von fremden Personen kontaktiert zu werden, sollten folgende *Kontoeinstellungen* vorgenommen werden:

- Alle Beiträge sollten für die Öffentlichkeit nicht zugänglich sein. Daher muss eingestellt werden, dass Beiträge nur von „(Facebook-)Freunden" gesehen werden können. Diese Option bietet noch weitere Einschränkungsmöglichkeiten, sodass beispielsweise nur ausgewählte „Freunde" die Beiträge sehen können.
- Freundschaftsanfragen sollten nur von „Freunden von Freunden" (Name der Funktion) gestellt werden können.
- Die Facebook (zwangsweise) zur Verfügung gestellte E-Mail-Adresse sollte weder für die Öffentlichkeit, noch für Freunde sichtbar sein und auf die Funktion „Nur ich" eingestellt werden.
- Nur „Freunde" sollten einen (wenn überhaupt) anhand der möglicherweise zur Verfügung gestellten Handynummer suchen können.
- Die Option „Möchtest du, dass Suchmaschinen außerhalb von Facebook dein Profil anzeigen?" sollte auf „Nein" eingestellt werden, damit Fremde einen nicht über die Suchmaschinen (wie z. B. *Google*) finden können.
- Nur „Freunde" sollten etwas in die eigene Chronik schreiben und Beiträge lesen können.

Generell gilt: Alle Einstellungen sollten auf „Freunde" oder auf einen selbst beschränkt werden, damit es fremden Personen erschwert wird, Kontakt aufzunehmen.

5.4.2.2 Sicherheitseinstellungen bei WhatsApp

Der meistgenutzte Instant Messenger WhatsApp bietet ebenfalls die Möglichkeit zur Einschränkung der eigenen Privatsphäre. Um bei WhatsApp Kontakt zu einer anderen Person aufzunehmen, benötigt man dessen Handynummer. Eine fremde Person kann einen nur kontaktieren, wenn diese irgendwie an die eigene Handynummer gelangt ist. Kinder und Jugendliche sind jedoch meist aktiv in die Online-Welt integriert, wodurch auch ihre Handynummer leicht in den Umlauf gerät. Dies kann beispielsweise über WhatsApp-Gruppen passieren, in denen man nicht alle Gruppenmitglieder kennt, aber jeder von jedem die Handynummer sehen und demnach auch ins eigene Mobiltelefon speichern kann. Neben dieser Online-Verbreitung ist es natürlich auch möglich, dass die eigenen Offline-Freunde die Handynummer einfach weitergeben – unter Kindern vielleicht nur aus Spaß, um den anderen zu ärgern und unter Jugendlichen möglicherweise in der Absicht zwei Personen zu verkuppeln.

Damit nicht jeder, der die Handynummer besitzt, sofort den *„zuletzt online"-Status*, das *Profilbild*, die *Info* sowie den *Status* sehen kann, bietet WhatsApp unter der Funktion „Datenschutz" einige Einstellungsmöglichkeiten, um sich vor einem unerwünschten Kontakt mit Fremden zu schützen:

- Alle Funktionen können darauf beschränkt werden, dass nur die „eigenen Kontakte" oder „niemand" die oben genannten Inhalte sehen kann. Die eigenen Kontakte sind diejenigen Nummern und Personen, die man selbst im Telefon gespeichert hat, und somit (im Idealfall) nur Menschen, die man auch selber tatsächlich kennt.
- Man sollte nicht an Gruppenchats teilnehmen, in denen unbekannte Personen beteiligt sind, da diese dadurch an die eigene Nummer gelangen können. Wenn bei den Datenschutzeinstellungen nicht festgelegt wurde, dass nur die eigenen Kontakte Zugriff auf die eigenen geteilten Inhalte haben, sondern „jeder", dann können diese fremden Personen sofort das Profilbild herunterladen und speichern sowie auch alle anderen Inhalte (Text- und Bildstatus, „zuletzt online"-Status) sehen.

5.4.2.3 Sicherheitseinstellungen bei Instagram

Der Online-Dienst Instagram ist heutzutage eine der beliebtesten sozialen Medien bei Kindern und Jugendlichen. Durch die mögliche weltweite Vernetzung mit anderen Nutzern ist die Wahrscheinlichkeit, von unbekannten Personen kontaktiert zu werden, sehr groß. Um diese unerwünschte Kontaktaufnahme von Anfang an zu verhindern, können folgende Sicherheitseinstellungen vorgenommen werden:

- Es bietet sich, vor allem bei jüngeren Kindern, an, dass man sich unter einem Nick- oder Decknamen anmeldet, damit nur diejenigen einen suchen und finden können, denen man diesen Namen mitgeteilt hat.

- Unter den allgemeinen Optionen sollte eingestellt werden, dass das eigene Profil ein sogenanntes *privates Konto* ist. Durch das Aktivieren dieser Funktion können nur Personen die eigenen Fotos und Videos sehen, die man auch *selbst bestätigt* hat (diese heißen dann *Abonnenten*) und keine anderen, fremden Menschen in der riesigen Instagram-Community. Die Standard-Einstellung nach der Installation der App ist jedoch so eingestellt, dass das eigene Profil ein „öffentliches Konto" ist und somit jeder Zugriff auf die Inhalte hat.
- Leider bietet Instagram aktuell noch keine direkte Funktion, um den Erhalt von Direktnachrichten auszustellen. Wenn das eigene Profil als privates Konto eingestellt ist, müssen Nachrichten von Nutzern, die nicht zu den eigenen Abonnenten zählen, erst *akzeptiert* werden. Solange man dies nicht tut, werden keine weiteren Nachrichten angenommen oder angezeigt. Des Weiteren können unerwünschte Personen blockiert werden, damit keinerlei Kontakt mehr möglich ist.
- Es sollte eingeschränkt werden, wer Kommentare zu den eigenen veröffentlichten Bildern und Videos oder der eigenen „Story" schreiben kann. Auf welche Personengruppe diese Funktion beschränkt wird, muss individuell überprüft werden, jedoch sollte nicht die Grundeinstellung „alle" übernommen werden.
- Unter den „Story-Einstellungen" sollte die Funktion „Teilen gestatten" ausgestellt werden. Diese Funktion erlaubt es ansonsten anderen, die eigenen Bilder/ Videos aus der Story in Nachrichten mit anderen zu teilen. Dadurch könnten dann auch Personen auf einen aufmerksam werden, die man nicht kennt.

5.4.2.4 Sicherheitseinstellungen bei Snapchat

Der Instant Messenger Snapchat bietet eine Reihe von Funktionen, die vergleichbar sind mit denen von WhatsApp und Instagram. Da auch bei diesem Online-Dienst Bilder und Videos geteilt und mit anderen Personen gechattet werden kann, sollten auch hier die folgenden Einstellungen vorgenommen werden, um unerwünschten Kontaktaufnahmen vorzubeugen. Die (Sicherheits-)Einstellungen sind über das *Geist-Symbol* aufzurufen und somit etwas komplizierter zu finden, als bei anderen Social Media Anwendungen.

- Damit nicht jeder die Bilder, die 24 Stunden in der eigenen *Story* zu sehen sind, anschauen kann, sollte man diese Funktion auf „Meine Freunde" begrenzen oder *benutzerdefiniert* auf nur ausgewählte Kontakte festlegen.
- Die Funktion „Geo-Story" erlaubt es, eine Story aus Bildern und Videos für sich selbst und alle „Snapchatter in deiner Nähe" zu erstellen. Werden die Grundeinstellungen nicht auf nur „Freunde" begrenzt, können auch „Freunde von Freunden" die Bilder/Videos sehen und dadurch können auch Fremde mit einem in Kontakt treten. Es empfiehlt sich, vor allem bei jüngeren Kindern, diese Funktion gänzlich nicht zu benutzen.
- Damit sich keine persönlichen Daten verbreiten, sollte die angegebene E-Mail-Adresse unter „Mein Account" gelöscht werden und auch die Funktion „Ande-

ren erlauben, mich über meine Handynummer zu finden" sollte deaktiviert werden.

- In den Grundeinstellungen hat Snapchat unter dem Reiter „Meine Präferenzen/Karten" aktiviert, dass anonymisiert Standort- und Nutzungsdaten mit den Kartenanbietern geteilt werden dürfen. Diese Option sollte aus Sicherheitsgründen deaktiviert werden.
- Es sollte weiterhin eingestellt werden, dass nur „Meine Freunde" einen kontaktieren oder die „Story" anschauen können und nicht „Jeder". Dabei sollte auch deaktiviert werden, dass der Standort den eigenen Freunden angezeigt wird über die Aktvierung der Funktion des sogenannten *Geistmodus*.
- Die Funktion „Mich unter Vorschläge finden" sollte ebenfalls deaktiviert werden, da man ansonsten anderen Personen vorgeschlagen wird, wenn man beispielsweise gemeinsame Freunde oder eine andere Verbindung zueinander hat. Dadurch könnte es passieren, dass man auch Personen vorgeschlagen wird, zu denen man keinen Kontakt haben möchte oder die man nicht kennt.

Hinweis

Es bedarf viel (Zeit-)Aufwand, um die Sicherheitseinstellungen nach den eigenen Wünschen zu regeln und somit sich oder seine Kinder optimal zu schützen. Es muss sowohl ein Wissen über die verschiedenen Funktionen und deren Auswirkungen vorhanden sein als auch eine gewisse Kompetenz bei der Handhabung der Anwendung, um die Einstellungen vorzunehmen. Trotzdem sollte der Nutzen dieser präventiven Handlungen im Vergleich zu den aufzubringenden Kosten überwiegen, da dadurch das Risiko für schwerwiegende Konsequenzen wie Cybermobbing reduziert werden kann.

Auf der Internetseite von Klicksafe finden sich ebenfalls konkrete Anweisungen, wie in verschiedenen sozialen Medien der jeweilige Service-Anbieter kontaktiert werden kann sowie Hinweise zum Blockieren oder Melden von Nutzerinnen und Nutzern (https://www.klicksafe.de/themen/kommunizieren/cyber-mobbing/service-anbieter-kontaktieren/).

5.4.3 Spezialfall: Umgang mit Sexting

Bei der Einschätzung von Cybermobbing muss beachtet werden, dass nicht jedes riskante Online-Verhalten direkt zu Cybermobbing führt. Das bedeutet beispielsweise, dass Jugendliche, die Nacktbilder von sich versenden, nur selten davon berichten, dass die Fotos an andere Personen als den beabsichtigten Empfänger der Nachricht gelangt sind (Englander, 2012c). Dadurch erscheinen den Jugendlichen negative Konsequenzen ihres riskanten Online-Verhaltens eher unwahrscheinlich, wodurch der Hinweis auf mögliche Gefahren an Bedeutung verliert. Es ist demnach wichtig, dass den Jugendlichen Fakten präsentiert werden, die ihnen ein besseres Verständnis ermöglichen und näher an der Realität verankert sind. Demnach sollten sie beispielsweise darüber aufgeklärt werden, dass es beim Sexting (siehe Abschn. 1.3.14) viel zu oft dazu kommt, dass Jugendliche (vor allem Mädchen) dazu genötigt werden, Nacktbilder von sich zu verschicken. Dies kann unterem Anderem als sexuelle Belästigung gesehen werden (Englander, 2012c). Jugendliche, die diesem Druck nachgeben, sollten darüber informiert werden, dass sie dadurch ihre Probleme sehr wahrscheinlich nicht lösen werden, sondern diese vermutlich noch vergrößern. Sie sollten dazu ermutigt werden, einer Bezugsperson von diesen Vorfällen zu berichten (Englander, 2012c). Des Weiteren kann hervorgehoben werden, dass es strafbar ist, einen Minderjährigen dazu zu zwingen, ein Nacktbild von sich zu verschicken. Hierbei muss allerdings bedacht werden, dass sich die Betonung der Strafbarkeit kontraproduktiv auf das Opfer wirken könnte, da es sich dann eventuell nicht mehr traut, einer Bezugsperson davon zu berichten.

Das Versenden von erotischen oder aufreizenden Bildern ist für viele Jugendliche (und vor allem Mädchen) eine schnelle Möglichkeit, sich Aufmerksamkeit zu verschaffen und positives Feedback sowie Schmeicheleien zu erhalten. Ebenso scheint es für viele Menschen sehr verlockend zu sein, dem Partner oder der Partnerin solche Fotos zu schicken, im Sinne einer erotischen Kommunikation. Um Cybermobbing vorzubeugen, ist es natürlich am sichersten, erst gar keine Bilder von sich zu verschicken – weder an den eigenen Partner, noch an gänzlich fremde Personen. Eine Alternative für Personen, die der Versuchung nicht widerstehen können, ist, dass nur Bilder versendet werden, auf denen man nicht zu erkennen ist. Das bedeutet, dass weder das Gesicht, noch andere Erkennungsmerkmale wie beispielsweise Tattoos oder Piercings zu sehen sein sollten (vgl. Borg-Laufs, 2015). Diese Variante stellt eine Möglichkeit dar, den eigenen Schutz zu erhöhen, auch wenn das riskante Online-Verhalten weiterhin gezeigt wird.

Zusammenfassung

Die Prävention von Cybermobbing stellt einen der wichtigsten Forschungsschwerpunkte dar. Durch die schwerwiegenden Auswirkungen, die Cybermobbing haben kann, ist es von großer Bedeutung, dass Bezugspersonen (Eltern, Lehrkräfte etc.) schon früh mit der Medienerziehung der Kinder beginnen. Es ist wesentlich einfacher, bestimmte Vorkehrungsmaßnahmen zum Schutz vor Cybermobbing vorzunehmen, wie beispielsweise die korrekte Handhabung von Sicherheitseinstellungen innerhalb der verschiedenen Online-Dienste, als einen tatsächlichen Cybermobbingvorfall schnell und unkompliziert zu beenden.

Eltern, Lehrkräfte sowie Kinder und Jugendliche können eine Reihe an präventiven Maßnahmen vornehmen, um das Risiko für Cybermobbing zu reduzieren. Wird ein Kind oder ein Jugendlicher trotzdem Opfer von Cybermobbing, können sowohl die Bezugspersonen als auch der Betroffene selbst, verschiedene Handlungen vornehmen, um das Cybermobbing zu beenden. Dabei empfiehlt es sich, im Sinne eines abgestuften Konsequenzsystems vorzugehen und mit der „sanftesten" Methode zu beginnen. Dadurch wird dem Cybermobbingvorfall so wenig Aufmerksamkeit wie möglich geschenkt, wodurch das Opfer nicht unnötig „ins Rampenlicht" gerät.

Um Prävention effektiv zu gestalten, wurden verschiedene Programme entwickelt, die in den Schulalltag integriert werden können. Während bei den meisten noch eine Wirksamkeitsüberprüfung aussteht, zeigen das Medienhelden Programm (Schultze-Krumbholz et al., 2012b) sowie das Surf-Fair Programm (Pieschl & Porsch, 2012) signifikante Effekte in der Reduktion von Cybermobbing. Hervorzuheben ist, dass das Medienhelden Programm in einer Kurz- und Langversion vorliegt, während das Surf-Fair Programm generell innerhalb weniger Einheiten durchgeführt werden kann. Somit kann flexibel auf die Gegebenheiten unterschiedlicher Schulen eingegangen werden.

Es fällt auf, dass die meisten Präventions- und Interventionsprogramme auf Schülerinnen und Schüler der Sekundarstufe I (11 bis 16 Jahre) ausgerichtet sind, obwohl zu diesem Zeitpunkt schon einige Kinder und Jugendlichen von Cybermobbing betroffen sind *(indizierte Prävention)*. Zum aktuellen Zeitpunkt fehlen Programme, die theoretisch fundiert sowie in ihrer Wirksamkeit evaluiert sind und im Grundschulalter ansetzen, bevor die ersten Erfahrungen mit Cybermobbing gemacht werden *(Primärprävention)*. Neben der Implementierung solcher Programme, ist es für Schulen ratsam, eine schulinterne Anti-(Cyber-)Mobbing-Politik zu etablieren sowie gemeinsame Absprachen im Umgang mit Cybermobbing zu treffen.

Eltern, Lehrkräfte und auch andere Bezugspersonen müssen ein gewisses eigenes Interesse an digitalen Medien und der virtuellen Erlebenswelt von Kindern und Jugendlichen entwickeln, um als kompetente Ansprechpartner zur Verfügung zu stehen. Dies fördert eine positive und vertrauensvolle Beziehung, wodurch es Cyber-Opfern erleichtert wird, sich bei einem konkreten Cybermobbingvorfall anzuvertrauen und Hilfe zu suchen. Gemeinsam können dann gemeinsame Handlungsstrategien zur Problemlösung besprochen und umgesetzt werden.

Kapitel 6

Digitale Medien und Internet: Informationen und Empfehlungen

In den bisherigen Kapiteln wurde ein Überblick über das Phänomen „Cybermobbing“ gegeben. Für Eltern und andere Bezugspersonen von Kindern und Jugendlichen stellt sich nun die Frage, wie ein angemessener Umgang mit den digitalen Medien und dem Internet aussehen kann. Diese Fragestellung soll in den nachfolgenden Abschnitten aufgegriffen werden. Es werden Handlungsempfehlungen gegeben, ab welchen Alter eine Mediennutzung geeignet ist und was insbesondere Eltern dabei beachten sollten.

Wie bereits beschrieben, stellt das Internet mit seinen diversen Komponenten und Möglichkeiten für viele Erwachsene (oder allgemein „technikscheue“ Menschen) in vielerlei Hinsicht eine fremde und neue Welt dar. Eine Unsicherheit entsteht oftmals auch durch die Sprache im Internet. Grundlegende Englischkenntnisse sind Voraussetzung, um zu verstehen, was in der digitalen Welt passiert. Gleichzeitig müssen neue Inhalte und Bedeutungen gelernt werden, um zu verstehen, was mit „Pop-Up“, „Browser“ oder „Account“ gemeint ist. Als wäre dies nicht schon Herausforderung genug, wird im Internet oftmals anders kommuniziert, als in der realen Welt. Vor allem Kinder und Jugendliche verwenden in Textnachrichten oder Online-Spielen gerne Abkürzungen von sowohl englischen als auch deutschen Wörtern, um sich möglichst schnell und unkompliziert auszutauschen. Erwachsene, die sich damit noch nie beschäftigt haben, können mit dem Satz „Wtf?! Mom. Bin ma kurz afk. Bg.“ nichts anfangen. Um einen Einblick in die Sprache des Internets und der Jugendlichen zu geben, werden in diesem Kapitel einige Begrifflichkeiten in ihrer Bedeutung und Funktion erläutert sowie von Kindern und Jugendlichen häufig benutzte Abkürzungen beschrieben.

6.1 Elterliche Medienerziehung

Eltern werden vielfach dazu aufgefordert, ihren Kindern einen kompetenten Umgang mit den digitalen und sozialen Medien beizubringen. Hierbei fällt oftmals der Begriff „elterliche Medienerziehung“ (vgl. Pfetsch, 2018). Dabei handelt es sich nach Kirwil (2009) um „die Regulierungsstrategien, die Eltern einführen, um die Risiken ihrer Kinder durch die Internetnutzung zu minimieren und dafür den Nutzen zu maximieren" (S. 395, Übers. durch die Autoren). Diese scheint im Kontext von Cybermobbing durchaus wichtig zu sein, da ein hohes Maß an elterlicher Medienerziehung im Zusammenhang mit weniger Cybermobbing sowie Cyberviktimisierung steht (vgl. Kowalski et al., 2014; Wright, 2017). Dies wird dadurch bestätigt, dass eine hohe eigene Medienkompetenz der Kinder und Jugendlichen ebenfalls das Risiko für Erfahrungen mit Cybermobbing reduziert (Müller et al., 2014). In seinem Überblick zu diesem Thema arbeitet Pfetsch (2018) heraus, dass elterliche Medienerziehung ein sehr komplexes Thema darstellt, das bisher noch nicht in all seinen Facetten erfasst wird. Die verschiedenen Formen von Medienerziehung, wie beispielsweise *restriktive* und *aktive Medienerziehung*, *Co-Mediennutzung*, *technische Überwachung* oder *partizipatives Lernen* (vgl. Pfetsch, 2018) stellen unterschiedliche Ansätze dar, wie Eltern den Umgang ihrer Kinder mit digitalen Medien regeln können. Dabei werden hauptsächlich die negativen Auswirkungen der Mediennutzung beachtet, während ihre Potenziale eher vernachlässigt werden (Pfetsch, 2018).

Im Folgenden wollen wir kurz die beiden grundlegenden Formen (1) *restriktive* und (2) *aktive Medienerziehung* (Kirwil, 2009) genauer darstellen und verweisen für ausführlichere Darstellungen auf die entsprechende Fachliteratur (z. B. Burkhardt, 2001; Herzig, Meister, Moser & Niesyto, 2010; Moser, 2010).

Restriktive Medienerziehung

Die restriktive Medienerziehung klingt von der Begriffswahl eher negativ, stellt aber eine wichtige Form dar, um vor allem jüngere Kinder vor den Gefahren im Internet zu schützen und ihnen schrittweise einen kompetenten Umgang nahezubringen. Bei dieser Form der Medienerziehung werden Regeln für die Mediennutzung vereinbart bzw. die Mediennutzung des Kindes wird hinsichtlich ihrer

- Nutzungsdauer,
- den zur Verfügung stehenden Medien,
- der Art der Kommunikation oder möglicher Aktivitäten im Internet sowie
- möglichen Inhalten

eingeschränkt (vgl. Kirwil, 2009; Livingstone & Helsper, 2008; Steiner, 2013). Die Regeln müssen demnach *gut überlegt* und *altersangemessen* sein sowie am besten mit den Kindern und Jugendlichen *gemeinsam besprochen* und festgelegt werden (Knop & Hefner, 2018). Es ist wichtig, dass dies schon sehr früh geschieht, da kleinere Kinder Regeln und Restriktionen leichter akzeptieren. Jugendliche verbringen wiederum viel Zeit außerhalb des familiären Umfeldes, wodurch ein elterliches Monitoring kaum möglich ist. Daher sollten Jugendliche diese Regeln bereits gelernt und internalisiert haben, damit sie sich ihnen auch verpflichtet fühlen, wenn sie nicht von ihren Eltern kontrolliert werden.

Aus diesen Ausführungen ergeben sich die folgenden beispielhaften Fragen, die Eltern für sich und dann mit ihrem Kind beantworten sollten, um entsprechende Regeln festzulegen:

- Wie lange darf an einem Tag oder in der Woche Zeit mit digitalen Medien verbracht werden?
- Welche Medien sollen zur Verfügung stehen? Besitzt ein Kind ein Smartphone, Handy und/oder Tablet?
- Darf im Internet gechattet werden? Mit wem darf Kontakt aufgenommen werden?
- Dürfen soziale Netzwerke genutzt werden?
- Dürfen gewalthaltige Spiele gespielt oder Videos geschaut werden? Was geschieht, wenn unerwünschte Inhalte trotzdem auftauchen?
- Welche Online-Dienste dürfen alleine genutzt werden?

Studien belegen, dass Eltern bisher leider wenig Wissen über technische Möglichkeiten zur Regulierung des Online-Verhaltens ihres Kindes besitzen. Bei diesen handelt es sich beispielsweise um inhaltliche Kinderschutzfunktionen oder Optionen zur zeitlichen Begrenzung der Internetnutzung (Knop & Hefner, 2018). Es empfiehlt sich sehr, dass Eltern sich über solche Möglichkeiten informieren. Einige Internetseiten (siehe Abschn. 6.3) haben sich auf dieses Thema spezialisiert und bieten für Eltern oder andere Bezugspersonen schnelle und einfache Lösungen, um Kinder vor potenziellen Gefahren im Internet zu schützen (z. B. www.kinderserver-info.de).

Weiterhin sollte bei der restriktiven Medienerziehung bedacht werden, dass Kinder und Jugendliche die digitalen und sozialen Medien nutzen, um Kontakt zu Gleichaltrigen zu haben und um zu wissen, was gerade angesagt ist. Dies stellt einen wichtigen Aspekt im Leben der Jugendlichen dar, der von Erwachsenen respektiert und nicht gänzlich verboten werden sollte (vgl. Knop & Hefner, 2018).

Aktive Medienerziehung

Bei der aktiven Medienerziehung stehen die gemeinsame Diskussion und Reflexion der Eltern und Kinder über bestimmte Personen, Handlungen oder andere zentrale Themen im Hinblick auf Medien im Mittelpunkt. Eltern sollen weniger die (Online-)Aktivitäten ihres Kindes beschränken, sondern ihre eigenen Einstellungen und Werte diesbezüglich kommunizieren (vgl. Kirwil, 2009; Steiner, 2013). Es geht um einen aktiven Austausch, durch den die Kinder und Jugendlichen lernen sollen (auch im Sinne des Modelllernens). Eltern können sich mit ihren Kindern über die Medieninhalte unterhalten, während sich das Kind gerade mit diesen beschäftigt. Dabei kann es sich um einen positiven und belehrenden oder auch um einen eher kritisierenden Austausch handeln (Livingstone & Helsper, 2008). Dies soll das kritische Denken der Kinder fördern und somit ein riskantes Online-Verhalten verringern. Dies wiederum führt dazu, dass das Risiko, Erfahrungen mit Cybermobbing zu machen, reduziert wird.

Wie bei der „normalen" Kindererziehung beeinflusst noch eine Vielzahl anderer Faktoren das Verhalten der Kinder und Jugendlichen. Hier seien beispielshaft Entwicklungsprozesse wie die Pubertät, soziale Einflussfaktoren wie Freunde und andere Gleichaltrige sowie gesellschaftliche Faktoren wie die Medienerziehung innerhalb pädagogischer Institutionen wie KiTa oder Schule zu nennen (vgl. Pfetsch, 2018). Des Weiteren scheint es sich ungünstig auf die elterliche Medienerziehung auszuwirken, wenn Kinder und Jugendliche einen eigenen Internetanschluss in ihrem Zimmer besitzen. Dies führt dazu, dass sie zu jeder Tageszeit von ihrem Zimmer heraus online gehen können und Eltern scheinen sich dadurch ihrer Verantwortung der elterlichen Medienerziehung zu entziehen (Steiner, 2013).

Des Weiteren konnte belegt werden, dass Eltern, die sich selbst mit neuen Medien beschäftigen, mehr Medienerziehung ihrer Kinder realisieren. Derselbe Zusammenhang ist zu finden, wenn das Medienwissen der Eltern betrachtet wird: mehr elterliches Medienwissen führt auch zu mehr Medienerziehung der Kinder (Livingstone & Helsper, 2008; Steiner, 2013). Dies verdeutlicht noch einmal den wichtigen Aspekt, dass Eltern und andere Bezugspersonen sich ebenfalls mit digitalen Medien und dem Internet beschäftigen und auskennen sollten (vgl. Knop & Hefner, 2018). Dieser Befund ist nicht verwunderlich, da es – unabhängig von gewähltem Themenfeld – einer Person einfacher fällt, jemand anderem etwas beizubringen, wenn sie selbst sich damit auskennt. Ist dies nicht der Fall, neigen Menschen gerne dazu, entsprechenden Nachfragen aus dem Weg zu gehen. Im Bereich der digitalen Medien ist es demnach „angenehmer", wenn ein Kind oder ein Jugendlicher zufrieden in seinem Zimmer am Smartphone oder Computer sitzt, als wenn man sich selbst mit ihm und den Medien auseinandersetzen müsste, da man selbst unsicher im Umgang mit diesen ist. Dieser Vorgehensweise ist grundlegend falsch, wenn man bedenkt, welche potenziellen Gefahren mit einer unbedachten Internetnutzung einhergehen und wie wichtig die Medienerziehung sowie die damit einhergehende Unterstützung der Kinder ist (vgl. Kirwil, 2009).

Allgemein ist es wichtig, dass Eltern in ihrer (Medien-)Erziehung konsistent sind, das bedeutet, dass Regeln und entsprechende Konsequenzen ohne Ausnahmen eingehalten werden (vgl. Kammerl & Wartberg, 2018). In einer Studie von Kammerl und Wartberg (2018) konnte ein inkonsistentes Medienerziehungsverhalten der Eltern in Zusammenhang mit einer problematischen Internetnutzung bei Jugendlichen gebracht werden. Interessant ist, dass ihre Ergebnisse ebenfalls darauf hinweisen, dass verschiedene Medienerziehungsformen (aktiv, restriktiv, technisch und elterliches Monitoring) in keinem signifikanten Zusammenhang zur problematischen Internetnutzung standen. Basierend auf diesem Befund gehen die Autoren davon aus, dass die unterschiedlichen elterlichen Maßnahmen weder einen positiven, noch negativen Einfluss auf die problematische Internetnutzung bei Jugendlichen haben (Kammerl & Wartberg, 2018).

Es existiert eine Reihe an Faktoren, die die riskante Internetnutzung von Kindern und Jugendlichen beeinflusst und außerhalb der elterlichen Kontrolle liegt. Dadurch wird die Wirksamkeit von restriktiven elterlichen Maßnahmen eingeschränkt (Knop & Hefner, 2018). Dennoch können Eltern einen wichtigen Beitrag in der Medienerziehung ihrer Kinder leisten, indem sie ihre Kinder bei ihren Medienerfahrungen begleiten, sich mit ihnen austauschen und sie gerade in jüngeren Jahren durch Regeln und Einschränkungen vor bestimmten Online-Inhalten schützen. Zu betonen ist, dass Eltern nicht alleine für das (riskante) Online-Verhalten ihres Kindes verantwortlich sind (vgl. Kammerl & Wartberg, 2018).

Hinweis

Die Problematik im Bereich der Medienerziehung ist, dass es viele Erwachsene gibt, die selber nicht über die digitalen Medien und das Internet aufgeklärt wurden – nicht selten, weil diese zu ihrer Zeit noch nicht existierten. Daraus resultiert, dass sie sich selbst informieren und sich das entsprechende Wissen aneignen müssen, um ihre eigenen Kinder diesbezüglich kompetent erziehen zu können. Da leider häufig der Nutzen und die Faszination der virtuellen Welt nicht nachvollzogen werden kann und es auch einigem Aufwand bedarf, sich die Funktionen und die Sprache des Internets (siehe Abschn. 6.4) anzueignen, mangelt es hier oftmals an der nötigen Motivation. Stellt man sich vor, dass man niemals Matheunterricht gehabt hätte (zwangsweise) und man sollte dann seinem Kind entsprechende Rechenwege und Formeln erklären, lässt sich gut nachvollziehen, warum manche Eltern sich lieber einer solchen (unangenehmen) Situation entziehen.

Im schlimmsten Fall kann hieraus ein Teufelskreis entstehen, da Eltern, die ihren Kindern keinen kompetenten Medienumgang beibringen, dafür sorgen, dass diese ebenfalls ohne ein entsprechendes Wissen aufwachsen. Erwerben diese nicht durch ihr soziales Umfeld entsprechende/-s Medienwissen und -kompetenzen, können auch sie ihren Kindern keine angemessene Medienerziehung bieten, wodurch sich der Teufelskreis schließt.

6.2 Ab welchem Alter sind welche digitalen Medien geeignet?

Vor allem Eltern suchen Rat, wenn es darum geht, ab welchem Alter ihr Kind welche Medien nutzen darf, da sie schon sehr früh mit dieser Frage in ihrer Erziehung konfrontiert werden. Die Entscheidung, ab wann und in welchem Umfang

Medienkonsum angemessen ist, muss immer in Abhängigkeit zu den aktuellen Kompetenzen und dem Entwicklungsstand eines Kindes getroffen werden. Hierbei sollte beispielsweise beachtet werden, ob ein Kind schon im Umgang mit anderen Personen erfahren ist und sich dort verantwortungsvoll zu verhalten weiß. Überträgt man diese Kriterien nun auf die Nutzung sozialer Medien, dann sollte ein Kind

- wissen, wie Kommunikation allgemein funktioniert und dass es Unterschiede zwischen der Offline- und der Online-Kommunikation gibt,
- sowohl die Strukturen und Möglichkeiten der verschiedenen Online-Dienste kennen (zumindest für diejenigen, die es nutzen möchte), als auch über das Wissen verfügen, welche Potenziale und Gefahren sie eröffnen sowie
- sich in den virtuellen Welten verantwortungsvoll und sicher bewegen und handeln können. Das bedeutet, dass es beispielsweise behutsam mit der Preisgabe von persönlichen Informationen umgeht oder bei Cybermobbingattacken anderer nicht mitmacht und stattdessen dem Cyber-Opfer hilft.

Die Kinder lernen diese verschiedenen Aspekte nicht von alleine, sondern müssen langsam mit der virtuellen Welt vertraut gemacht werden und einen verantwortungsvollen Umgang erst durch eine *Medienerziehung* (Abschn. 6.1) lernen. Es ist demnach wichtig, dass die Kinder mit diesen Aufgaben nicht alleine gelassen werden, sondern dass eine gemeinsame Erkundung der sozialen Medien und des Internets mit den Eltern oder auch mit den Lehrkräften stattfindet. Dies verhindert, dass ein ungewünschter Kontakt mit bedrohlichen Inhalten geschieht oder dass das Kind ungewollt zu viele private Informationen von sich preisgibt. Des Weiteren kann Wissen über die Strukturen der sozialen Medien vermittelt werden sowie über die möglichen Gefahren, die durch einen sorglosen und unbedachten Umgang mit dem Internet entstehen können.

Die Zeit, die ein Kind oder Jugendlicher mit den Medien verbringt, hängt auch sehr von seinem Entwicklungsstand und seinen Interessen ab. Die Nutzungsdauer, wie sie von Petermann (2017) in Tabelle 11 vorgeschlagen wird, gibt nur Richtwerte vor, an denen man sich orientieren kann. Es muss jedoch immer individuell auf das Kind bzw. den Jugendlichen geschaut werden, um eine angemessene Nutzungsdauer einschätzen zu können. Des Weiteren sollte man die allgemeine Mediennutzung pro Tag betrachten, bei der alle verschiedenen Medien miteinbezogen werden. Es wird vorgeschlagen, dass man sich die gesamte *Bildschirmzeit* (Klicksafe, 2018) des Kindes oder Jugendlichen pro Tag anschauen sollte. Hierbei werden die Zeiten, die mit Fernsehen, Spielekonsolen, Tablets oder Smartphones verbracht werden, aufsummiert. Eine insgesamt vorgegebene Mediennutzungs- bzw. Bildschirmzeit pro Tag sollte nicht überschritten werden. Auf welche Medien diese Zeit aufgeteilt wird, kann individuell besprochen oder dem Kind/Jugendlichen selbst freigestellt werden. Die letztgenannte Möglichkeit ist natürlich vom Alter und dem Entwicklungsstand abhängig (vgl. Klicksafe, 2018).

Tabelle 11: Ab welchem Alter sind welche Medien geeignet? (eigene Darstellung modifiziert nach Petermann, 2017, S. 73)

Alter	Medien								
	TV	Internet	Handy	Smartphone	Computer	Tablet	Instant-Messenger	Soziale Netzwerke	Zeit pro Tag in Min.*
0–3	(✓)	✗	✗	✗	✗	✗	✗	✗	5–10
4–6	(✓)	(✓)	✗	✗	(✓)	(✓)	✗	✗	20–30
7–9	✓	(✓)	(✓)	✗	(✓)	(✓)	✗	✗	30–45
10–12	✓	(✓)	✓	(✓)	(✓)	(✓)	✗	✗	60–90
13–15	✓	✓	✓	✓	✓	✓	✓	(✓)	90–120
16–18	✓	✓	✓	✓	✓	✓	✓	✓	120–180

Anmerkungen: * Gebrauch aller Medienangebote insgesamt, ✓ = geeignet, (✓) = gemeinsame Nutzung mit Erwachsenen, ✗ = nicht geeignet

Beachtet man die einschlägigen Beiträge von Spitzer (2012, 2015b), dann ist definitiv zu verzeichnen, dass Medien, egal welcher Natur, für Kinder im Säuglings- und Kleinkindalter aufgrund ihrer schädlichen Wirkung nicht geeignet sind. Wir schließen uns dieser Aussage an und empfehlen bei Kindern zwischen 0 bis 3 Jahren keinen Medienkonsum, da Kinder in diesem Alter die Welt mit all ihren Reizen und Anforderungen erst kennenlernen, sich in dieser zurechtfinden und sie verarbeiten müssen. Somit stehen kleine Kinder einer unglaublichen Menge an neuen Eindrücken und Entwicklungsaufgaben gegenüber für die sie (1) keinerlei Medien benötigen, um sie erfolgreich zu meistern, und (2) während derer sie von den Medien und deren Reizen nur überflutet sein würden, da sie diese noch gar nicht verstehen und einordnen können (für nähere Ausführungen siehe Spitzer, 2012, 2015a, 2015b).

Hinweis

Das Ergebnis ist für viele Eltern nicht zufriedenstellend: Es gibt keine exakten Richtlinien, ab welchem Alter bestimmte digitale Medien für Kinder geeignet sind. Es lassen sich verschiedene Handlungsempfehlungen, an denen sich Eltern orientieren können, formulieren, jedoch müssen diese an den jeweiligen Entwicklungsstand des Kindes angepasst werden. Dennoch ist eins deutlich: Kinder im Säuglings- und Kleinkindalter (0 bis 3 Jahre) benötigen keinerlei Medien, da sie zu diesem Zeitpunkt erst einmal ihre reale Lebenswelt entdecken müssen.

6.3 Was muss bei der Nutzung digitaler Medien beachtet werden?

Aus den bisherigen Abschnitten ist deutlich geworden, dass elterliche Medienerziehung eine komplexe Aufgabe darstellt, die ein hohes Maß an Flexibilität auf Seiten der Eltern voraussetzt. Oftmals herrscht der Wunsch, eine Anleitung dafür zu erhalten, auf welche expliziten Dinge Eltern achten sollen. Neben den schon darstellten Handlungsempfehlungen zur Nutzungsdauer bestimmter Medien, wollen wir im Folgenden einige Punkte nennen, die bei der Medienerziehung eine wichtige Rolle spielen und die Eltern und andere Bezugspersonen bedenken sollten. Hierbei nehmen wir Bezug auf die von Petermann (2017, S. 75) vorgeschlagenen Empfehlungen.

Eltern sollten

- Nutzungszeiten vereinbaren und nur altersangemessene Medien zur Verfügung stellen (vgl. Tab. 11).
- darauf achten, dass die vereinbarte Summe aller Zeitaufwendungen für die Medienangebote nicht überschritten wird.
- vor allem bei jüngeren Kindern die Medieninhalte und -angebote gezielt auswählen und gemeinsam nutzen. Dadurch können die ersten Medienerfahrungen begleitet werden. Durch Diskussion und kritische Reflexion des Online-Verhaltens oder bestimmter Online-Inhalte lernt ein Kind den kompetenten Umgang mit den Medien.
- die Anzahl der Medienangebote beschränken, da eine zu große Vielzahl an Möglichkeiten die Passivität des Kindes fördert. Kinder und Jugendliche, die zu viel Zeit vor den Bildschirmen verbringen, weisen oftmals einen Bewegungsmangel auf. Des Weiteren sind gerade jüngere Kinder mit der Vielfalt der Angebote und der Reizüberflutung durch die Medien überfordert.
- sich ihrer Funktion als Vorbild bewusst sein und ihr eigenes Medienverhalten sowie ihren Medienkonsum überprüfen und reflektieren.
- dafür Sorge tragen, dass Medien nicht nebenbei genutzt werden – weder von ihnen selbst, noch von ihren Kindern. Dabei ist es wichtig, dass es medienfreie Zeiten gibt, in denen das Smartphone, Tablet oder Ähnliches ausgeschaltet bleibt.
- Alternativen zu dem Medienangebot bereitstellen, damit die Kinder und Jugendlichen die Möglichkeiten haben, sich auch für „reale Aktivitäten" zu entscheiden. Hierbei sollte Eltern stets darauf achten, dass die Aufmerksamkeit und Zuwendung ihrem Kind gegenüber, gemeinsame Spiele und Freizeitaktivitäten der Familie immer Vorrang haben.

Diese Handlungsempfehlungen geben einen Eindruck über die wichtigsten Punkte, die Eltern bewusst sein sollten, wenn sie sich mit dem Thema „Medienerziehung" beschäftigen. Abbildung 23 fasst die vier wichtigsten Empfehlungen noch einmal zusammen.

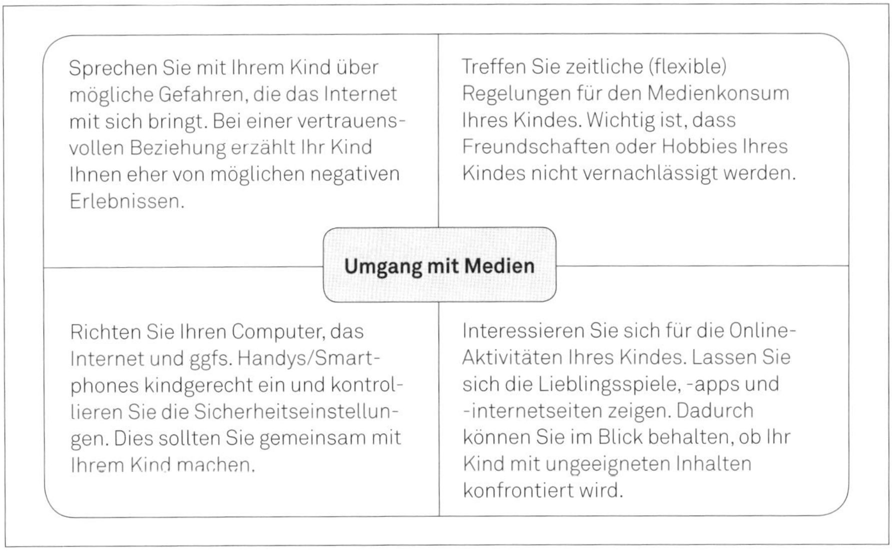

Abbildung 23: Handlungsempfehlungen zum Umgang mit Medien für Eltern (aus Petermann, 2017, S. 76)

Weitere Informationen können auf entsprechenden Internetseiten gefunden werden (Tab. 12). Dort können sich Eltern, Lehrkräfte sowie Kinder und Jugendliche selbstständig über diverse Themenbereiche rund um das Thema digitale Medien, Internet(-sicherheit), Cybermobbing und Schutzfunktionen informieren. Weiterhin werden Informations- und Arbeitsmaterialien, Aufklärungsbroschüren oder Sicherheitssoftware frei verfügbar zum Download angeboten. Suchmaschinen wie beispielsweise *Google* stellen für kleinere Kinder keine geeigneten Dienste dar, da sie ihre Suchergebnisse nicht filtern und sich somit die Gefahr erhöht, dass ungeeignete Inhalte angezeigt werden. Diesem Problem wird mit spezifischen Kindersuchmaschinen begegnet, die die Ergebnisse filtern und somit altersangemessene Inhalte präsentieren. Ergänzend existieren Internetseiten, die sich direkt an Jugendliche wenden und sogar von Jugendlichen geleitet werden. Dies dient dem Austausch unter den Gleichaltrigen und mag auch bei dem Einen oder Anderen die Hemmschwelle senken, sich bei Problemen wie Cybermobbing jemandem anzuvertrauen. Tabelle 12 fasst einige dieser Internetseiten mit ihren verschiedenen Funktionen und den angesprochenen Bezugsgruppen zusammen.

Tabelle 12: Hilfreiche Internetseiten für Eltern, Lehrkräfte, Kinder und Jugendliche (eigene Darstellung modifiziert nach Petermann, 2017, S. 77)

Internetadresse	Funktion	Beschreibung	Zielgruppe
www.blinde-kuh.de	Suchmaschine für Kinder, Information und Unterhaltung	Die Suchmaschine bietet geprüfte, kindgerechte Suchergebnisse. Es werden viele Online-Spiele und Videos für Kinder angeboten.	Kinder ab 6 Jahren
www.fragFINN.de	Suchmaschine für Kinder	Die Suchmaschine führt Kinder nur zu geprüften, kindgerechten Suchergebnissen (Web & Bilder).	Kinder ab 6 Jahren
www.kinderserver-info.de	Kostenloser Download eines Browsers für Kinder	Download eines Programms, das einen kindgerechten Zugang zum Computer und Internet garantiert (für Win & Mac).	Eltern
www.klicksafe.de	Information und Aufklärung	Allgemeine Informationen zum Internet, sozialen Netzwerken, Instant Messengern, Cybermobbing usw. Verfügbarkeit von Online-Materialien und Aufklärungsspots.	Jugendliche ab 13 Jahren Eltern Lehrkräfte
www.internet-abc.de	Information, Aufklärung und Unterhaltung	Bietet kindgerechte Erklärungen zum Umgang mit dem Internet, altersgerechte Online-Spiele ohne unangemessene Inhalte, Materialien zur Unterstützung bei Hausaufgaben und Chaträume für Kinder, die von Moderatoren kontrolliert werden.	Kinder ab 6 Jahren Eltern Lehrkräfte
www.juuuport.de	Beratung und Information	Jugendliche im Alter von 13 bis 21 Jahren helfen anderen Kindern bei Problemen und Schwierigkeiten im Internet.	Jugendliche ab 13 Jahren

Hinweis

Erziehung sowie Medienerziehung stellen keine leichten Aufgaben dar, für die es eine Patentlösung oder eine konkrete Anleitung gibt. Jede Familie, jeder Elternteil, jedes Kind und jeder Jugendliche sind einzigartig. Daher muss Erziehung individuell erfolgen und Regeln sowie Konsequenzen müssen immer flexibel an das Individuum angepasst werden. Es gibt einige Handlungsempfehlungen, die bei der Medienerziehung bedacht werden sollten, damit ein Kind die kompetente Nutzung lernt und keine Medienabhängigkeit entwickelt. Viele Organisationen und Internetseiten beschäftigen sich seit längerer Zeit mit diesem Thema und bieten für alle Beteiligten Informationen, Beratung und Unterstützung.

6.4 (Fremd-)Sprache im Netz: Digita*L*anguage

Wie bereits zu Beginn des Kapitels erwähnt, benutzen viele Nutzerinnen und Nutzer im Internet eine andere Sprache bzw. andere Formulierungen, die vor allem durch Abkürzungen geprägt sind. Dies dient der schnelleren Kommunikation untereinander, da das Ausschreiben von Wörtern sowie meistens gleichzeitig die Kommasetzung wegfällt. In diesem Abschnitt wollen wir einen Überblick über die gängigsten Abkürzungen geben, die Kinder und Jugendliche beim Chatten oder in Online-Spielen benutzen (Tab. 13). Tabelle 14 erläutert einige Begrifflichkeiten innerhalb der sozialen Medien wie *Story* oder *Hashtags*, während Tabelle 15 einen kurzen Einblick in allgemeine Internetbegriffe gibt, die häufig auftauchen (z.B. *Browser* oder *Pop-Up*). Wir möchten darauf hinweisen, dass es sich keinesfalls um vollständige Listen handelt, sondern lediglich um einen kurzen Ausschnitt aus der Sprache des Internets.

Tabelle 13: Chatsprache/Game-Sprache

Abkürzung	Bedeutung
Abf	Allerbester Freund/allerbeste Freundin
afk	Nicht mehr an der Tastatur (away from keyboard)
Asu	Achso
bb	Bis bald (bye bye)
Bf	Bester Freund/beste Freundin
bg	Bis gleich
bimo	Bis morgen
btw	Übrigens (by the way)
cu	Bis dann (see you)
fb	Facebook
Gm	Guten Morgen
Gn	Gute Nacht
idk	Weiß ich nicht (I don't know)
ik	Ich weiß! (I know)
jz	Jetzt
k oder **kk** oder **Key!**	Okay!
Ka oder **kp**	Keine Ahnung oder Kein Plan
Lol	Laut auslachen (laughing out loudly)
lw	Langweile
mom	Moment
N8ti	Nachti
noob	Anfänger
np	Kein Problem (no problem)
omg	Oh mein Gott! (Oh my god!)
omw	Bin auf dem Weg! (on my way)
pls	Bitte
re	Bin wieder da (return)
RL	Reales Leben (real life)
rlly	Wirklich?! (really?!)
rofl	Laut auflachen (rolling on floor laughing)
sry	Entschuldigung (sorry)
thx oder **thy**	Danke (thank you)
wb	Willkommen zurück (welcome back)
wmd	Was machst Du?
Wrm	Warum?
Wtf	Was zur Hölle?! (what the fuck?!)
yk	Weißt Du?! (you know?!)
YOLO	Du lebst nur einmal! (you only live once)

Tabelle 14: Begrifflichkeiten innerhalb einiger sozialer Medien

Begriff	Erklärung	Hinweis
Anstupsen	Funktion innerhalb von Facebook, durch die eine andere Person eine textfreie Benachrichtigung erhält.	Diese Funktion wird mitunter genutzt, um einer anderen Person mitzuteilen, dass man an sie denkt. Teilweise dient es auch der Erinnerung einer Person, wenn sie beispielsweise noch nicht auf eine Nachricht geantwortet hat.
Befreundet sein	Innerhalb sozialer Medien bekommt man Anfragen von Personen mit der Bitte, sie zu der eigenen Kontaktliste hinzuzufügen. Bei Facebook nennen sich diese „Freundschaftsanfragen", unabhängig davon, ob es sich um einen fernen Verwandten oder tatsächlich einen Freund handelt. Nimmt man die entsprechende Anfrage an, ist man automatisch bei Facebook „befreundet".	Vor allem bei der Nutzung von Facebook sollte darauf geachtet werden, dass alle „neuen Freunde" dahingehend geprüft werden, ob es sich um tatsächliche Freunde, die alle veröffentlichten Inhalte sehen dürfen, handelt oder um eher unbekanntere Personen. Ist dies der Fall, muss der Status von „Freund" auf beispielsweise „Bekannte" geändert werden.
Follower	Bezeichnung der Person, die den Beiträgen eines anderen Nutzers oder eines bestimmten Themas über einen Online-Dienst folgt (z.B. bei Instagram oder Twitter).	Unter Kindern und Jugendlichen herrscht mitunter ein Wettkampf darum, wer die meisten Follower hat. Dies kann zu der unbedachten Annahme von Fremden in die eigene Kontaktliste führen.
Hashtag	Hashtags sind Schlagworte die vorangestellt das Symbol „#" tragen und dazu dienen, bestimmte Themen in sozialen Netzwerken auffindbar zu machen. *Hash* steht für das Symbol „#" und *tag* für das englische Wort „markieren".	Hashtags werden dafür genutzt, um die eigenen Bilder und Videos bestimmten Themen zuzuordnen. Beispielsweise bei Instagram werden dadurch Nutzerinnen und Nutzer erreicht, die sich für dasselbe Thema interessieren. Beispiel: #einfachmalabschalten und #genießen

Tabelle 14: Fortsetzung

Begriff	Erklärung	Hinweis
Liken	„To like" bedeutet „gefallen". In sozialen Netzwerken können Benutzer diese Funktion nutzen, um kenntlich zu machen, dass ihnen ein Kommentar, Bild, Video etc. gefällt oder dass sie etwas unterstützen.	Bei Facebook findet man hierfür den „Gefällt-mir"-Button, während auf Instagram ein „Herz-Button" genutzt werden kann. Um Cybermobbing zu verhindern, haben einige soziale Netzwerke absichtlich keinen „Dislike"-Button. Auf der Videoplattform YouTube ist dieser verfügbar.
Posten	Bedeutet das Kommunizieren auf Internetplattformen durch das Veröffentlichen von Beiträgen und Online-Inhalten.	„Post" stammt ebenfalls aus dem Englischen und bedeutet „Beitrag", während „to post" gleichermaßen „senden" oder „abschicken" bezeichnet.
Profilbild (z.B. bei WhatsApp)	Dieses Bild wird anderen beim Chatten angezeigt (je nach vorgenommenen Sicherheitseinstellungen).	*Jeder* kann das Profilbild herunterladen, sobald dieses angezeigt wird. Das bedeutet, dass andere das Profilbild ungefragt weiterverbreiten können.
Status (z.B. bei WhatsApp)	Man kann mitteilen, was man z.B. gerade macht, denkt oder fühlt.	Es ist wichtig, keine persönlichen Angaben oder Angaben über den aktuellen Aufenthaltsort anzugeben.
Story	Viele soziale Medien wie WhatsApp, Instagram, Snapchat oder Facebook bieten die Möglichkeit, sich eine eigene „Story" anzulegen. Dabei handelt es sich um einen weiteren News-Feed, bei dem Bilder oder Videos veröffentlicht werden. Diese sind meist öffentlich einsehbar, werden jedoch nach 24 Stunden wieder entfernt.	Diese Funktion nutzen Kinder und Jugendliche, um ihren Freunden kurze Momentaufnahmen aus ihrem Leben zu präsentieren. Mitunter steht dahinter kein tiefsinnigeres Motiv, sondern einfach nur der Wunsch sich mitzuteilen.
Zuletzt online (z.B. bei WhatsApp)	Andere können sehen, zu welcher Uhrzeit man beispielsweise das letzte Mal den Messenger geöffnet hat.	Kinder nutzen dies oft als Druckmittel („Wieso hast du mir nicht geantwortet?! Du warst doch online ...").

Tabelle 15: Grundlegende Begrifflichkeiten

Begriff	Erklärung	Hinweis
Account	Ein Benutzerkonto, durch das man Zugang zu einem Online-Dienst, wie z.B. Facebook erhält. Um sich einen Account anzulegen, sind meistens ein Benutzername sowie ein entsprechendes Passwort nötig. Über den Account wird eine Person von dem entsprechenden System bestimmten Informationen zugeordnet und wiedererkannt.	Wird ein Account einer Person gesperrt, weil derjenige gemeldet wurde (z.B. wegen Cybermobbing), kann es leider vorkommen, dass sich derjenige einfach einen neuen Account anlegt und somit wieder Zugriff auf den Online-Dienst erhält. Um dies zu vermeiden, erkennen und speichern einige soziale Netzwerke die IP-Adresse der Nutzer, wodurch eine erneute Anmeldung dann nicht mehr möglich ist – zumindest nicht von derselben IP-Adresse.
App	Die Abkürzung für Applikation, d.h. ein Programm, das auf einem elektronischen Medium installiert werden kann. Am häufigsten verwendet wird der Begriff bei Smartphones oder Tablets. Apps sind meistens für mehrere Betriebssysteme verfügbar. Die bekanntesten sind Android und iOS von Apple. Die Apps stehen dabei bei erstgenanntem über den Play Store und bei letztgenanntem über den AppStore zum Download zur Verfügung.	Viele Apps gibt es kostenlos. Hierbei sollte kritisch gefragt werden: Wann bekommt man etwas kostenlos?! Sobald eine App heruntergeladen werden soll, müssen oft zuerst einige Bedingungen akzeptiert und der App Zugriff auf bestimmte Inhalte gewährt werden. Somit ist die App an sich nicht kostenlos, da der Preis darin besteht, dass Informationen gesammelt werden dürfen.
Blog	Ein meist öffentlich einsehbares „Tagebuch" oder Journal, das eine Person führt, weil sie andere daran teilhaben lassen will. Blogs können sowohl von privaten Personen, als auch von politischen Personen, Menschenrechtlern o.Ä. geführt werden.	Blogs können ganz verschiedene Themenbereiche abdecken oder auch einfach nur eine Aufzeichnung der persönlichen Gedanken einer Person sein. Einige Jugendliche führen einen eigenen Blog zu bestimmten Online-Spielen, während andere Schmink- und Styling-Tipps geben.

Tabelle 15: Fortsetzung

Begriff	Erklärung	Hinweis
Cookies	Eine kleine Datei, die von einer besuchten Website auf dem Computer/Tablet/Smartphone gespeichert wird. Sie sammelt unterschiedliche Informationen und leitet diese an die Website weiter.	Cookies können hilfreich (z.B. Eingabeinformationen für den wiederholten Besuch einer bestimmten Website speichern), als auch gefährlich sein (z.B. komplexes privates Internetverhalten wird ungefragt an Dritte übermittelt). In den meisten Browsern lässt sich einstellen, ob und wie lange Cookies gespeichert werden sollen.
Instant Messenger	Kommunikationsmethode zum Nachrichtensofortversand und Austausch diverser Dateien (Bilder, Videos, Dokumente etc.).	Am meisten genutzt wird WhatsApp. Daneben existieren Messenger wie Hike, Threema, Telegram u.v.m. Sicherheitseinstellungen sollten individuell angepasst und kontrolliert werden. Profilbilder sollten möglichst neutral gewählt werden.
Pop-Up	Meistens ein zusätzliches Browserfenster, das sich ungefragt öffnet und Werbung enthält. Teilweise auch als integriertes Element auf der geöffneten Website.	Die meisten Webbrowser enthalten einen Pop-Up-Blocker, der das unerwünschte Öffnen von zusätzlichen Browserfenstern unterbindet. Pop-Ups können nicht für Kinder geeignete Werbung beinhalten.
Profil	Auf sozialen Netzwerken können sich Benutzer ein eigenes Profil erstellen, auf dem sie eigene Informationen zu Hobbies oder Interessen angeben sowie Bilder, Videos o.Ä. veröffentlichen.	Im Prinzip stellt das Online-Profil die eigene Persönlichkeit dar. Dabei muss die Online-Persönlichkeit nicht mit der tatsächlichen Persönlichkeit übereinstimmen. Einige Kinder und Jugendliche nutzen das Internet, um sich so darzustellen, wie sie gerne wären.

Tabelle 15: Fortsetzung

Begriff	Erklärung	Hinweis
Screenshot	Ein Screenshot ist ein Bildschirmfoto des aktuellen Bildschirminhaltes oder eines Teils davon. Dieser kann entweder über eine Tastenkombination des gewählten Mediums oder durch das Abfotografieren des Bildschirms mittels einer Kamera erstellt werden.	Nicht jeder soziale Online-Dienst bietet seinen Nutzerinnen und Nutzern die Funktion, die veröffentlichten Bilder anderer Personen herunterzuladen. Dies sollte allerdings nicht zu einem übersteigerten Sicherheitsgefühl führen, da es trotzdem möglich ist, per Screenshot an das gewünschte Bild zu gelangen. Lediglich *Snapchat* weist seine Nutzerinnen und Nutzer daraufhin, wenn der Chatpartner einen Screenshot vom Bildschirm gemacht hat (siehe Abschn. 2.2.4).
Soziale Netzwerke	Online-Plattformen, auf denen verschiedene Daten, Informationen, Erfahrungen zwischen Nutzern ausgetauscht werden (z.B. Facebook oder Twitter).	Einige Informationen dürfen vom Anbieter an Dritte weitergegeben werden. Eine komplette Löschung veröffentlichter Daten ist meistens nicht möglich. Die Sicherheitseinstellungen sollten regelmäßig überprüft werden.

Zusammenfassung

In einer Zeit, in der digitale Medien den Alltag vieler Kinder und Jugendlichen bestimmen, hört man oft die beiden Worte „Medienkompetenz" und „Medienerziehung". Vor allem Eltern werden dazu aufgerufen, ihren Kindern einen kompetenten Umgang mit den Medien beizubringen. Die scheitert leider oft daran, dass einige Eltern selbst in diesem Bereich wenig Wissen oder Kompetenzen besitzen und gleichzeitig nur wenig Motivation haben, sich mit diesen neuen Dingen auseinanderzusetzen.

Vielfach wird dann eine *restriktive Medienerziehung* angewandt, bei der Regeln und Einschränkungen bezüglich der Mediennutzung des Kindes ausgesprochen werden, ohne dass ein gemeinsamer Austausch oder eine Reflexion der Medien- und Online-Inhalte stattfindet. Dieser gemeinsame Austausch, der auch darin besteht, dass Eltern ihre Meinung zu bestimmten Inhalten und Nutzungsweisen äußern, ist jedoch unglaublich wichtig, damit Kinder in ihren „Medien-Lernerfahrungen" unterstützt werden *(aktive Medienerziehung)*. Beide Medienerziehungsstile sollten kombiniert werden. Besonders jüngere Kinder benötigen Regeln zur Mediennutzung, damit beispielsweise anstößige Online-Inhalte vermieden werden.

Kinder in den ersten drei Lebensjahren benötigen gar keine digitalen Medien, da sie mit den neuen Sinneseindrücken der realen Welt beschäftigt und ausgelastet sind. Ab wann und wie lange welches Medium genutzt werden sollte, steht in Abhängigkeit zum persönlichen Entwicklungsstand eines Kindes, weshalb sich nur Empfehlungen aussprechen lassen. Hinsichtlich der Nutzung von Instant Messengern und sozialen Netzwerken bieten die vorgegebenen Altersfreigaben der Anbieter einen guten Orientierungsansatz (vgl. Abschn. 2.2ff.).

Eltern sollten sich ihrer Vorbildfunktion immer bewusst sein und sich vor Augen führen, dass sie ihrem Kind vorleben, welchen Stellenwert beispielsweise ein Smartphone besitzt und wie häufig es genutzt werden sollte. Des Weiteren sollten Medienangebote begrenzt sowie immer alternative „Offline"-Angebote zur Verfügung stehen.

Alle Bezugspersonen, die etwas mit der Medienerziehung zu tun haben (z.B. Eltern, Lehrkräfte), sollten sich ein Mindestmaß an Medienwissen aneignen, um das Verhalten des Kindes oder des Jugendlichen einschätzen und gegebenenfalls ändern zu können. Das eigene Medienwissen steht in einem bedeutsamen Zusammenhang mit der Medienerziehung und somit letztendlich mit der Medienkompetenz der Kinder und Jugendlichen. Diese wiederum soll einem riskanten Online-Verhalten vorbeugen oder es reduzieren und somit die Wahrscheinlichkeit für negative Erfahrungen wie Cybermobbing reduzieren.

Literatur

Agnew, R. (1992). Foundation for a general strain theory of crime and delinquency. *Criminology, 30*, 47–88. http://doi.org/10.1111/j.1745-9125.1992.tb01093.x

Ajzen, I. (1991). The Theory of Planned Behavior. *Organizational Behavior and Human Decision Processes, 50*, 179–211. http://doi.org/10.1016/0749-5978(91)90020-T

Ajzen, I. (2015). The theory of planned behaviour is alive and well, and not ready to retire: a commentary on Sniehotta, Presseau, and Araújo-Soares. *Health Psychology Review, 9*, 131–137. http://doi.org/10.1080/17437199.2014.883474

Aktion Jugendschutz Bayern e.V. (2016). *Bloßgestellt im Netz – Ein Planspiel zur Prävention von Cyber-Mobbing* (5. Aufl.). München: aj-praxis. Online verfügbar unter: https://tinyurl.com/blossgestellt

Alhaboby, Z.A., Barnes, J., Evans, H. & Short, E. (2017). Cyber-victimization of people with chronic conditions and disabilities: A systematic review of scope and impact. *Trauma, Violence & Abuse*, 1–18. http://doi.org/10.1177/1524838017717743

Alipan, A., Skues, J., Theiler, S. & Wise, L. (2015). Defining cyberbullying: a multiple perspectives approach. *Annual Review of Cybertherapy and Telemedicine 2015: Virtual Reality in Healthcare: Medical Simulation and Experiential Interface, 219*, 9–13. http://dx.doi.org/10.3233/978-1-61499-595-1-9

Álvarez-García, D., García, T. & Núñez, J.C. (2015). Predictors of school bullying perpetration in adolescence: A systematic review. *Aggression and Violent Behavior, 23*, 126–136. http://doi.org/10.1016/j.avb.2015.05.007

Ang, R.P. & Goh, D.H. (2010). Cyberbullying among adolescents: The role of affective and cognitive empathy, and gender. *Child Psychiatry and Human Development, 41*, 387–397. http://doi.org/10.1007/s10578-010-0176-3

Antoniadou, N. & Kokkinos, C.M. (2015). Cyber and school bullying: Same or different phenomena? *Aggression and Violent Behavior, 25*, 363–372. http://dx.doi.org/10.1016/j.avb.2015.09.013

Antonovsky, A. (1997). *Salutogenese: Zur Entmystifizierung der Gesundheit*. Tübingen: dgvt.

Azaredo, C.M., Rinaldi, A.E.M., Leite de Moraes, C., Levy, R.B. & Menezes, P.R. (2015). School bullying: A systematic review of contextual-level risk factors in observational studies. *Aggression and Violent Behavior, 22*, 65–76. http://doi.org/10.1016/j.avb.2015.04.006

Baldry, A.C., Farrington, D.P. & Sorrentino, A. (2015). „Am I at risk of cyberbullying?" A narrative review and conceptual framework for research on risk of cyberbullying and cybervictimization: The risk and needs assessment approach. *Aggression and Violent Behavior, 23*, 36–51. http://dx.doi.org/10.1016/j.avb.2015.05.014

Barlett, C.P. (2017). From theory to practice: Cyberbullying theory and its application to intervention. *Computers in Human Behavior, 72*, 269–275. http://doi.org/10.1016/j.chb.2017.02.060

Barlett, C.P., Chamberlin, K. & Witkower, Z. (2017a). Predicting cyberbullying perpetration in emerging adults: A theoretical test of the Barlett gentile cyberbullying model. *Aggressive Behavior, 43*, 147–154. http://doi.org/10.1002/ab.21670

Barlett, C.P. & Gentile, D.A. (2012). Attacking others online: The formation of cyberbullying in late adolescence. *Psychology of Popular Media Culture, 1*, 123–135. http://doi.org/10.1037/a0028113

Barlett, C.P., Prot, S., Anderson, C.A. & Gentile, D.A. (2017b). An empirical examination of the strength differential hypothesis in cyberbullying behavior. *Psychology of Violence, 7*, 22–32. http://doi.org/10.1037/vio0000032

Bauman, S. (2013). Cyberbullying: What does research tell us? *Theory into Practice, 52*, 249–256. http://dx.doi.org/10.1080/00405841.2013.829727

Bayraktar, F., Machackova, H., Dedkova, L., Cerna, A. & Sevcikova, A. (2015). Cyberbullying: The discriminant factors among cyberbullies, cybervictims, and cyberbully-victims in a Czech adolescent sample. *Journal of Interpersonal Violence, 30*, 3192–3216. http://doi.org/10.1177/0886260514555006

Beelmann, A., Pfost, M. & Schmitt, C. (2014). Prävention und Gesundheitsförderung bei Kindern und Jugendlichen. Eine Meta-Analyse der deutschsprachigen Wirksamkeitsforschung. *Zeitschrift für Gesundheitspsychologie, 22*, 1–14. http://doi.org/10.1026/0943-8149/a000104

Bigelow, J.L., Edwards, A. & Edwards, L. (2016, October). Detecting Cyberbullying using Latent Semantic Indexing. In *Proceedings of the First International Workshop on Computational Methods for CyberSafety* (pp. 11–14). New York, NY: ACM. http://dx.doi.org/10.1145/3002137.3002144

Bilz, L. (2008). Schule und psychische Gesundheit. Risikobedingungen für emotionale Auffälligkeiten von Schülerinnen und Schülern. In F. Hamburger, M. Horstkemper, W. Melzer & K.-J. Tillmann (Hrsg.), *Schule und Gesellschaft* (Bd. 42). Wiesbaden: VS.

Bonanno, R.A. & Hymel, S. (2013). Cyber bullying and internalizing difficulties: Above and beyond the impact of traditional forms of bullying. *Journal of Youth and Adolescence, 42*, 685–697. http://doi.org/10.1007/s10964-013-9937-1

Borg-Laufs, M. (2015). Soziale Onlinenetzwerke in der Psychotherapie mit Jugendlichen. *Psychotherapeut, 60*, 151–155. http://doi.org/10.1007/s00278-015-0008-9

Bottino, S.M.B., Bottino, C.M.C., Regina, C.G., Correia, A.V.L. & Ribeiro, W.S. (2015). Cyberbullying and adolescent mental health: Systematic review. *Cadernos de Saúde Pública, 31*, 463–475. http://doi.org/10.1590/0102-311x00036114

Bündnis gegen Cybermobbing e.V. (2014a). *Gefangen im Netz. Erste Hilfe Anleitung. Für Lehrer.* Online verfügbar unter: https://tinyurl.com/cybermobbing-hilfe

Bündnis gegen Cybermobbing e.V. (2014b). *Gefangen im Netz. Erste Hilfe Anleitung. Für Eltern.* Online verfügbar unter: https://tinyurl.com/hilfe-eltern

Bündnis gegen Cybermobbing e.V. (2014c). *Gefangen im Netz. Erste Hilfe Anleitung. Für Schüler.* Online verfügbar unter: https://tinyurl.com/hilfe-schueler

Bündnis gegen Cybermobbing e.V. (2017). *Cyberlife II – Spannungsfeld zwischen Faszination und Gefahr. Cybermobbing bei Schülerinnen und Schülern.* Online verfügbar unter: https://tinyurl.com/cyberlife-II

Burkhardt, W. (2001). *Förderung kindlicher Medienkompetenz durch die Eltern: Grundlagen, Konzepte und Zukunftsmodelle.* Wiesbaden: VS für Sozialwissenschaften. http://doi.org/10.1007/978-3-322-97514-0

Cantone, E., Piras, A.P., Vellante, M., Preti, A., Daníelsdóttir, S., Dáloja, E., Lesinskiene, S., Angermeyer, M.C., Carta, M.G. & Bhugra, D. (2015). Interventions on bullying and cyberbullying in schools: A systematic review. *Clinical Practice & Epidemiology in Mental Health, 11*, 58–76. http://dx.doi.org/10.2174/1745017901511010058

Casas, J.A., Del Rey, R. & Ortega-Ruiz, R. (2013). Bullying and cyberbullying: Convergent and divergent predictors. *Computers in Human Behavior, 29*, 580–587. http://doi.org/10.1016/j.chb.2012.11.015

Chan, S., Khader, M., Ang, J., Tan, E., Khoo, K. & Chin, J. (2012). Understanding 'happy slapping'. *International Journal of Police Science & Management, 14*, 42–57. http://doi.org/10.1350/ijps.2012.14.1.252

Chaux, E., Velásquez, A.M., Schultze-Krumbholz, A. & Scheithauer, H. (2016). Effects of the cyberbullying prevention program Media Heroes (Medienhelden) on traditional bullying. *Aggressive Behavior, 42*, 157–165. http://doi.org/10.1002/ab.21637

Chen, L., Ho, S.S. & Lwin, M.O. (2017). A meta-analysis of factors predicting cyberbullying perpetration and victimization: From the social cognitive and media effects approach. *New Media & Society, 19*, 1194–1213. http://doi.org/10.1177/1461444816634037

Cheung, C.M., Chiu, P.Y. & Lee, M.K. (2011). Online social networks: Why do students use facebook?. *Computers in Human Behavior, 27*, 1337–1343. http://doi.org/10.1016/j.chb.2010.07.028

Chou, H.T.G. & Edge, N. (2012). "They are happier and having better lives than I am": the impact of using Facebook on perceptions of others' lives. *Cyberpsychology, Behavior, and Social Networking, 15*, 117–121. http://doi.org/10.1089/cyber.2011.0324

Christensen, B. & Christensen, S. (2015). *Achtung: Statistik: 150 Kolumnen zum Nachdenken und Schmunzeln*. Heidelberg: Springer. http://doi.org/10.1007/978-3-662-45468-8

Cole, D.A., Zelkowitz, R.L., Nick, E., Martin, N.C., Roeder, K.M., Sinclair-McBride, K. & Spinelli, T. (2016). Longitudinal and incremental relation of cybervictimization to negative self-cognitions and depressive symptoms in young adolescents. *Journal of Abnormal Child Psychology, 44*, 1321–1332. http://dx.doi.org/10.1007/s10802-015-0123-7

Compton, L., Campbell, M.A. & Mergler, A. (2014). Teacher, parent and student perceptions of the motives of cyberbullies. *Social Psychology of Education, 17*, 383–400. http://doi.org/10.1007/s11218-014-9254-x

Corby, E.K., Campbell, M., Spears, B., Slee, P., Butler, D. & Kift, S. (2016). Students' perceptions of their own victimization: A youth voice perspective. *Journal of School Violence, 15*, 322–342. http://doi.org/10.1080/15388220.2014.996719

Cross, D., Lester, L. & Barnes, A. (2015). A longitudinal study of the social and emotional predictors and consequences of cyber and traditional bullying victimisation. *International Journal of Public Health, 60*, 207–217. http://doi.org/10.1007/s00038-015-0655-1

Cyberbullying Research Centre (2013, August). *Hannah Smith: Even More Tragic Than Originally Thought*. Online verfügbar unter: https://cyberbullying.org/hannah-smith-even-more-tragic-than-originally-thought

danah boyd (2010). *"Digital self-harm and other acts of self-harassment."* Online verfügbar unter: http://www.zephoria.org/thoughts/archives/2010/12/07/digital-self-harm-and-other-acts-of-self-harassment.html

Davis, K. & Koepke, L. (2016). Risk and protective factors associated with cyberbullying: Are relationships or rules more protective?. *Learning, Media and Technology, 41*, 521–545. http://doi.org/10.1080/17439884.2014.994219

DePaolis, K. & Williford, A. (2015). The nature and prevalence of cyber victimization among elementary school children. *Child Youth Care Forum, 44*, 377–393. http://doi.org/10.1007/s10566-014-9292-8

DeSmet, A., Veldeman, C., Poels, K., Bastiaensens, S., Van Cleemput, K., Vandebosch, H. & De Bourdeaudhuij, I. (2014). Determinants of self-reported bystander behavior in cyberbullying incidents amongst adolescents. *Cyberpsychology, Behavior, and Social Networking, 17*, 207–215. http://dx.doi.org/10.1089/cyber.2013.0027

Doane, A.N., Boothe, L.G., Pearson, M.R. & Kelley, M.L. (2016). Risky electronic communication behaviors and cyberbullying victimization: An application of Protection Motivation Theory. *Computers in Human Behavior, 60*, 508–513. http://doi.org/10.1016/j.chb.2016.02.010

Eichenberg, C. & Müller, U.A. (2017). Generation Internet. Zu den Chancen und Risiken der Internetnutzung für die psychische Entwicklung Jugendlicher. *Psychotherapie im Dialog, 18*, 36–40. http://doi.org/10.1055/s-0043-103883

Englander, E. (2012a). Cyberbullying among 11,700 elementary school students, 2010–2012. In *MARC Research Reports, Paper 4*. Online verfügbar unter: http://vc.bridgew.edu/marc_reports/4

Englander, E. (2012b). Digital self-harm: Frequency, type, motivations, and outcomes. *MARC Research Reports. Paper 5*. Online verfügbar unter: http://vc.bridgew.edu/marc_reports/5

Englander, E. (2012c). Low risk associated with most teenage sexting: A study of 617 18-year-olds. In *MARC Research Reports*, 6. Online verfügbar unter: http://vc.bridgew.edu/marc_reports/6

Englander, E., Donnerstein, E., Kowalski, R., Lin, C.A. & Parti, K. (2017). Defining cyberbullying. *Pediatrics, 140*, 148–151. http://doi.org/10.1542/peds.2016-1758U

Facebook (2017). *Facebook auf der dmexco 2017*. Online verfügbar unter: https://www.facebook.com/business/news/facebook-auf-der-dmexco-2017-discover-growth-wenn-produkte-menschen-finden-finden-unternehmen-wachstum

Facebook (2018). *Our history*. Online verfügbar unter: https://newsroom.fb.com/company-info/

Fahy, A.E., Stansfeld, S.a., Smuk, M., Smith, N.R., Cummins, S. & Clark, C. (2016). Longitudinal associations between cyberbullying involvement and adolescent mental health. *Journal of Adolescent Health, 59*, 502–509. http://doi.org/10.1016/j.jadohealth.2016.06.006

Fanti, K.A., Demetriou, A.G. & Hawa, V.V. (2012). A longitudinal study of cyberbullying: Examining risk and protective factors. *European Journal of Developmental Psychology, 9*, 168–181. http://doi.org/10.1080/17405629.2011.643169

Festl, R. (2016). Perpetrators on the internet: Analyzing individual and structural explanation factors of cyberbullying in school context. *Computers in Human Behavior, 59*, 237–248. http://doi.org/10.1016/j.chb.2016.02.017

Festl, R. & Quandt, T. (2014). Cyberbullying at schools: A longitudinal research project. *Diskurs Kindheits- und Jugendforschung, 9*, 109–114. PID: http://nbn-resolving.de/urn:nbn:de:0168-ssoar-404324

Festl, R., Scharkow, M. & Quandt, T. (2015). The individual or the group: A multilevel analysis of cyberbullying in school classes. *Human Communication Research, 41*, 535–556. http://doi.org/10.1111/hcre.12056

Festl, R., Vogelgesang, J., Scharkow, M. & Quandt, T. (2017). Longitudinal patterns of involvement in cyberbullying: Results from a Latent Transition Analysis. *Computers in Human Behavior, 66*, 7–15. http://doi.org/10.1016/j.chb.2016.09.027

Fishbein, M. & Ajzen, I. (2011). *Predicting and changing behavior: The reasoned action approach*. New York, NY: Taylor & Francis.

Fisher, B.W., Gardella, J.H. & Teurbe-Tolon, A.R. (2016). Peer cybervictimization among adolescents and the associated internalizing and externalizing problems: A meta-analysis. *Journal of Youth and Adolescence, 45*, 1727–1743. http://doi.org/10.1007/s10964-016-0541-z

Garaigordobil, M. (2017). Psychometric properties of the Cyberbullying Test, a screening instrument to measure cybervictimization, cyberaggression, and cyberobservation. *Journal of Interpersonal Violence, 32*, 3556–3576. http://doi.org/10.1177/0886260515600165

Gerrard, M., Gibbons, F.X., Houlihan, A.E., Stock, M.L. & Pomery, E.A. (2008). A dual-process approach to health risk decision making: The prototype willingness model. *Developmental Review, 28*, 29–61. http://doi.org/10.1016/j.dr.2007.10.001

Gibbons, F.X., Gerrard, M. & Lane, D.J. (2003). A social reaction model of adolescent health risk. In J.M. Suls & K.A. Wallston (Eds.), *Social psychological foundations of health and illness* (pp. 107–136). Oxford, U.K: Blackwell.

Gini, G., Card, N.A. & Pozzoli, T. (2017). A meta-analysis of the differential relations of traditional and cyber-victimization with internalizing problems. *Aggressive Behavior, 44*, 185–198. http://doi.org/10.1002/ab.21742

Glasman, L.R. & Albarracin, D. (2006). Forming attitudes that predict future behavior: A meta-analysis of the attitude-behavior relation. *Psychological Bulletin, 132*, 778–822. http://doi.org/10.1037/0033-2909.132.5.778

Glew, G.M., Fan, M.-Y., Katon, W., Rivara, F.P. & Kernic, M.A. (2005). Bullying, psychosocial adjustment, and academic performance in elementary school. *Archives of Pediatrics and Adolescent Medicine, 159*, 1026–1031. http://doi.org/10.1001/archpedi.159.11.1026

González-Cabrera, J., Calvete, E., León-Mejía, A., Pérez-Sancho, C. & Peinado, J.M. (2017). Relationship between cyberbullying roles, cortisol secretion and psychological stress. *Computers in Human Behavior, 70*, 153–160. http://doi.org/10.1016/j.chb.2016.12.054

Gradinger, P., Strohmeier, D. & Spiel, C. (2012). Motives for bullying others in cyberspace: A study on bullies and bully-victims in Austria. In Q. Li, D. Cross & P.K. Smith (Eds.), *Cyberbullying in the global playground: Research from international perspectives* (pp. 263–284). Oxford, UK: Blackwell. http://dx.doi.rog/10.1002/9781119954484.ch13

Groenestein, E., Baas, N., van Deursen, A.J. & de Jong, M.D. (2017). Strategies and cues adolescents use to assess the age of an online stranger. *Information, Communication & Society, 20*, 1–18. http://dx.doi.org/10.1080/1369118X.2017.1309443

Gualdo, A.M.G., Hunter, S.C., Durkin, K., Arnaiz, P. & Maquilón, J.J. (2015). The emotional impact of cyberbullying: Differences in perceptions and experiences as a function of role. *Computers & Education, 82*, 228–235. http://doi.org/10.1016/j.compedu.2014.11.013

Hay, C., Meldrum, R. & Mann, K. (2010). Traditional bullying, cyber bullying, and deviance: A general strain theory approach. *Journal of Contemporary Criminal Justice, 26*, 130–147. http://doi.org/10.1177/1043986209359557

Heiman, T. & Olenik-Shemesh, D. (2017). Cyberbullying involvement of adolescents with low vision compared to typical adolescents, as related to perceived social support. *Journal of Aggression, Maltreatment & Trauma, 26*, 105–115. http://doi.org/10.1080/10926771.2016.1228725

Heirman, W. & Walrave, M. (2012). Predicting adolescent perpetration in cyberbullying: An application of the Theory of Planned Behavior. *Psicothema, 24*, 614–620.

Herzig, B., Meister, D.M., Moser, H. & Niesyto, H. (2010). *Jahrbuch Medienpädagogik 8: Medienkompetenz und Web 2.0*. Wiesbaden: VS für Sozialwissenschaften/GWV. https://doi.org/10.1007/978-3-531-92135-8

Hinduja, S. & Patchin, J.W. (2008). Cyberbullying: An exploratory analysis of factors related to offending and victimization. *Deviant Behavior, 29*, 129–156. http://doi.org/10.1080/01639620701457816

Hinduja, S. & Patchin, J.W. (2013). Social influences on cyberbullying behaviors among middle and high school students. *Journal of Youth Adolescence, 42*, 711–722. http://doi.org/10.1007/s10964-012-9902-4

Hinduja, S. & Patchin, J.W. (2015). *Bullying beyond the schoolyard. Preventing and responding to cyberbullying* (2nd ed.). Thousand Oaks: Corwin.

Hinduja, S. & Patchin, J.W. (2017). Cultivating youth resilience to prevent bullying and cyberbullying victimization. *Child Abuse & Neglect, 73*, 51–62. http://doi.org/10.1016/j.chiabu.2017.09.010

Hood, M. & Duffy, A.L. (2017). Understanding the relationship between cyber-victimisation and cyber-bullying on Social Network Sites: The role of moderating factors. *Personality and Individual Differences, 133,* 103–108. http://dx.doi.org/10.1016/j.paid.2017.04.004

Hutson, E. (2016). Cyberbullying in adolescence. A concept analysis. *Advances in Nursing Science, 39*, 60–70. http://doi.org/10.1097/ANS.0000000000000104

Instagram (n.d.[a]). Anzahl der monatlich aktiven Instagram Nutzer weltweit in ausgewählten Monaten von Januar 2013 bis September 2017 (in Millionen). In *Statista – Das Statistik-Portal.* Online verfügbar unter: https://de.statista.com/statistik/daten/studie/300347/umfrage/monatlich-aktive-nutzer-mau-von-instagram-weltweit/

Instagram (n.d.[b]). Anzahl der Nutzer von Instagram in Deutschland im Januar 2016 und August 2017 (in Millionen). In *Statista – Das Statistik-Portal.* Online verfügbar unter: https://de.statista.com/statistik/daten/studie/743772/umfrage/nutzer-von-instagram-in-deutschland/

Instagram Inc. (2018a). *Datenschutzrichtlinie.* Online verfügbar unter: https://de-de.facebook.com/help/instagram/155833707900388

Instagram Inc. (2018b). *Instagram-Datenschutzrichtlinie.* Online verfügbar unter: http://help.instagram.com/519522125107875

Jang, H., Song, J. & Kim, R. (2014). Does the offline bully-victimization influence cyberbullying behavior among youths? Application of general strain theory. *Computers in Human Behavior, 31*, 85–93. http://doi.org/10.1016/j.chb.2013.10.007

Kammerl, R. & Wartberg, L. (2018). Zusammenhänge zwischen problematischer Internetnutzung im Jugendalter und Medienerziehung in der Familie. *Praxis der Kinderpsychologie und Kinderpsychiatrie, 67*, 134–153. http://doi.org/10.13109/prkk.2018.67.2.134

Katzer, C. (2014). *Cybermobbing – Wenn das Internet zur W@ffe wird.* Heidelberg: Springer. http://doi.org/10.1007/978-3-642-37672-6

Khawar, R. & Malik, F. (2016). Bullying behavior of Pakistani pre-adolescents: Findings based on Olweus Questionnaire. *Pakistan Journal of Psychological Research, 31*, 23–43.

Kim, J., Song, H. & Jennings, W.G. (2017). A distinct form of deviance or a variation of bullying? Examining the developmental pathways and motives of cyberbullying compared with traditional bullying in South Korea. *Crime & Delinquency, 63*, 1600–1625. http://doi.org/10.1177/0011128716675358

Kirwil, L. (2009). Parental mediation of children's internet use in different European countries. *Journal of Children and Media, 3*, 394–409. http://doi.org/10.1080/17482790903233440

Klicksafe (2018, August). *Klicksafe.de. Die EU-Initiative für mehr Sicherheit im Netz.* Online verfügbar unter: http://www.klicksafe.de/

Knop, K. & Hefner, D. (2018). Feind oder Freund in meiner Hosentasche? – Zur Rolle von Individuum, Peergroup und Eltern für die (dys)funktionale Handynutzung. *Praxis der Kinderpsychologie und Kinderpsychiatrie, 67*, 204–216. http://doi.org/10.13109/prkk.2018.67.2.204

Knop, K., Hefner, D., Schmitt, S. & Vorderer, P. (2015). Mediatisierung mobil. Handy- und Internetnutzung von Kindern und Jugendlichen. *Schriftenreihe Medienforschung der Landesanstalt für Medien Nordrhein-Westfalen (LfM), 77.* Düsseldorf: VISTAS.

Koutamanis, M., Vossen, H.G., Peter, J. & Valkenburg, P.M. (2013). Practice makes perfect: The longitudinal effect of adolescents' instant messaging on their ability to initiate offline friendships. *Computers in Human Behavior, 29*, 2265–2272. http://doi.org/10.1016/j.chb.2013.04.033

Kowalski, R.M., Giumetti, G.W., Schroeder, A.N. & Lattanner, M.R. (2014). Bullying in the digital age: A critical review and meta-analysis of cyberbullying research among youth. *Psychological Bulletin, 140*, 1073–1137. http://doi.org/10.1037/a0035618

Kowalski, R.M., Limber, S.P. & Agatston, P.W. (2012a). *Cyberbullying. Bullying in the digital age* (2nd ed.). Oxford: Blackwell.

Kowalski, R. M., Morgan, C. A., Drake-Lavelle, K. & Allison, B. (2016). Cyberbullying among college students with disabilities. *Computers in Human Behavior, 57*, 416–427. http://doi.org/10.1016/j.chb.2015.12.044

Kowalski, R. M., Morgan, C. A. & Limber, S. P. (2012b). Traditional bullying as a potential warning sign of cyberbullying. *School Psychology International, 33*, 505–519. http://dx.doi.org/10.1177/0143034312445244

Kowalski, R. M. & Toth, A. (2017). Cyberbullying among youth with and without disabilities. *Journal of Child & Adolescent Trauma, 11*, 1–9. http://dx.doi.org/10.1007/s40653-017-0139-y

Landoll, R. R., La Greca, A. M., Lai, B. S., Chan, S. F. & Herge, W. M. (2015). Cyber victimization by peers: Prospective associations with adolescent social anxiety and depressive symptoms. *Journal of Adolescence, 42*, 77–86. http://doi.org/10.1016/j.adolescence.2015.04.002

Langos, C. (2012). Cyberbullying: The challenge to define. *Cyberpsychology, Behavior, and Social Networking, 15*, 285–289. http://doi.org/10.1089/cyber.2011.0588

Latanè, B. & Darley, J. M. (1970). *The unresponsive Bystander: Why Doesn't He help?* New York: Appleton-Century-Crofts.

Law, D. M., Shapka, J. D., Hymel, S., Olson, B. F. & Waterhouse, T. (2012). The changing face of bullying: An empirical comparison between traditional and internet bullying and victimization. *Computers in Human Behavior, 28*, 226–232. http://doi.org/10.1016/j.chb.2011.09.004

Lee, C. & Shin, N. (2017). Prevalence of cyberbullying and predictors of cyberbullying perpetration among Korean adolescents. *Computers in Human Behavior, 68*, 352–358. http://doi.org/10.1016/j.chb.2016.11.047

Li, Q. (2006). Cyberbullying in schools. A research of gender differences. *School Psychology International, 27*, 157–170. http://doi.org/10.1177/0143034306064547

Lippke, S. & Renneberg, B. (2006). Theorien und Modelle des Gesundheitsverhaltens. In B. Renneberg & P. Hammelstein (Hrsg.), *Gesundheitspsychologie* (S. 35–60). Heidelberg: Springer.

Livingstone, S. & Helsper, E. J. (2008). Parental mediation of children's internet use. *Journal of Broadcasting & Electronic Media, 52*, 581–599. http://doi.org/10.1080/08838150802437396

Lohbeck, A. & Petermann, F. (2018). Cybervictimization, self-esteem, and social relationships among German secondary school students. *Journal of School Violence, 17*, 472–486. http://dx.doi.org/10.1080/15388220.2018.1428194

Lwin, M. O., Li, B. & Ang, R. P. (2012). Stop bugging me: An examination of adolescents' protection behavior against online harassment. *Journal of Adolescence, 35*, 31–41. http://doi.org/10.1016/j.adolescence.2011.06.007

Machmutow, K., Perren, S., Sticca, F. & Alsaker, F. D. (2012). Peer victimisation and depressive symptoms: can specific coping strategies buffer the negative impact of cybervictimisation? *Emotional and Behavioural Difficulties, 17*, 403–420. http://dx.doi.org/10.1080/13632752.2012.704310

Marées, N. von & Petermann, F. (2010a). *Bullying- und Viktimisierungsfragebogen (BVF)*. Göttingen: Hogrefe.

Marées, N. von & Petermann, F. (2010b). Bullying in German primary schools: Gender differences, age trends and influence of parents migration and educational backgrounds. *School Psychology International, 31*, 178–198. http://dx.doi.org/10.1177/0143034309352416

Marées, N. von & Petermann, F. (2012). Cyberbullying: An increasing challenge for schools. *School Psychology International, 33*, 467–476. http://doi.org/10.1177/0143034312445241

McInroy, L. B. & Mishna, F. (2017). Cyberbullying on online gaming platforms for children and youth. *Child and Adolescent Social Work Journal, 34*, 597–607. http://doi.org/10.1007/s10560-017-0498-0

Medienpädagogischer Forschungsverbund Südwest (MpFS; 2016). *JIM-Studie 2016. Jugend, Information, (Multi-)Media. Basisuntersuchung zum Medienumgang 12- bis 19-Jähriger in Deutschland*. Stuttgart: Medienpädagogischer Forschungsverbund Südwest.

Medienpädagogischer Forschungsverbund Südwest (MpFS; 2017). *KIM-Studie 2016. Kinder + Medien, Computer + Internet. Basisuntersuchung zum Medienumgang 6- bis 13-Jähriger in Deutschland*. Stuttgart: Medienpädagogischer Forschungsverbund Südwest.

Milne, S., Sheeran, P. & Orbell, S. (2000). Prediction and intervention in health-related behavior: A meta-analytic review of protection motivation theory. *Journal of Applied Social Psychology, 30*, 106–143. http://doi.org/10.1111/j.1559-1816.2000.tb02308.x

Mishna, F., Khoury-Kassabri, M., Gadalla, T. & Daciuk, J. (2012). Risk factors for involvement in cyber bullying: Victims, bullies and bully-victims. *Children and Youth Services Review, 34*, 63–70. http://doi.org/10.1016/j.childyouth.2011.08.032

Mitchell, S.M., Seegan, P.L., Roush, J.F., Brown, S.L., Sustaíta, M.A. & Cukrowicz, K.C. (2016). Retrospective cyberbullying and suicide ideation: the mediating roles of depressive symptoms, perceived burdensomeness, and thwarted belongingness. *Journal of Interpersonal Violence, 33*, 1–19. http://dx.doi.org/10.1177/0886260516628291

Modecki, K.L., Minchin, J., Harbaugh, A.G., Guerra, N. & Runions, K.C. (2014). Bullying prevalence across contexts: A meta-analysis measuring cyber and traditional bullying. *Journal of Adolescent Health, 55*, 602–611. http://doi.org/10.1016/j.jadohealth.2014.06.007

Moser, H. (2010). *Einführung in die Medienpädagogik: Aufwachsen im Medienzeitalter* (5., durchge. u. erw. Aufl.). Wiesbaden: VS für Sozialwissenschaften. http://doi.org/10.1007/978-3-531-92215-7

Müller, C.R., Pfetsch, J. & Ittel, A. (2014). Ethical media competence as a protective factor against cyberbullying and cybervictimization among German school students. *Cyberpsychology, Behavior, and Social Networking, 17*, 644–651. http://doi.org/10.1089/cyber.2014.0168

Nadkarni, A. & Hofmann, S.G. (2012). Why do people use Facebook? *Personality and individual differences, 52*, 243–249. http://dx.doi.org/10.1016/j.paid.2011.11.0

Navarro, R., Larrañaga, E. & Yubero, S. (2016). Differences between preadolescent victims and non-victims of cyberbullying in cyber-relationship motives and coping strategies for handling problems with peers. *Current Psychology*, 1–12. http://dx.doi.org/10.1007/s12144-016-9495-2

Nixon, C.L. (2014). Current perspectives: the impact of cyberbullying on adolescent health. *Adolescent Health, Medicine and Therapeutics, 14*, 143–158. http://doi.org/10.2147/AHMT.S36456

O'Dea, B. & Campbell, A. (2012). Online social networking and the experience of cyber-bullying. In B.K. Wiederhold & G. Riva (Eds.), *Annual Review of Cybertherapy and Telemedicine* (pp. 212–216). Amsterdam: IOS Press. http://dx.doi.org/10.3233/978-1-61499-121-2-212

Obermaier, M., Fawzi, N. & Koch, T. (2016). Bystanding or standing by? How the number of bystanders affects the intention to intervene in cyberbullying. *New Media & Society, 18*, 1491–1507. http://doi.org/10.1177/1461444814563519

Olenik-Shemesh, D., Heiman, T. & Eden, S. (2017). Bystanders' behavior in cyberbullying episodes active and passive patterns in the context of personal-socio-emotional factors. *Journal of Interpersonal Violence, 32*, 23–48. http://doi.org/10.1177/0886260515585531

Olweus, D. (1991). Bully/victim problems among schoolchildren: Basic facts and effects of a school based intervention program. In D. Pepler & K. Rubin (Eds.), *The development and treatment of childhood aggression* (pp. 411–448). Hillsdale, N.J.: Erlbaum.

Olweus, D. (1993). *Bullying at school. What we know and what we can do*. Oxford: Blackwell.

Olweus, D. & Limber, S.P. (2017). Some problems with cyberbullying research. *Current Opinion in Psychology, 19*, 139–143. http://doi.org/10.1016/j.copsyc.2017.04.012

Pabian, S. & Vandebosch, H. (2014). Using the Theory of Planned Behaviour to understand cyberbullying: The importance of beliefs for developing interventions. *European Journal of Developmental Psychology, 11*, 463–477. http://doi.org/10.1080/17405629.2013.858626

Pabian, S. & Vandebosch, H. (2016). An investigation of short-term longitudinal associations between social anxiety and victimization and perpetration of traditional bullying and cyberbullying. *Journal of Youth Adolescence, 45*, 328–339. http://doi.org/10.1007/s10964-015-0259-3

Palladino, B.E., Menesini, E., Nocentini, A., Luik, P., Naruskov, K., Ucanok, Z., Dogan, A., Schultze-Krumbholz, A., Hess, M. & Scheithauer, H. (2017). Perceived severity of cyberbullying: differences and similarities across four countries. *Frontiers in Psychology, 8*, Art. 1524. http://dx.doi.org/10.3389/fpsyg.2017.01524

Patchin, J.W. & Hinduja, S. (2006). Bullies move beyond the schoolyard: A preliminary look at cyberbullying. *Youth and Juvenile Justice, 4*, 148–169. http://dx.doi.org/10.1177/1541204006286288

Patchin, J.W. & Hinduja, S. (2011). Traditional and nontraditional bullying among youth: A test of general strain theory. *Youth and Society, 43*, 727–751. http://doi.org/10.1177/0044118X10366951

Patchin, J.W. & Hinduja, S. (2015). Measuring cyberbullying: Implications for research. *Aggression and Violent Behavior, 23*, 69–74. http://doi.org/10.1016/j.avb.2015.05.013

Patchin, J.W. & Hinduja, S. (2017). Digital self-harm among adolescents. *Journal of Adolescent Health, 61*, 761–766. http://doi.org/10.1016/j.jadohealth.2017.06.012

Peter, I.-K. & Petermann, F. (2018). Cyberbullying: A concept analysis of defining attributes and additional influencing factors. *Computers in Human Behavior, 86*, 350–366. http://dx.doi.org/10.1016/j.chb.2018.05.013

Petermann, F. (Hrsg.). (2013). *Lehrbuch der Klinischen Kinderpsychologie* (7., überarb. Aufl.). Göttingen: Hogrefe.

Petermann, F. (2017). *Therapie-Tools. Eltern- und Familienarbeit*. Weinheim: Beltz.

Petermann, F. & Marées, N. von (2013). Cyber-Mobbing: Eine Bestandsaufnahme. *Kindheit und Entwicklung, 22*, 145–154. http://doi.org/10.1026/0942-5403/a000111

Petermann, F. & Nitkowski, D. (2015). *Selbstverletzendes Verhalten. Erscheinungsformen, Ursachen und Interventionsmöglichkeiten* (3., überarb. Aufl.). Göttingen: Hogrefe. http://doi.org/10.1026/02681-000

Petermann, F. & Petermann, U. (2015). *Aggressionsdiagnostik* (2., vollst. überarb. Aufl.). Göttingen: Hogrefe.

Pfetsch, J. (2018). Jugendliche Nutzung digitaler Medien und elterliche Medienerziehung – Ein Forschungsüberblick. *Praxis der Kinderpsychologie und Kinderpsychiatrie, 67*, 110–133. http://doi.org/10.13109/prkk.2018.67.2.110

Pfetsch, J., Müller, C.R. Ittel, A. (2014). Cyberbullying und Empathie: Affektive, kognitive und medienbasierte Empathie im Kontext von Cyberbullying im Kindes- und Jugendalter. *Diskurs Kindheits- und Jugendforschung, 9*, 23–37. http://doi.org/10.3224/diskurs.v9i1.19081

Pieschl, S., Kourteva, P. & Stauf, L. (2017). Challenges in the evaluation of cyberbullying prevention – Insights from two case studies. *International Journal of Developmental Science, 11*, 45–54. http://doi.org/10.3233/DEV-160209

Pieschl, S. & Porsch, T. (2012). *Schluss mit Cybermobbing! Das Trainings- und Präventionsprogramm „Surf-Fair"*. Weinheim: Beltz.

Pieschl, S., Porsch, T., Kahl, T. & Klockenbusch, R. (2013). Relevant dimensions of cyberbullying – Results from two experimental studies. *Journal of Applied Developmental Psychology, 34*, 241–252. http://doi.org/10.1016/j.appdev.2013.04.002

Pieschl, S. & Urbasik, S. (2013). Does the Cybermobbing prevention program Surf-Fair work? – An evaluation study. In R. Hanewald (Ed.), *From cyber bullying to cyber safety: issues and approaches in educational contexts* (pp. 205–224). Hauppauge, NY: Nova Science Publishers.

Porsch, T. & Pieschl, S. (2014). Cybermobbing unter deutschen Schülerinnen und Schülern: Eine repräsentative Studie zu Prävalenz, Folgen und Risikofaktoren. *Diskurs Kindheits- und Jugendforschung, 1*, 7–22. http://doi.org/10.3224/diskurs.v9i1.19080

Propp, O., Schilder, A., Hahlweg, K., Hannighofer, J. & Schulz, W. (2014). Übereinstimmung von Mutter-Kind-Aussagen und deren Einflussfaktoren am Beispiel des Kinder-DIPS in der Diagnostik psychischer Störungen im Jugendalter. *Zeitschrift für Klinische Psychologie und Psychotherapie, 43*, 92–103.

Riebel, J. & Jäger, R.S. (2009). Klassifikation von Cyberbullying: Eine empirische Untersuchung zu einem Kategoriensystem für die Spielarten virtueller Gewalt. *Diskurs Kindheits- und Jugendforschung, 4*, 233–240. PID: http://nbn-resolving.de/urn:nbn:de:0168-ssoar-334609

Riebel, J., Jäger, R.S. & Fischer, U.C. (2009). Cyberbullying in Germany – an exploration of prevalence, overlapping with real life bullying and coping strategies. *Psychology Science Quarterly, 51*, 298–314.

Rogers, R.W. (1975). A protection motivation theory of fear appeals and attitude change. *Journal of Psychology, 91*, 93–114. http://doi.org/10.1080/00223980.1975.9915803

Rogers, R.W. (1983). Cognitive and psychological processes in fear appeals and attitude change: A revised theory of protection motivation. In B.L. Cacioppo & L.L. Petty (Eds.), *Social Psychophysiology: A Sourcebook* (pp. 153–176). London: Guilford.

Salisch, M. von (2014). Jugendliche im Web 2.0: Risiken und Chancen. *Praxis der Kinderpsychologie und Kinderpsychiatrie, 63*, 338–342. https://doi.org/10.13109/prkk.2014.63.5.338

Scheithauer, H. (2016). Medienhelden. In M. Roth, V. Schönefeld & T. Altmann (Hrsg.), *Trainings- und Interventionsprogramme zur Förderung von Empathie* (S. 67–75). Heidelberg: Springer.

Scheithauer, H., Hayer, T. & Petermann, F. (2003). *Bullying unter Schülern: Erscheinungsformen, Risikobedingungen und Interventionskonzepte*. Göttingen: Hogrefe.

Scherr, S. & Steinleitner, A. (2015). Zwischen dem Werther- und Papageno-Effekt. *Der Nervenarzt, 86*, 557–565. http://doi.org/10.1007/s00115-015-4260-6

Schultze-Krumbholz, A., Höher, J., Fiebig, J. & Scheithauer, H. (2014a). Wie definieren Jugendliche in Deutschland Cybermobbing? Eine Fokusgruppenstudie unter Jugendlichen einer deutschen Großstadt. *Praxis der Kinderpsychologie und Kinderpsychiatrie, 63*, 361–378. https://doi.org/10.13109/prkk.2014.63.5.361

Schultze-Krumbholz, A., Jäkel, A., Schultze, M. & Scheithauer, H. (2012a). Emotional and behavioural problems in the context of cyberbullying: A longitudinal study among German adolescents. *Emotional and Behavioural Difficulties, 17*, 329–345. https://doi.org/10.1080/13632752.2012.704317

Schultze-Krumbholz, A., Zagorscak, P., Siebenbrock, A. & Scheithauer, H. (2012b). *Medienhelden: Unterrichtsmanual zur Förderung von Medienkompetenz und Prävention von Cybermobbing*. München: Reinhardt.

Schultze-Krumbholz, A., Zagorscak, P., Wölfer, R. & Scheithauer, H. (2014b). Prävention von Cybermobbing und Reduzierung aggressiven Verhaltens Jugendlicher durch das Programm Medienhelden: Ergebnisse einer Evaluationsstudie. *Diskurs Kindheits- und Jugendforschung, 9*, 61–79. PID: http://nbn-resolving.de/urn:nbn:de:0168-ssoar-404406

Selkie, E.M., Fales, J.L. & Moreno, M.A. (2016). Cyberbullying prevalence among US middle and high school-aged adolescents: A systematic review and quality assessment. *Journal of Adolescent Health, 58*, 125–133. http://doi.org/10.1016/j.jadohealth.2015.09.026

Ševčíková, A., Šmahel, D. & Otavová, M. (2012). The perception of cyberbullying in adolescent victims. *Emotional and Behavioural Difficulties, 17*, 319–328. http://doi.org/10.1080/13632752.2012.704309

SevenOne Media (n.d.[a]). Verteilung der Befragten, die Snapchat mindestens selten nutzen, nach Altersgruppen in Deutschland im 2. Quartal 2017. In *Statista – Das Statistik-Portal*. Online verfügbar unter: https://de.statista.com/statistik/daten/studie/771459/umfrage/nutzerstruktur-von-snapchat-nach-altersgruppen-in-deutschland/

SevenOne Media (n.d.[b]). Kennen bzw. nutzen Sie Snapchat? In *Statista – Das Statistik-Portal*. Online verfügbar unter: https://de.statista.com/statistik/daten/studie/588919/umfrage/bekanntheit-und-nutzung-von-snapchat-nach-alter-in-deutschland/

Shapiro, L.A.S. & Margolin, G. (2014). Growing up wired: Social networking sites and adolescent psychosocial development. *Clinical Child and Family Psychology Review, 17*, 1–18. http://doi.org/10.1007/s10567-013-0135-1

Sheeran, P. (2002). Intention – behavior relations: a conceptual and empirical review. *European Review of Social Psychology, 12*, 1–36. http://doi.org/10.1080/14792772143000003

Slonje, R., Smith, P.K. & Frisén, A. (2013). The nature of cyberbullying, and strategies for prevention. *Computers in Human Behavior, 29*, 26–32. http://doi.org/10.1016/j.chb.2012.05.024

Slonje, R., Smith, P.K. & Frisén, A. (2017). Perceived reasons for the negative impact of cyberbullying and traditional bullying. *European Journal of Developmental Psychology, 14*, 295–310. http://doi.org/10.1080/17405629.2016.1200461

Smith, G.S. & Gross, A.M. (2006). Bullying: Prevalence and the effect of age and gender. *Child & Family Behavior Therapy, 28*, 13–37. http://doi.org/10.1300/J019v28n04_02

Smith, P.K. (2012). Cyberbullying and cyber aggression. In S.R. Jimerson, A.B. Nickerson, M.J. Mayer & M.J. Furlong (Eds.), *Handbook of school violence and school safety: International research and practice* (pp. 93–103). New York, NY: Routledge.

Smith, P.K., del Barrio, C. & Tokunaga, R.S. (2013). Definitions of bullying and cyberbullying: How useful are the terms. In S. Bauman, D. Cross & J. Walker (Eds.), *Principles of cyberbullying research: Definitions, measures, and methodology* (pp. 26–40). New York: Routledge.

Smith, P.K., Mahdavi, J., Carvalho, M., Fisher, S., Russell, S. & Tippett, N. (2008). Cyberbullying: Its nature and impact in secondary school pupils. *Journal of Child Psychology and Psychiatry, 49*, 376–385. http://doi.org/10.1111/j.1469-7610.2007.01846.x

Snap Inc. (2017). *Jetzt kommt Spectacles!* (Sep., 2016). Online verfügbar unter: https://www.snap.com/de-DE/news/page/2/

Snap Inc. (2018, März). *Datenschutzbestimmungen*. Online verfügbar unter: https://www.snap.com/de-DE/privacy/privacy-policy/

Snap Inc. (n.d.). Anzahl der täglich aktiven Nutzer von Snapchat in Deutschland und weltweit im Jahr 2017 (in Millionen). In *Statista – Das Statistik-Portal*. Online verfügbar unter: https://de.statista.com/statistik/daten/studie/713462/umfrage/taeglich-aktive-nutzer-von-snapchat-in-deutschland-und-weltweit/

Sniehotta, F.F., Presseau, J. & Araújo-Soares, V. (2014). Time to retire the theory of planned behaviour. *Health Psychology Review, 8*, 1–7. http://doi.org/10.1080/17437199.2013.869710

Song, J. & Oh, I. (2018). Factors influencing bystanders' behavioral reactions in cyberbullying situations. *Computers in Human Behavior, 78*, 273–282. http://doi.org/10.1016/j.chb.2017.10.008

Sourander, A., Brunstein Klomek, A., Ikonen, M., Lindroos, J., Luntamo, T., Koskelainen, M., Ristkari, T. & Helenius, H. (2010). Psychosocial risk factors associated with cyberbullying among adolescents. A population-based study. *Archives of General Psychiatry, 67*, 720–728. http://doi.org/10.1001/archgenpsychiatry.2010.79

Spitzer, M. (2012). *Digitale Demenz. Wie wir uns und unsere Kinder um den Verstand bringen*. München: Droemer.

Spitzer, M. (2015a). Über vermeintliche neue Erkenntnisse zu den Risiken und Nebenwirkungen digitaler Informationstechnik. Eine Erwiderung zur Arbeit von Appel und Schreiner (2014). *Psychologische Rundschau, 66*, 114–123. http://dx.doi.org/10.1026/0033-3042/a000251

Spitzer, M. (2015b). *Cyberkrank. Wie das digitalisierte Leben unsere Gesundheit ruiniert*. München: Droemer.

Steiner, O. (2013). Pflegen medienkompetente Eltern eine gute Medienerziehung? Ergebnisse einer Repräsentativbefragung von Eltern 10- bis 17-jähriger Kinder. *Diskurs Kindheits-und Jugendforschung, 8*, 471–484. PID: http://nbn-resolving.de/urn:nbn:de:0168-ssoar-391870

Stelzer, N. & Monz, A. (2011). Bekloppt gemobbt. Mit Rudi dem Biber Cyber-Mobbing auf der Spur. In Microsoft, *Sicherheit macht Schule*. Berlin. Verfügbar unter: www.sicherheit-macht-schule.de

Sticca, F. & Perren, S. (2013). Is cyberbullying worse than traditional bullying? Examining the differential roles of medium, publicity, and anonymity for the perceived severity of bullying. *Journal of Youth and Adolescence, 42*, 739–750. http://doi.org/10.1007/s10964-012-9867-3

Sticca, F., Ruggieri, S., Alsaker, F. & Perren, S. (2013). Longitudinal risk factors for cyberbullying in adolescence. *Journal of Community & Applied Social Psychology, 23*, 52–67. http://doi.org/10.1002/casp.2136

Tanrikulu, I. (2017). Cyberbullying prevention and intervention programs in schools: A systematic review. *School Psychology International, 39*, 74–91. http://doi.org/10.1177/0143034317745721

TechCrunch. (n.d.[a]). Anzahl der monatlich aktiven Nutzer (MAU) des Facebook Messengers weltweit von April 2014 bis September 2017 (in Millionen). In *Statista - Das Statistik-Portal*. Online verfügbar unter: https://de.statista.com/statistik/daten/studie/419453/umfrage/anzahl-der-monatlich-aktiven-nutzer-des-facebook-messengers-weltweit/

TechCrunch. (n.d.[b]). Anzahl der monatlich aktiven Nutzer von WhatsApp weltweit in ausgewählten Monaten von April 2013 bis Januar 2018 (in Millionen). In *Statista - Das Statistik-Portal*. Online verfügbar unter: https://de.statista.com/statistik/daten/studie/285230/umfrage/aktive-nutzer-von-whatsapp-weltweit/

Tokunaga, R.S. (2010). Following you home from school: A critical review and synthesis of research on cyberbullying victimization. *Computers in Human Behavior, 26*, 277–287. http://doi.org/10.1016/j.chb.2009.11.014

Uusitalo-Malmivaara, L. & Lehto, J.E. (2016). Happiness and depression in the traditionally bullied and cyberbullied 12-year-old. *Open Review of Educational Research, 3*, 35–51. http://doi.org/10.1080/23265507.2016.1155168

van Geel, M., Vedder, P. & Tanilon, J. (2014). Relationship between peer victimization, cyberbullying, and suicide in children and adolescents: A meta-analysis. *JAMA Pediatrics, 168*, 435–442. http://doi.org/10.1001/jamapediatrics.2013.4143

Vandebosch, H. & Van Cleemput, K. (2008). Defining cyberbullying: A qualitative research into the perceptions of youngsters. *CyberPsychology & Behavior, 11*, 499–503. http://doi.org/10.1089/cpb.2007.0042

Vivolo-Kantor, A.M., Martell, B.N., Holland, K.M. & Westby, R. (2014). A systematic review and content analysis of bullying and cyber-bullying measurement strategies. *Aggression and Violent Behavior, 19*, 423–434. http://doi.org/10.1016/j.avb.2014.06.008

Volk, A.A., Dane, A.V. & Marini, Z.A. (2014). What is bullying? A theoretical redefinition. *Developmental Review, 34*, 327–343. http://doi.org/10.1016/j.dr.2014.09.001

Waasdorp, T.E. & Bradshaw, C.P. (2015). The overlap between cyberbullying and traditional bullying. *Journal of Adolescent Health, 56*, 483–488. http://doi.org/10.1016/j.jadohealth.2014.12.002

Wachs, S. (2012). Moral disengagement and emotional and social difficulties in bullying and cyberbullying: differences by participant role. *Emotional and Behavioural Difficulties, 17*, 347–360. http://doi.org/10.1080/13632752.2012.704318

Wagner, U. (2017). Kompetenzen für soziale Medien. In J.-H. Schmidt & M. Taddicken (Hrsg.), *Handbuch Soziale Medien* (S. 251–271). Wiesbaden: Springer Fachmedien.

Watts, L.K., Wagner, J., Velasquez, B. & Behrens, P.I. (2017). Cyberbullying in higher education: A literature review. *Computers in Human Behavior, 69*, 268–274. http://doi.org/10.1016/j.chb.2016.12.038

We Are Social (n.d.[a]). Anzahl der Facebook-Nutzer nach Altersgruppen und Geschlecht in Deutschland im Januar 2018 (in Millionen). *In Statista – Das Statistik-Portal.* Online verfügbar unter: https://de.statista.com/statistik/daten/studie/512316/umfrage/anzahl-der-facebook-nutzer-in-deutschland-nach-alter-und-geschlecht/

We Are Social (n.d.[b]). Ranking der größten sozialen Netzwerke und Messenger nach der Anzahl der monatlich aktiven Nutzer (MAU) im Januar 2018 (in Millionen). In *Statista – Das Statistik-Portal.* Online verfügbar unter: https://de.statista.com/statistik/daten/studie/181086/umfrage/die-weltweit-groessten-social-networks-nach-anzahl-der-user/

Weitzmann, J.H. (2017). Cyber-Mobbing und was man dagegen tun kann. In iRights.info & klicksafe.de, *Rechtsfragen im Netz* (aktual. Vers.). Online verfügbar unter: https://www.klicksafe.de/themen/kommunizieren/cyber-mobbing/was-sagt-das-gesetz/

WhatsApp Inc. (2018, März). *Bei WhatsApp einsteigen.* Online verfügbar unter: https://www.whatsapp.com/join/

Wikipedia (2017). *Tumblr.* Online verfügbar unter: https://de.wikipedia.org/wiki/Tumblr

Wikipedia (2018a). *Snapchat.* Online verfügbar unter: https://de.wikipedia.org/wiki/Snapchat

Wikipedia (2018b). *Pamela Reif.* Online verfügbar unter: https://de.wikipedia.org/wiki/Pamela_Reif

Wikipedia (2018c). *Amanda Todd.* Online verfügbar unter: https://de.wikipedia.org/wiki/Amanda_Todd

Willard, N.E. (2007). *Cyberbullying and cyberthreats: Responding to the challenge of online social aggression, threats, and distress.* Illinois: Research Press.

Wölfer, R., Schultze-Krumbholz, A., Zagorscak, P., Jäkel, A., Göbel, K. & Scheithauer, H. (2014). Prevention 2.0: Targeting cyberbullying @ school. *Prevention Science, 15*, 879–887. http://doi.org/10.1007/s11121-013-0438-y

Wright, M.F. (2017). Parental mediation, cyber victimization, adjustment difficulties, and adolescents with autism spectrum disorder. *Cyberpsychology: Journal of Psychosocial Research on Cyberspace, 11*, Art. 6. http://dx.doi.org/10.5817/CP2017-1-6

Ybarra, M.L., Espelage, D.L. & Mitchell, K.J. (2014). Differentiating youth who are bullied from other victims of peer-aggression: The importance of differential power and repetition. *Journal of Adolescent Health, 55*, 293–300. http://doi.org/10.1016/j.jadohealth.2014.02.009

Zych, I., Ortega-Ruiz, R. & Del Rey, R. (2015). Systematic review of theoretical studies on bullying and cyberbullying: Facts, knowledge, prevention, and intervention. *Aggression and Violent Behavior, 23*, 1–21. http://doi.org/10.1016/j.avb.2015.10.001